U0443548

企业合规
法务手册

—— Corporate Compliance ——

中兴通讯股份有限公司　著

法律出版社 | LAW PRESS
—— 北京 ——

图书在版编目(CIP)数据

企业合规法务手册 / 中兴通讯股份有限公司著. --
北京 : 法律出版社, 2025
ISBN 978 - 7 - 5197 - 8979 - 4

Ⅰ. ①企… Ⅱ. ①中… Ⅲ. ①企业法 - 中国 - 手册
Ⅳ. ①D922.291.91 - 62

中国国家版本馆 CIP 数据核字(2024)第 065665 号

企业合规法务手册
QIYE HEGUI FAWU SHOUCE

中兴通讯股份有限公司 著

策划编辑 沈小英
责任编辑 刘晓萌 鲁 安
装帧设计 鲍龙卉

出版发行 法律出版社
编辑统筹 法治与经济出版分社
责任校对 晁明慧
责任印制 吕亚莉
经　　销 新华书店

开本 710 毫米×1000 毫米 1/16
印张 18.75 **字数** 293 千
版本 2025 年 6 月第 1 版
印次 2025 年 6 月第 1 次印刷
印刷 北京中科印刷有限公司

地址:北京市丰台区莲花池西里 7 号(100073)
网址:www.lawpress.com.cn
投稿邮箱:info@lawpress.com.cn
举报盗版邮箱:jbwq@lawpress.com.cn

销售电话:010 - 83938349
客服电话:010 - 83938350
咨询电话:010 - 63939796
版权所有 · 侵权必究

书号:ISBN 978 - 7 - 5197 - 8979 - 4
定价:96.00 元
凡购买本社图书,如有印装错误,我社负责退换。电话:010 - 83938349

编 委 会

主　编: 颜　伟

副主编: 黎　文　黄智敏　陈　超

编委会（排名不分先后）：

Koh Sow Koon　米　瑶　徐雪冬　何昭霖

卢树彪　高瑞鑫　阮　赛　黄智郁　白浩琳

龙乐凡　戴佳兵　黄惠娥　何其奇　唐毓徽

陈正伟　朱海艳　邱云原　尹　庆　方　圆

申　丽　赵　浩　胡　帅　周　月　赖敏丽

序　一

在当前复杂多变的国际形势背景下，企业不仅要面对激烈的市场竞争，更要应对日趋复杂的法律和合规环境。合规已经不仅是企业遵循法律法规的基本要求，更是企业可持续发展的战略选择。这对企业法务人员的综合能力提出了更大挑战。《企业合规法务手册》的出版，正是对这一时代需求的积极回应。

本书由中兴通讯股份有限公司的一批法律合规专家主编。中兴通讯股份有限公司作为全球运营的跨国企业，直面美国、欧盟等各国和地区的合规挑战，拥有完备的全球合规治理体系和丰富的实战经验，其对企业法务合规复合人才的诠释是全面而深刻的。

企业合规官的角色源于20世纪的美国，最初在金融行业中得到发展，以应对日益增长的监管要求以及防范操作风险。随着经济全球化和监管环境的不断变化，合规官的角色逐渐扩展到各个行业和领域。随着国际标准的制定，如ISO 37301：2021《合规管理体系　要求及使用指南》，企业合规官的职责和工作范围得到了更明确的界定。

合规官在我国的发展经历了从引入到本土化实践的过程。2006年，中国银行业监督管理委员会颁布《商业银行合规风险管理指引》，标志合规管理在我国金融企业中的正式起步。随着中国企业国际化步伐的加快，以及国内外对企业社会责任和法治意识的提高，合规官的职责范围不断扩大。2016年，国务院国有资产监督管理委员会开启合规管理体系建设试点工作,《中央企业合规管理指引(试行)》《中央企业合规管理办法》等合规规范文件陆续出台,为企业合规管理体系建设、合规组织及其运行机制提供了具体指导。2021 年,人力资源和社会保障部等部门发布了"企业合规师"新职业信息,标志合规官职业得到了官方认证和规范。

合规官作为企业内部的重要角色,重要性和影响力持续增强,是企业治理结构中不可或缺的一部分。对企业法务来说,要求也越来越高。企业法务将不仅需要处理传统的法律风险,还要参与公司治理、经营管理的顶层设计。要达到这样的要求,企业法务首先需要深入理解企业合规官的角色定位、职责范围、风险防控、危机处理、职业伦理等知识。

在合规组织管理中,企业合规官要发挥领导作用,特别是在确保合规管理体系有效运行方面。首先,合规官应当能够将外部法律法规转化成有效的、可执行可落地的内部合规规则;其次,合规官要能够设计和实施闭环的合规流程和关键节点,与各业务线条中的合规联络点紧密合作,确保合规职责得到有效执行;最后,合规官要积极建设和完善企业合规文化,防风险于未然。

面对潜在的合规危机,企业合规官要具备敏锐的洞察力和高效的应对能力。从发现和报告危机事件,到处理危机和管控风险,再到落实整改要求和更新危机应对机制,每一步都需精心策划和严格执行。

此外,企业合规官还需关注职业伦理问题,包括信义义务、声誉风险和违法后果等。这要求其在执业过程中不断自我约束和自我提升,以高标准的职业道德来指导实践,确保企业和个人都能在合规的轨道上稳步前行。

针对以上企业合规治理挑战,本书为法务和合规官提供了较全面、深入的实操指引和参考。作为法律和合规领域的学者,我认为这是一本高质量的企业合规法务手册,对于推动企业法务和合规官合规管理的专业化、系统化和国际化具有重要意义。我相信,本书不仅能够成为企业法务和合规官的重要参考资料,而且能够为学术界和实务界提供宝贵的交流平台。同时,我也期待本书能够激发更多的思考和讨论,共同推动企业合规管理的发展和进步。

[*]

2025 年 3 月 1 日

---

* 李奋飞,中国人民大学法学院、纪检监察学院双聘教授、博士生导师。

序　二

一、合规是企业可持续发展的必由之路

依法成立、合规经营是企业存在与发展的前提与应有之义。自党的十八届四中全会确立全面依法治国的基本方略，到党的二十届三中全会“进一步全面深化改革　推进中国式现代化的决定”，习近平总书记强调，“引导民营企业完善治理结构和管理制度，加强企业合规建设和廉洁风险防控”；要求“建立同国际通行规则衔接的合规机制”“完善出口管制体系和贸易救济制度”“提升数据安全治理监管能力”①。支持引导企业实现合规治理，是企业可持续发展的必由之路，也是实现国家治理体系和治理能力现代化的重要内容。

二、企业法务职能的发展与进阶

企业经营千头万绪，涉及方方面面，但核心主要是做两件事情：创造经营价值与防范经营风险。比如，就像一场球赛，球队的任务一方面是要多进球，另一方面是要少丢球。企业法务工作人员，主要职责就是帮助企业防范经营过程中的法律风险。

在企业初创阶段，法务很多时候主要是充当事后“救火队员”，处理应对各

① 《中共中央关于进一步全面深化改革　推进中国式现代化的决定》，载中央人民政府网2024年7月21日，https://www.gov.cn/zhengce/202407/content_6963770.htm。

种案件，对风险的管理往往在出现风险事件后。随着企业发展，企业内部规范、流程逐步健全，法律风险管理的动作与机制也逐步前移，嵌入商机发现、招投标、合同谈判与签订、合同交付等环节，从事后处理风险逐步形成事前、事中、事后的风险评估、风险监控、风险处置等全流程管控。在这个阶段，企业法务不仅是从法律专业角度来应对处理风险，还要从公司运营、经营层面来管理风险。但是，这个阶段的法务角色更多还是风险管理的第二道防线，是从法律业务角度来审视和管理公司法律风险的。

当企业发展到上市或者快速国际化的阶段，企业面临的监管环境越来越严格及多样化，经营环境越来越复杂，企业的管理幅度越来越广，管理层级链条越来越长，企业风险管理面临的挑战与难度也越来越大。一方面，企业面临的风险尤其是法律风险不仅是运营或经营层面的，很多时候还会影响企业战略目标的达成，构成系统性风险，影响企业的可持续发展；另一方面，企业要防范风险不仅需要企业提升管理能力，还需要完善治理结构，通过企业治理的理念与架构来实现风险防范。例如，中央企业及其他大型企业或跨国企业设置的总法律顾问制度、首席合规官制度，本质上都是把企业的法律风险管理纳入企业治理的框架。设立总法律顾问、首席法务官或首席合规官，并作为党组成员或者公司经营班子成员，将法律风险管理负责人纳入企业决策层，是健全企业风险治理结构，形成“决策—执行—审计”风险治理闭环的重要保障。

随着企业发展壮大，企业法务从法律专业领域的业务专家，发展到企业法律风险的管理者，最后进阶到企业治理的决策层与法律风险治理的责任主体，这也是企业完善治理结构和管理机制的必经之路。

三、企业法务应具备的合规思维与能力

前文提到，企业法务的核心职责就是帮助企业防范经营过程中的法律风险。所以，首先，企业法务要有风险意识，所有工作都应该以风险为导向去开展；其次，企业法务要深入企业的经营，提升组织管理与治理的理念认知，要以治理的逻辑与方法论，建设企业法律风险管理体系；最后，要将企业法律风险管

理形成专业能力、全员能力,进而变成组织能力。

“企业合规”近年来是一个热点话题,但作为一个状态表述,“合规”并不是一个新概念。守法合规是企业经营的应有之义。企业的合规风险,其实就是广义的法律风险的内涵之一。从风险的表现形式来看,企业的法律风险主要是四大类:违法的风险、违约的风险、侵权的风险、怠于行使权利的风险。合规风险,从业内关注和讨论的合规风险案例来看,主要就是第一类违法的风险,即企业经营违法所导致的刑事、行政责任风险以及附带的民事责任风险。

当然,作为现代企业管理的内容之一,企业合规(风险)管理确实是一个舶来品。传统的法律风险管理,一般通过法律专业人员来操作就可以实现。但是随着企业发展壮大,要确保企业守法合规,就需要全员合规才能实现。如何让非法律专业的每一个员工都做到业务行为合规,是企业合规管理与风险治理需要面对和解决的课题。

如何帮助企业建立和执行一套有效的合规管理体系,是当代企业法务需要具备的基本能力。那么,什么是有效的合规管理体系呢?用16个字来概括,即“有规可依,有规必依,违规必究,知规守规”。“有规可依”意味着企业必须要将外部的法律规范转化为符合自己行业特性和经营实践的合规政策,这样员工才能在真实业务场景中明白哪些行为可为,哪些不可为。“有规必依”首先意味着,合规规则应当嵌入业务流程中,员工在执行业务动作时绕不开合规管控动作,并且实现合规过程可记录,合规留痕可回溯。其次,执行合规规则的业务合规团队,通过合规审核、咨询、检查等动作,确保合规规则能够准确、有效地执行。“违规必究”就是要设置独立稽查环节,树立合规的权威性与震慑力,任何一名员工没有按照规定去执行落实,就要受到严肃处罚,没有人情可讲。“知规守规”是指企业要进行合规培训和宣传,让所有人员都去学习、去了解、去遵循,这样才能形成合规建设的有效闭环。从“有规可依”和“有规必依”设置的“不能”,到“违规必究”威慑的“不敢”,再到“知规守规”实现“不想”的全员合规文化,这就是不断进步、有效运转的合规体系。

所以,从企业合规的工作内容及能力需求来看,企业需要企业法务来做哪些合规工作,或者说,企业法务应该承担什么样的角色?

一是立法者的角色。合规,合什么规,这是一个前置的命题。从企业的合规建设以及有效实施的层面讲,企业合规中的"规",就是企业内部的规章制度。制定企业内部适用且可以快速融入企业经营行为、符合外部强制性法律法规的合规政策,是企业合规的第一步。其工作内容包括组织环境分析、政策研究与企业合规义务分析、风险识别与评估、企业合规政策与规范制定、持续修订完善合规政策等。

二是执法者的角色。与国家依法治国体系相近,有句话叫"徒法不足以自行",如果制定了法律,但没有执法者,就很难落地实施。企业也是如此。制定了合规政策,必须有一个组织和团队确保政策执行。其日常工作包括合规审查、合规评审、合规咨询、合规培训、合规宣贯、合规事件应对处理等。

三是合规审计稽查。立法可以确保有法可依,执法能够实现有法必依,合规稽查可以保证违规必究。没有明确的后果及其落实,就不能去维护企业合规政策的权威,不能从纸面合规变成有效合规,也不能通过违规事件评估评价政策设计的有效性和执行的有效性。

以上是从业务形态来看企业法务的合规能力要求。从职业素养维度来看,企业法务要帮助企业建立合规管理体系,实现合规经营,还需要具备以下能力:

第一,必须要熟悉企业治理,了解企业怎样形成意志,如何通过运营行为贯彻企业意志。掌握企业的治理结构其实是一个企业合规师或者企业合规从业人员应该要掌握的基础能力,这与传统的法律顾问是不同的。

第二,要具备风险识别能力。企业是以营利为目标的法人组织,核心主要做两件事情,一是实现价值创造,二是管控风险。管控风险也是帮助企业实现价值创造。准确地识别风险、评估风险是企业合规人员的基本能力之一。

第三,要有懂法律和懂业务的复合能力。与常规的法律工作不同,从事企业合规工作必须要懂业务。很多企业的合规工作人员,并不一定具备法律教育背景,甚至没从事过法律职业工作,但他们一定是业务领域的专家。

第四,要有项目管理能力。企业合规工作很多时候需要协调方方面面的人和事,在有限的时间内完成既定目标,所以企业的合规从业人员需要有一定的项目管理能力。

第五,要有较强的语言表达沟通能力。尤其是跨国企业,可能会面临多国法律、多种语言环境下的各种合规要求,语言表达沟通能力更为重要。

中兴通讯股份有限公司一直将合规视为公司战略的基石之一,以及企业可持续发展的重要保障。经过多年的实践和探索,公司逐步建立了一套相对完善的法律风险管理体系与合规管理体系。本书总结了中兴通讯股份有限公司在合规领域的实践经验以及探索思考,希望通过本书,可以给行业内的同仁带来一些启发,帮助企业提升法律风险管理水平与合规治理能力,共同构建一个更加健康、可持续的商业发展环境。我相信,通过每一位同仁的努力,在合规的道路上不断前行,企业法务人员一定能为企业的稳健发展贡献更大的价值。

*

2025 年 3 月 5 日

---

* 黎文,中兴通讯股份有限公司首席法务官。

目　录 / Contents

第一章

企业合规官与传统企业法务的差异

企业法务是企业中承担重要管理职能的部门，主要协助公司处理、应对法律风险相关的事务，保证公司正常经营。随着经济的不断发展，针对企业的合规要求不断扩大，依据国务院国有资产监督管理委员会（以下简称国资委）第42号令公布的《中央企业合规管理办法》（以下简称《央企合规管理办法》）第12条规定，中央企业应结合实际设立首席合规官，由总法律顾问兼任，领导合规管理部门组织开展相关工作；第14条规定，中央企业合规管理部门牵头负责本企业合规管理工作，负责组织起草合规管理基本制度，负责合规审查，组织开展合规风险识别、预警和应对处置等。越来越多的企业法务的工作不仅仅局限于处理公司法律风险，需要他们更多地参与公司的战略制定、公司日常管理。企业法务除了要从法律的角度来应对公司可能承受的风险以外，还需要拓展管理、内控、审计等方面的知识，参与公司的合规体系建设工作。

虽然企业合规官和传统企业法务的工作日益融合，但两者仍存在不小的差异。本章将梳理两者在渊源、角色定位、职责范围及风险控制上的差异，使相关从业人员清楚了解企业合规官和传统企业法务的工作界面，有利于突出两者的工作重点，进而发挥其最大价值。

第一节　企业合规官与传统企业法务的不同渊源

传统企业法务与企业合规官的产生有不同的历史背景和社会需要，两者在历史渊源和法律渊源上有较大差别，但由于两者均属于企业管理职能的组成部分，因此又存在一定的联系并相互影响。本节将从传统企业法务和企业合规官的含义、历史渊源和法律渊源三个方面分别展开论述，以厘清两者的区别。

一、传统企业法务的渊源

（一）传统企业法务的含义

企业是经济组织，传统企业法务的第一要务是帮助组织进行全面的风险治理。同为法律职业共同体中的一员，传统企业法务的角色与学者或律师有着先天不同。不同于法律学者对理论概念的深耕和律师对具体实务的操作，法务人员同时具备"鉴赏家"和"管理者"的双重身份，传统企业法务通过深度参与具体法律问题的解决，从企业经营角度根据企业需求制订符合业务实际情况和利益诉求的策略和方案。

"传统企业法务"在我国一般指受雇于企业的法律职业群体，负责对企业法律事务进行管理、对企业各种经营行为进行法律审查，预防法律风险、处理法律纠纷。[①] 企业法务一般由首席法务官主导，针对各种潜在的法律风险进行管理和控制，并在企业决策过程中提出法律方面的意见。美国学者莎拉·海琳·

① 参见卞传山：《传统法务如何牵头企业合规管理》，载《法人》2019 年第 2 期。

达金(Sarah Helene Duggin)[①]认为,企业法务是企业经营的法律顾问、政策制定者和审查者、公司制度监督者、法律纠纷解决者、新法规信息提供者、公司形象维护者。[②] 这就要求法务人员作为企业的专职人员,全面参与到企业的经营管理中,不仅要精通法律,还要熟悉商务运作。

传统企业法务与企业法律顾问概念不同。企业法律顾问有广义和狭义之分,广义的企业法律顾问不仅指公司内部法务人员,还包括公司外聘律师等;狭义的企业法律顾问则指与公司签订劳动合同,专职为公司提供法律服务及相关法务管理工作的人员。本节所述"传统企业法务"是指狭义企业法律顾问,本节使用的"企业法律顾问"与"传统企业法务"同义。

(二)传统企业法务的历史渊源

1882 年,美国新泽西标准石油公司(Standard Oil)[③]成立了法律部,其是最早的公司法律部。自 19 世纪 30 年代以来,由于新成立了许多政府机构,产生了大量法规条例,公司为了遵守这些复杂庞多的法律法规和规章条例,普遍开始设置法律顾问岗位。

新中国成立初期,全国进入大规模的经济建设时期,为帮助企业走上规范经营的道路,原国务院法制局于 1955 年下发《国务院关于批转"法制局关于法律室任务职责和组织办法的报告"的通知》,这是国营企业法制机构建设最早的制度基础,也是中国企业法律顾问制度出现的一个重要标志。[④] 该通知对法律室的性质、职责等作出基本的界定,但作为指导性文件,并没有强制各机关和重要国营企业必须设置法律室。1956 年 2 月 28 日,司法部下发《关于法律顾

---

① See Sarah Helene Duggin, *The Pivotal Role of the General Counsel in Promoting Corporate Integrity and Professional Responsibility*, 51 Saint Louis University Law Journal 989, 1031 – 1033 (2007).

② 参见黄胜忠、余风:《企业法务管理的内涵、发展历程及趋势展望》,载《商业时代》2014 年第 2 期。

③ 1972 年更名为"埃克森石油公司",1999 年与美孚石油公司(前身为路易斯安那标准石油公司)合并,成为埃克森美孚公司的一部分。

④ 参见《企业法务管理》,载 MBA 智库百科网,https://wiki.mbalib.com/wiki/%E4%BC%81%E4%B8%9A%E6%B3%95%E5%8A%A1%E7%AE%A1%E7%90%86,最后访问日期:2022 年 4 月 26 日。

问处与机关、国营企业内的法律室两者的工作性质的复函》，通过与法律顾问处（律所前身）的比较，进一步明确了法律室的职能和性质。

不过虽然当时法律事务部以独立地位出现在国营企业的组织架构上，但当时的企业管理并未规范化，对法律事务部职能并没有清楚界定，所以法律事务部未以职能部门的角色出现。法律部的业务领域主要是协助企业根据国家法律法规制定企业规章制度，是高层贯彻国家法律法规的助手，而不是为高层作出决策提供建议，更不会参与企业决策。①

随着国企改革的展开，国务院于1986年颁布实施了《全民所有制工业企业厂长工作条例》，厂长可以设置专职或聘请兼职的法律顾问。该条例成为我国恢复企业法律顾问制度的重要依据，是我国第一次以行政法规的形式确立了企业法律顾问的地位。

1990年，原国家经济体制改革委员会印发了《关于加强企业法律顾问工作的意见》，对企业法律顾问的任职条件、工作机构及职责、权限等进行了初步规范。1991年，司法部、原人事部发布了《法律顾问资格考试暂行规定》（已失效），初步建立起企业法律顾问的资格考试制度。1993年，党的十四届三中全会提出建立现代企业制度，正式将现代企业法律顾问制度作为现代企业制度的有机组成部分，标志着我国确立了现代企业法律顾问制度。1997年，原人事部、原国家经济贸易委员会、司法部联合颁布了《企业法律顾问执业资格制度暂行规定》，决定对企业中从事法律事务的专业资格实行准入控制，推行执业资格制度。同年，原国家经济贸易委员会颁布了《企业法律顾问管理办法》，对企业法律顾问制度进行了系统规定，并于1999年发布了《企业法律顾问注册管理办法》（已失效）。至此，我国企业法律顾问制度已经基本建设起来。

（三）不同法域视角下的传统企业法务

域外研究人员大多以传统企业法务管理工作者的职能来定义法务管理。

---

① 参见《企业法务管理》，载MBA智库百科网，https://wiki.mbalib.com/wiki/%E4%BC%81%E4%B8%9A%E6%B3%95%E5%8A%A1%E7%AE%A1%E7%90%86，最后访问日期：2022年4月26日。

例如,美国天主教大学的莎拉·海琳·达金教授提出,企业的法务管理人员包括法律纠纷的处理人员、企业监管者、经营环节的法律顾问以及企业政策的制定与维护人员。另一位美国学者约翰·H. 杰克逊(John H. Jackson)认为,传统企业法务可以进一步细分成风险管理人员与决策人员。从中可以看出,国外学者定义的法务管理内涵为:以首席法务官为主导,针对各种潜在的法律风险开展管理、控制工作,同时在企业决策过程中提出法律方面的意见。[①]

1. 英美法系国家

英美法系国家传统企业法务的主要特点是:将传统企业法务与职业律师等同看待,职业律师可以长期受雇于企业,企业法律顾问多数由具有律师资格的人担任。

美国公司法律事务部负责人被称为"总法律顾问"(General Counsel)或"首席法律顾问"(Chief Counsel)。美国的大、中型企业普遍设主管公司法律事务的副总裁级的总法律顾问,领导法律部的工作。[②] 美国传统企业法务制度源于自由资本主义向垄断资本主义转换的19世纪中后叶,大致可分为3个阶段:第一阶段,19世纪中后叶至20世纪30年代为制度形成阶段。这一时期,美国经济由自由竞争逐步走向垄断,仅凭市场主体的自由约定已经难以维持市场的公平秩序。一些大公司,特别是跨国经营的大公司开始建立自己的法律部。当时,法律部主要负责公司日常法律事务的处理。第二阶段,20世纪30年代至60年代为制度发展阶段。20世纪初,一连串的经济危机直接推动了西方各国的立法取向由早期的自由经济原则向国家积极干预经济活动转变。在20世纪五六十年代,设立法律部的公司数量剧增,公司律师在整个美国律师体系中已占有重要地位。1972年,美国成立了独立于律师协会的全国性企业法律顾问协会。第三阶段,20世纪70年代至今为制度完善与成熟阶段。自20世纪70年代以来,美国大公司在经营决策和管理中越来越重视法律意见的出

---

① 参见郑春贤:《法务管理在企业管理中的职能定位及体系构建》,载《北京劳动保障职业学院学报》2021年第2期。

② 参见郭进平、贺嘉:《美国公司的法律顾问制度》,载《化工管理》2001年第11期。

具，所有大公司都设立独立的法律部，形成了法律管理的完备体系和有效机制，传统企业法务制度达到了完善和成熟。

在美国公司的法律事务部中，大多数人具有律师资格，企业总法律顾问的地位很高，一般相当于副总裁或副总经理，直接参与企业的最高决策，其法律意见影响着公司的经营管理活动。英国的情况与美国有所不同，该国律师分为出庭律师和事务律师，从事公司法律顾问工作的，主要是事务律师，这些律师不能成为公司董事，也不能出庭，如果公司进行诉讼活动，必须聘请出庭律师。

新加坡公司中主管公司法律事务的是公司秘书。董事会秘书职责是为董事行为及董事会决策的内容和程序的合法性提供服务，并负责公司有关法律事务的处理。公司若有诉讼，需聘请职业律师。公司秘书及其下属的法律顾问，不属于律师公会，而属于公司秘书公会及其他专业团体组织。

2. 大陆法系国家

大陆法系国家传统企业法务制度与英美法系国家不同，其将企业内部从事专职法律事务的人员与职业律师严格区分开来，同时禁止律师长期受雇于某一企业。大陆法系国家一般认为，职业律师必须保持法律上的独立性，忠实地代表其当事人，如果职业律师长期受雇于某一企业，将影响律师在法律上的独立性。因此，尽管有些国家把传统企业法务称为“公司律师”，但这种称谓与美国等国的公司律师有本质不同，即不具有法律上的独立性，不是律师的组成部分，不享有律师在诉讼中的权利，而是企业内部的雇员。①

日本律师法规定，“律师不经所属律师会的准许，不得经营以营利为目的的业务，或充当经营此类业务人的雇员，或以营利为目的的法人的业务人员、董事或雇员”。他们认为，律师的职业是维护基本的人权和实现社会正义而非营利，律师参加企业经营有损律师品格。所以，日本的企业法律顾问都没有律师资格，但一般均为法律专业毕业人员，企业法律事务部主要处理公司内部法律事务，诉讼案件要委托职业律师进行。

法国作为主要的大陆法系国家之一，在20世纪70年代初制定新的律师法

---

① 参见阴卫芝：《国外媒体法务的职能及其如何为编辑部服务》，载《新闻记者》2014年第7期。

时，全国律师协会曾提出实行“单一”律师制，垄断提供法律帮助和制作文书的业务，对此意见，法律顾问和司法部当局都未同意。他们认为，应将企业内部法务与其他法律事务工作区分开来，使企业内部法务成为一个自由、独立的专门职业。① 同样，尽管德国的企业法律顾问大部分具有律师资格，但他们一般不能代理企业进行诉讼，而是侧重法律咨询服务。

瑞典的企业法律事务是由经过考试合格的企业法律顾问负责的，企业法律顾问是企业雇员。瑞典律师协会对律师职务的独立性很重视，对于企业雇用的法律工作者，不承认其有参加律师协会的资格。②

二、企业合规官的渊源

（一）企业合规官的含义

合规，英文为“compliance”（原意是遵守、服从），一般包含两方面的含义：一是公司的内部管理制度和业务规则符合法律法规、监管规定和行业准则；二是内部管理制度得到实际执行。合规要求企业及员工的经营管理行为符合法律法规、监管规定、行业准则、企业章程和商业伦理以及国际条约、规则等。③

企业合规管理是企业稳定经营运行的保障，是防备违规风险、保障自身利益的有力武器。通过创建一套机制，公司能够有效识别、评估、监测合规风险，主动避免违法违规行为发生，从而免受法律制裁或经济、声誉等损失，防范操作风险。企业合规管理也是规范员工行为的有效手段，通过建构科学的企业合规文化以及合规体系，有利于企业工作人员养成合规习惯，避免违规操作风险；同时，合规管理可以通过约束高层领导人员的相关行为最大限度地减少决策失误带来的经营风险。

合规管理作为一项独特的风险管理技术，始于欧美一些大型跨国金融集

---

① 参见聂晓东：《公司律师制度之研究》，西南财经大学 2007 年硕士学位论文，第 10 页。
② 参见张华：《国外的企业法律顾问制度及发展趋势》，载《经济工作通讯》1995 年第 19 期。
③ 参见卞传山：《传统法务如何牵头企业合规管理》，载《法人》2019 年第 2 期。

团。自20世纪90年代以来,基于对一系列重大操作风险事件的深刻反省,这些大型跨国金融集团认识到合规管理的特殊性、专业性和重要性,纷纷整合内部资源、创新管理方式,逐渐形成了一整套专门的合规管理机制。[①] 与此同时,许多国家和国际组织也出台了一系列有关合规管理的指引或规定,如英国要求金融企业设立"合规官",合规管理作为一项独立的风险管理活动,得到金融业的普遍认可,合规管理的组织结构和报告路线日益完善,合规人员也日益发展成为一个专业化的职业阶层。

我国一些国际化发展的企业或者应外国政府、国际组织相关规定的要求,或者根据自身发展或监管需要也开始借鉴这一做法,在公司内部设立了合规官。维基百科将"合规官"定义为"主要负责监督管理组织内合规性问题的职位"。[②]《合规:建立有效的合规管理体系》一书将"合规官"定义为:"公司合规管理工作具体实施的负责人、决策者和日常监督者,对公司合规管理工作负具体管理责任。"[③]巴塞尔银行监管委员会(Basel Committee on Banking Supervision,以下简称巴塞尔委员会)发布的《合规与银行内部合规部门》将"合规官"定义为,"全面负责协调银行的合规风险管理,以及监督其他合规部门职员的工作的人员"。《证券公司合规管理试行规定》(已失效)中将"合规官"称为"合规总监",并将其定位为:公司的合规负责人,对公司及其工作人员的经营管理和执业行为的合规性进行审查、监督和检查。

此外,我国国家标准《合规管理体系 要求及使用指南》(GB/T 35770—2022)规定了企业承担合规职责的合规组织包括企业治理机构、最高管理者、合规团队、各管理层以及员工,并明确了具体的合规工作职责。国家发展和改革委员会联合多部门于2018年向社会发布《企业境外经营合规管理指引》,对企业的"合规管理机构"规定为,"合规管理机构一般由合规委员会、合规负责

---

① 参见李爱国、马建华、于光明:《商业银行加强合规风险管理的思考》,载《济南金融》2006年第7期。

② 参见"*Chief Compliance Officer*",载维基百科网,https://en.m.wikipedia.org/wiki/Chief_compliance_officer,最后访问日期:2022年3月6日。

③ 王志乐主编:《合规:建立有效的合规管理体系》,中国经济出版社2016年版,第140页。

人和合规管理部门组成。企业可结合实际任命专职的首席合规官,也可由法律事务负责人或风险防控负责人等担任合规负责人。首席合规官或合规负责人是企业合规管理工作具体实施的负责人和日常监督者"。随着我国从事企业合规工作的人员规模不断扩大,国家从政策层面上承认并鼓励"企业合规师"这一新兴职业的发展,并将"企业合规师"界定为从事企业合规建设、管理和监督工作,使企业及企业内部成员行为符合法律法规、监管要求、行业规定和道德规范的人员。

上述定义虽然表面上存在差异,但实质上均认为"企业合规官"是为了实现组织经营、执业行为的合规性,全面监督合规工作的管理人员。

(二)企业合规官的历史渊源

合规最早可以追溯到成立于 1906 年的美国食品和药物管理局(Food and Drug Administration,FDA)。该局对食品和药物安全的监管促使部分企业开始将合规视为企业运营的一部分。长期以来,合规官存在于金融和医疗保健等受到严格监管的行业。1977 年美国因"水门事件"及当时大量跨国公司向外国政府官员行贿以拿到订单的丑闻等颁布《反海外腐败法》(the Foreign Corrupt Practices Act,FCPA),该法是反商业贿赂合规的来源。在 FCPA 之后,英国、法国等国家陆续出台一系列反腐败法案,要求企业实施主动的反贿赂反腐败机制。联合国、世界银行(World Bank)、经济合作与发展组织(Organization for Economic Co-operation and Development,OECD)等也相继制定了一系列实践指南和公约,指导跨国企业建立有效的反腐败内控系统。随着 2001 年美国安然公司申请破产保护、2002 年世界通信公司会计丑闻等一系列事件的爆发,以及《萨班斯—奥克斯利法》(the Sarbanes-Oxley Act,以下简称《萨班斯法》)①的出台,公司开始普遍任命合规官。2002 年,美国证券交易委员会(Securities and

---

① 《萨班斯法》是一项美国联邦法律,它规定了公司在财务记录保存和报告方面的某些做法。该法的颁布是为了应对包括安然和世通在内的一系列重大公司和会计丑闻。该法的部分内容涵盖了上市公司董事会的责任,对某些不当行为增加了刑事处罚,并要求证券交易委员会制定法规来定义上市公司如何遵守法律。

Exchange Commission,SEC)的辛西娅·A. 格拉斯曼(Cynthia A. Glassman)进行演讲,呼吁企业指定企业责任官(Corporate Responsibility Officer)[①],美国《合规周刊》(*Compliance Week*)的编辑斯科特·科恩(Scott Cohen)将这次演讲作为合规官数量激增的起点。同年,"美国公司首次出现'首席道德与合规官',它由公司董事会任命,向董事会汇报,全面负责企业的道德与合规政策的制定、管理和执行"[②]。

2000 年,韩国在银行、保险公司、证券公司设立合规机构,并设置了合规官的前身——"遵法监视人"。遵法监视人的主要职责是监督公司内部控制标准的遵守情况,并在违反内控标准的情况发生时报告给监察委员会。[③] 2011 年韩国对《商法》进行了修订,增加了上市公司需要设立合规官的规定,正式在上市公司中引入合规官制度。

2004 年,我国已有制度涉及合规官制度雏形,《证券公司高级管理人员管理办法》(已失效)提到证券公司的高级管理人员包括"合规官"(文件中称为"合规负责人");之后针对商业银行、融资性担保公司、证券投资基金管理公司、保险公司、证券公司等出台了合规制度,其中或多或少涉及合规官的设置和职责。中国证券监督管理委员会出台的《证券投资基金管理公司督察长管理规定》(已失效)专门对合规官制度进行了规定。2006 年 10 月,原中国银行业监督管理委员会颁布了《商业银行合规风险管理指引》,其中较早地使用了合规的概念,为商业银行合规风险的管理提供了指引,合规管理在我国金融企业率先开展起来。2016 年 4 月,国资委印发了《关于在部分中央企业开展合规管理体系建设试点工作的通知》,该通知指出企业合规管理在中国移动、中国石油、东方电气集团、招商局集团、中国中铁 5 家中央企业开始试点。2017 年 5 月,原中央全面深化改革领导小组召开第三十五次会议,会议审议通过了《关

---

① See Cynthia A. Glassman, *Speech by SEC Commissioner: Sarbanes-Oxley and the Idea of "Good"*, U. S. Securities and Exchange Commission (September 27, 2002), https://www.sec.gov/news/speech/spch586.htm.

② 中国上市公司协会企业道德与合规制度研究课题组:《建立符合国情的企业道德与合规制度》,载《中国证券报》2014 年 5 月 19 日,第 A16 版。

③ 参见[韩]李哲松:《会社法讲义》(第 25 版),博英社 2017 年版,第 886 页。

于规范企业海外经营行为的若干意见》,提出要“加强企业海外经营行为合规制度建设”。2017 年 12 月,原国家质量监督检验检疫总局和国家标准化管理委员会颁布了《合规管理体系　指南》(GB/T 35770—2017),为企业全面系统地建设合规管理体系提供了具体的指南。2018 年 11 月,国资委发布了《中央企业合规管理指引(试行)》(以下简称《央企合规管理指引》),对于中央企业的合规管理体系建设提出了要求和建议。2018 年 12 月,国家发展和改革委员会等 7 部门联合发布了《企业境外经营合规管理指引》,该指引对于推动企业持续提升合规管理水平提供了更加具体的行动指引。2022 年 8 月,国资委发布《央企合规管理办法》,在《央企合规管理指引》的基础上,对中央企业的合规组织及其职责、运行机制等作出进一步规定。同年 10 月,《合规管理体系　要求及使用指南》正式出台并代替了原有的《合规管理体系　指南》,将原指南类管理体系标准转换为适用于认证的要求类标准,使企业合规管理跨入可认证时代。

2021 年 3 月 18 日,人力资源和社会保障部会同国家市场监督管理总局、国家统计局向社会正式发布了“企业合规师”等 18 个新职业信息。至此,企业合规工作人员得到了官方认证。

(三)不同法域视角下的企业合规官

无论是英美法系国家还是大陆法系国家,企业合规体系建设通常意味着企业责任减轻。美国采用的是责任减少制,如果企业建立了合规计划但员工在落实中出现了问题,那么企业需要承担的责任可以减少。

1. 美国

美国在全面合规体系建设和管理的研究上走在前端,对相关标准的探索可以追溯到 1984 年颁布的《量刑改革法》(Sentencing Reform Act of 1984),《量刑改革法》决定在司法部门成立独立的量刑委员会(U. S. Sentencing Commission)并赋予其制定量刑指南的职责。1991 年,量刑委员会在 1987 年《联邦量刑指南》(The United States Federal Sentencing Guidelines)的基础上增加的《组织量刑指南》(Federal Sentencing Guidelines of Organizations)成为美国全面合规体系有效性评估制度的“里程碑”。之后,美国《萨班斯法》、《反海外腐败信息指引》(FCPA Resource Guide)、《海外资产控制办公室合规承诺框架》(A Framework for OFAC Compliance Commitments)、《工业和安全局出口管制合规管理指南》(BIS Export Compliance Guidelines: The Elements of Effective Compliance Program,以下简称 ECP Guideline)、《司法部反垄断局公司合规体系有效性评估》(Evaluation of Corporate Compliance Programs in Criminal Antitust Investgations)、《公司合规体系评估指南》(Evaluation of Corporate Compliance Programs,ECCP)等制度丰富和发展了美国全面合规体系建设和有效性评估标准的内容。

合规官对于企业合规管理工作至关重要,为此,美国通过立法的形式规定了合规官的民事、刑事责任或者职业禁令。[①] 早期,合规官责任的承担以其对违规行为的积极参与为连接点。例如,如果其知道犯罪行为的实施,并帮助行为人逃避刑事追诉,则应承担共犯责任。此后,对于合规官的不作为,如其明知或者应当知道员工存在不合规行为,而没有加以改正,则要承担相应责任。

2. 德国

“合规”这一源于美国法的概念被引入德国已超过 20 年并首先被应用于金融和医药行业。如今,此概念已在各行各业落地生根。2017 年 2 月 7 日,《德国公司治理准则》进行了修订,首次针对合规管理体系提出若干建议,并对第 4.1.3 条作出重要补充:设置合规管理体系;披露该体系的基本特征;为员工和第三人设立提示系统。早在 2002 年,《德国公司治理准则》第 4.1.3 条第 1 句即规定董事会有保障本公司及集团下属企业遵守法律规定的职责,并规定董事会负责实现对法律规定和公司内部规范的遵守,针对企业的风险情况采取适当的措施进行企业合规管理。在德国,保障合规要求在本公司或企业集团得到贯彻的义务首先由董事会或经营管理层承担,董事会将因违背合规要求的行为

---

① See Luke Trompeter, *Summary Narrative of Chief Compliance Officer Liability*, 6 American University Business Law Review 341, 341 – 353 (2017).

或者未建立(包括未建立合格的)合规管理体系而承担责任。①

为规范企业海外业务的运营,德国建立了事前加事后的双重企业合规激励制度。在遭遇法律风险之前,如果企业积极主动地履行了相应的企业合规义务,构建了完备的企业合规体系,可减轻或免除其之后承担的法律责任。例如,德国联邦法院曾在判决中明确表示:当企业因违法行为应被科处罚款时,罚款的数额要考虑企业履行合规义务的程度,企业在多大程度上履行了防止企业内部出现违法行为的义务,以及在多大程度上建立了能够有效防止违法行为的合规管理体制,是确定企业罚款数额的重要考量因素。除了事前采取预防措施外,在对企业启动法律制裁程序之后,企业仍可采取"补救"措施降低处罚力度。例如,企业在刑事处罚程序启动之后及时建立或完善了相关的合规规范,以表明该规范在将来可有效预防违法犯罪行为的发生,则可以成为量刑从宽的考量因素。具体又可细分为两种情形:一是涉罪企业此前根本没有建立任何的内部合规管理制度,完全出于功利主义的目的制定了相应的规则,在判处罚金的时候出于犯罪预防的需要只能给予少量考虑;二是涉罪企业此前已经建立了相对完善的内部合规管理制度,只是由于个别漏洞被犯罪人利用,在判处罚金的时候要给予较大幅度的减少。②

三、传统企业法务与企业合规官渊源之比较

(一)含义的差别

传统企业法务是为适应企业外部环境变化、企业内部治理的需要,以公司法律风险治理为目标的具有法律专业素养的法律从业者,主要以公司治理、人员管理、法律风险控制为职责,通过建立健全法律风险管控体系,对企业内外部法律风险进行有效管理。而企业合规官以为企业建立行之有效的合规管理体

---

① 参见杨大可、张艳:《论德国监事会合规职责的制度内涵》,载《同济大学学报(社会科学版)》2019 年第 3 期。

② 参见吴伟:《德国企业合规制度的特点》,载《人民法院报》2021 年 12 月 3 日,第 8 版。

系为首要任务，将外法转化为内规并推动其在企业内部落地执行，同时帮助企业识别、评估、应对业务经营活动中的固有合规风险，监督内部合规制度得到有效执行。合规管理实际是企业内部控制的一个重要方面，同时也是风险管理的一个关键环节，因合规风险管理具有极高的专业性、重要性和特殊性而得以独立和强化。从两者的内涵和发展外延来看，具体可归纳出以下不同。

1. 工作目标不同。企业合规官的基本目标是，对外保障企业符合相关法律法规和行业规定，对内规范员工行为符合企业利益；而传统企业法务的主要目标是保障企业在商业活动中的利益不受损害，帮助企业达到收益和风险之间的平衡，并实现战略和经营目标。

2. 管理依据不同。法务管理的依据是法律法规、监管机构规定、行业惯例，法务管理基本上不存在将法律法规内化为企业规范的过程，而是直接依据法律法规判断公司行为与法律法规的契合度及其法律后果；而合规管理需要先把外部规则内化为公司的规章制度，然后进行合规风险评估和管控。

3. 定位和管理模式不同。传统企业法务往往被定位为服务人员、支持人员，负责公司的诉讼处理、合同审核、风险资产追偿、劳动纠纷、法律咨询、知识产权管理等工作。此外，法务人员往往是被动的，一般不会主动介入业务发现法律事件，而是在相关部门或分支机构向其提交请求后再介入。而企业合规官则被定位为监督人员、合规管理人员，负责监测、识别、评估、报告公司各部门及分支机构对合规规则的遵循情况和合规风险整改情况，通常会主动在业务活动中发现问题。[①]

4. 责任后果不同。企业合规管理不当可能涉及刑事责任、经济责任、行政责任和高管追责、吊销营业执照和许可证；而企业法律事项纠纷则以商业纠纷和民事赔偿为主。

（二）历史渊源的差别

传统企业法务与企业合规官的产生有着不同的历史背景、社会需求，这决

① 参见秦国辉：《合规管理能取代法务管理吗》，载《法人杂志》2009年第4期。

定了两者在以下方面存在不同。

1. 历史背景不同。传统企业法务发端于第二次工业革命时期,随着社会生产力的发展,各国纷纷出现了新的经济组织类型,法人和非法人组织逐渐兴起。随着私营经济的发展,交易规模不断扩大并出现了新型交易模式,私营经济体之间、个人与经济组织之间的法律纠纷增多,企业为提高纠纷处理效率和节约成本,纷纷自觉在企业内部设置法律纠纷解决岗位。而企业合规官制度的成熟时间则晚于传统企业法务,一般认为企业合规官制度是在第二次世界大战后逐渐发展完善的,企业合规官的产生主要基于外部压力,基于政府对企业行为的严格监管,以及企业不良行为造成恶劣社会影响后面临的较大舆论压力。通常,企业法务管理是企业传统内部职能,虽然并没有哪部法律要求企业必须设立法务管理部门,但从企业诞生之日起,法务管理部门或法务人员就已经成为企业的一部分。而合规管理则多数源于监管机构的要求。例如,我国合规管理作为保险公司的一项必备内部职能,始于 2007 年《保险公司合规管理指引》(已失效)的出台,该指引自 2008 年 1 月 1 日起施行,要求保险公司必须设立合规管理部门并赋予其合规管理职能。在此之前,合规管理职能或者不存在,或者模糊化于内控、稽核等职能之中,如 2007 年之前,某保险集团并不存在合规管理部门,2007 年,根据集团公司组织架构改革以及原中国保险监督管理委员会对保险公司治理结构的要求,其法律事务部更名为法律合规部,兼有法务管理与合规管理两大职能,向上对公司合规负责人负责。[①]

2. 设立目的不同。传统企业法务制度的产生与发展是为了提升传统企业法务促进企业生产运营和维护企业合法权益的效率,帮助企业在国际范围内提升竞争力和影响力,为企业发展和战略实现保驾护航。而企业合规制度以及合规官职业的产生,客观上是在约束企业全球扩张的行为,保证企业经营行为符合国内和国际法律法规要求,限制无序竞争和扩张,保护基本的国际、国内经济秩序。

3. 处理的法律关系不同。传统企业法务一般处理平等主体之间产生的民

---

① 参见秦国辉:《合规管理能取代法务管理吗》,载《法人杂志》2009 年第 4 期。

事纠纷,以及与行政主体之间的税收、财政、专利申请等事项。而企业合规官多处理企业与不平等主体之间的关系,如处理与监管方的关系、应对监管机构监管、接受与配合行政机构调查,并将外部强制性要求在企业内部宣贯、培训和要求执行。此外,传统企业法务主要代表公司处理民事法律关系,维护公司的财产利益;而企业合规官则主要负责呈现公司合规意愿、道德水平和社会责任,将个人违规违法行为与公司违规违法行为进行隔断,避免公司承担刑事和行政责任。

4. 普及和发展程度不同。世界各国大多依托于国内法,形成了自己的企业法务管理制度并不断发展完善,但并非大多数国家都形成了较为完善的合规管理制度。如果说企业法务制度处于发展的成熟阶段,那么企业合规制度的发展仍处于起步阶段。

(三)不同法域视角下的差别

以美国为代表的英美法系国家和以德国为代表的大陆法系国家,在企业法务制度与企业合规官制度的设计上存在不同。

1. 美国

在美国,企业法律顾问可以由职业律师担任,其可以代表公司出庭和参加诉讼,享有与职业律师同等的权利,并在企业内部享有较高的地位,如企业董事会成员除包括财务专家外,还包括法律合规专家(资深律师、退休的总法律顾问等)。由于法务的地位很高且相对独立,其可直接向董事会汇报工作,与合规官的职责几乎不存在冲突,故很多企业的总法律顾问或首席法务官一般会兼任首席合规官。同时,合规部门的设置和职能设置也相对独立,且首席合规官或合规总监会直接向董事会汇报工作。一般董事会要求提供并审议企业合规管理计划和报告,要求企业合规管理部门直接向其报告重大合规风险事件及合规管理关切。

美国企业合规管理大多由法律部兼管或者与法律部合并。同时,一些大型企业集团、政府强监管行业的企业,则选择设立独立的合规管理部门,主要负责政府行业监管合规审查与诚信合规管理。合规管理部门设专职合规管理人员,由有实务经验的法律、内控和审计人员担任。

2. 德国

在德国,职业律师与传统企业法务在权利和执业范围上有明显区分,为维护律师的独立性,并未赋予传统企业法务与职业律师同等的权利。目前,德国官方未确认“企业合规官”或“合规总监”或“合规负责人”的职责与权利,企业的合规管理职责由董事会行使,并规定董事会负责实现对法律规定和公司内部规范的遵守,针对企业的风险情况采取适当的措施进行企业合规管理。根据德国的法律制度设计,传统企业法务未被赋予企业合规管理职能,与美国总法律顾问或首席法务官同时担任首席合规官不同,德国企业的合规负责人由董事会任命,直接向董事长汇报工作,并向全体董事报告合规制度标准及其发展以及公司合规领域的重大事项。①

① 参见王东光:《组织法视角下的公司合规:理论基础与制度阐释——德国法上的考察及对我国的启示》,载《法治研究》2021 年第 6 期。

第二节　企业合规官与传统企业法务的不同角色定位及职责范围

第一节从传统企业法务和企业合规官的渊源的角度梳理了两者的差异，本节将会从两者角色定位及职责范围的角度来讨论两者的异同问题。尽管在当前国内企业管理的实践中，许多企业已经注意到了传统企业法务和企业合规官在职责与定位上的不同之处，但还是有诸多企业混同了传统企业法务与企业合规官的职能。两者角色的不同将会影响两者在企业中所需要承担的职能和侧重点，同时，两者职责范围的不同也会对两者实际的工作开展产生影响。区分传统企业法务与合规人员的岗位设置是企业管理成熟的标志之一，也有助于传统企业法务和企业合规官开展工作。

本节将分别具体介绍传统企业法务和企业合规官之间的角色定位、职责范围和岗位设置的重要性，讨论分析两者所具备的不同特点，从而梳理出两者角色定位的差异，并从两者工作职责的侧重点、管理模式和管理依据的维度来讨论两者在职责范围上的差异。

一、传统企业法务的角色定位及职责范围

（一）传统企业法务的角色定位

企业的法务部门是企业合法经营不可或缺的重要组成部门，法务部门主要由公司律师组成，角色定位为保证公司日常经营的合法性，识别、防范风险，针

对风险提出法律意见,利用法律专业能力维护公司合法权益,协助企业战略规划及决策经营活动,让企业在遵纪守法的前提下获得利益的最大化。因此,在对传统企业法务进行角色定位的时候,要从企业的经营角度来考量,应当给予法务部门何种重视程度关系到企业的长期稳定经营。下文将从企业经营的角度来讨论传统企业法务在企业中的角色定位(见图1)。

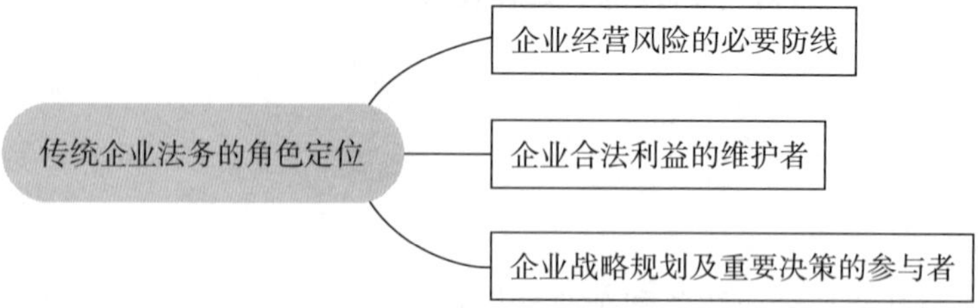

图1 传统企业法务的角色定位

1. 企业经营风险的必要防线

传统企业法务部的最重要角色之一,就是经营风险防范与管理部门。作为与公司业务贴合最为紧密的风险防范部门,与内控审计等部门相比,传统企业法务更加贴近业务实际。通常来说,传统企业法务会深入参与到商业谈判、合同签订等活动的全流程,在各个环节为企业识别法律风险,提出风险预防建议。

因此,作为风险防范防线,传统企业法务应当贴合业务实际全面评估法律风险,构建法律风险防控制度,在经营过程中监督业务经营活动,加强合同审核管理,并针对风险提出防范意见。作为公司经营的"守夜人",传统企业法务还要具备大局观、进行全面的风险治理,做公司业务风险的识别者、上报者和推动改进者。

2. 企业合法利益的维护者

作为市场活动的重要参与者,企业在经营的过程中难免与其他主体产生争议纠纷。在争议纠纷中,企业本身可能作为侵权责任方,也可能作为被侵权受害方。法务部门需及时参与到纠纷争议中,制订争议解决策略,指导业务部门收集证据,必要时借助外部律师力量通过诉讼、仲裁等方式维护企业经营成果。

在现代企业的资产结构中,尤其是科技型企业,知识产权等无形资产体现的商业价值凸显,传统企业法务在无形资产的有效运作管理中发挥了重要作用,知识产权等无形资产可以为企业带来可观的盈利收益。在这样的趋势下,传统企业法务部门的维权方向也逐渐由被动维权向主动维权转变。例如,在知识产权维权领域,传统企业法务的主动维权往往能转化成为高额的著作权、专利许可费用。因此,传统企业法务部门要做好企业无形资产的经营管理,维护企业形象。

3. 企业战略规划及重要决策的参与者

企业做战略规划主要是基于宏观的产业环境层面,而法律政策的变化某种程度上决定了产业环境的变化。企业法务需要协助公司发现、识别政策风险,选择合法合规的行业赛道和战略目标。针对一些已经被定性为非法业务的领域,尽管潜在的盈利价值大,企业在做战略规划时也不能将其列入发展计划。例如,在当前比特币等虚拟货币交易盛行的时代,诸多互联网公司也曾考虑将其列为潜在的发展业务,但根据2021年中国人民银行、最高人民法院、最高人民检察院等10部门联合发布的《关于进一步防范和处置虚拟货币交易炒作风险的通知》,比特币等虚拟货币交易已被定性为非法金融活动,对于开展相关非法金融活动构成犯罪的,依法追究刑事责任。因此,传统企业法务也需要为企业的决策者在战略把控和制定的时候提供相应的法律意见。一般来说,上市公司的首席法务官通常也是董事会成员,参与公司重大经营决策,站在法律的专业角度为公司决策把关,争取利益最大化,因此传统企业法务也是企业重要决策的参与者。

(二)传统企业法务的职责范围

在明确传统企业法务的角色定位后,传统企业法务的职责范围也相对清晰。中国政法大学副教授翟继光主编的《中央企业法律风险管理报告(2013)》对法务管理部门所下的定义较具代表性。该风险管理报告提出法务管理部门是企业内部设置的、对企业法律事务进行管理、对企业各种经营行为进行法律审查、预防法律风险、处理法律纠纷并由受雇于企业人员构成职业群体组成的职能部门。①

实际操作中,常见的传统企业法务职责主要按照三大方向划分,即按照对接不同地域、支撑不同业务部门及法务人员发展的职业领域来进行分类。传统企业法务职责按照地域划分一般可以分为国内法务团队及涉外法务团队;按照支撑不同业务部门进行划分,可以分为专门支撑采购部门的法务人员、专门支撑营销部门的法务人员等;按法务人员发展的职业领域还可以分为投融资法务、劳动法法务、诉讼法务等。传统企业法务负责的具体事务主要分为以下3个类别:规范性事务、决策性事务、公司业务法律支持。

1. 规范性事务

法务负责的规范性事务主要包括:

(1)参与公司重要规章制度的制订和实施,确保公司制度不与当地法律法规冲突;

(2)根据公司业务发展需要修改、更新公司章程等各类规章制度;

(3)负责面向公司全员培训、宣贯制度内容。

2. 决策性事务

法务负责的决策性事务主要包括:

(1)协调处理公司决策、经营和管理中的法律事务;

(2)参与公司重大经营决策,保证决策的合法性,对公司重大经营决策提出法律意见,并对相关法律风险提出防范意见;

(3)担任公司管理层法律顾问,列席公司股东会和由公司高级管理人员组织、参加的会议,就相关法律事务提供法律咨询和发表法律意见。

3. 公司业务法律支持

法务负责的业务法律支持事务主要包括:

(1)制订标准的合同文本,审核企业各类合同条款,参与重大合同的起草、谈判工作,监督、检查合同的履行情况;

---

① 参见郑春贤:《法务管理在企业管理中的职能定位及体系构建》,载《北京劳动保障职业学院学报》2021年第2期。

(2)参与公司的分立、合并、破产、解散、投融资、担保、租赁、产权转让、招投标及改制、重组、公司上市等重大经济活动,提出法律意见,与外部机构配合处理相关法律事务;

(3)办理公司工商登记以及商标、专利、商业秘密保护、公证、鉴证等有关法律事务,以及公司商标、专利、商业秘密等知识产权保护工作;

(4)法律调查,即根据公司业务需要,开展资信调查、员工背景调查、尽职调查、侵权调查等;

(5)提供与公司各项生产经营事项有关的法律咨询;

(6)代表公司处理各类诉讼或非诉讼法律事务,维护公司的合法权益;

(7)负责与外聘律师、法律顾问的联络、配合工作及法院、仲裁委员会等法律机构相关资源的开发和维护。

(三)传统企业法务的重要性

传统企业法务保障企业健康稳定发展,是企业职能部门中不可或缺的岗位之一。虽然很多中小企业在创业之初,可能只会依赖于外部的法律顾问,但是企业法务相比于外部法律顾问会更加熟悉公司的业务和经营情况,能够站在公司的立场和角度来看待法律风险。因此,传统企业法务的工作与企业的经营管理相辅相成。然而大部分传统企业法务在企业治理体制中的地位偏低且工作内容杂乱,同时身兼数职,大大限制了其专业能力的有效发挥。在小微企业中,没有设置企业法务岗位或者企业法务部仅有一人任职也是司空见惯的。传统企业法务制度是一项外来制度,通过对域外传统企业法务及其部门在企业中情况的对比分析,可见中国传统企业法务仍然面临着法务工作"形式化"、法务职能认知"边缘化"等困境。[①] 所以,必须通过提高企业对法务管理的重要性认识、完善传统企业法务管理制度、调整传统企业法务定位等手段提高传统企业法务在企业治理体制中的定位,传统企业法务作用得以充分发挥。

---

① 参见常芸、张小虎:《企业治理视域下的企业法务目标定位研究》,载《广西政法管理干部学院学报》2021 年第 2 期。

二、企业合规官的角色定位与职责范围

企业合规官在近年来引起了法学界的极大关注,尤其是在国内多家企业因合规问题受到巨额处罚的情况下,越来越多的企业设立了企业合规官这一独立的职位。企业合规的要求通常如下:一是企业在运营过程中要遵守法律法规;二是企业要遵守商业行为守则和企业伦理规范;三是企业要遵守自身所制订的规章制度。[①] 而企业合规官的角色定位就是帮助企业实现上述合规经营的目的而设立的职能岗位。

(一)企业合规官的角色定位

在经济全球化的背景下,诸多企业海外业务拓展势头高涨。在海外进行的产品制造和销售不仅要考虑企业所在地法律法规,而且要考虑到业务所在地国家的法律框架。[②] 此外,业务运营中可能涉及员工的选任与培训、出口、环境或者税收法律,或者腐败问题,因此企业必须通过谨慎精细的合规措施对这些问题作出反应。[③] 企业合规官的角色定位如图 2 所示。

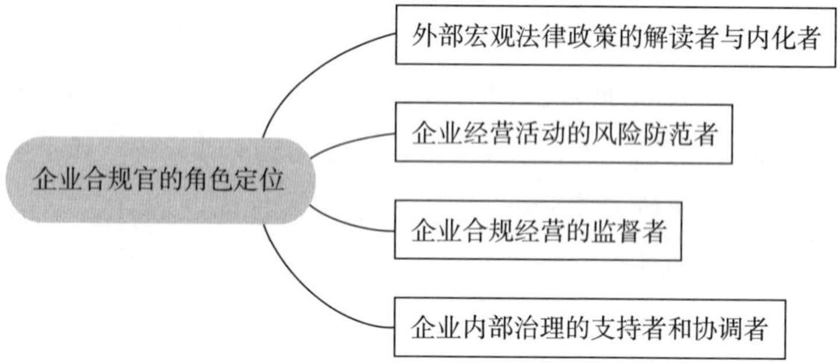

图 2 企业合规官的角色定位

① 参见陈瑞华:《企业合规制度的三个维度——比较法视野下的分析》,载《比较法研究》2019 年第 3 期。

② 参见李本灿:《合规官的保证人义务来源及其履行》,载《法学》2020 年第 6 期。

③ 参见李本灿等编译:《合规与刑法:全球视野的考察》,中国政法大学出版社 2018 年版,"序言"。

1. 外部宏观法律政策的解读者与内化者

上文提到企业合规官的主要职能是帮助企业实现合规经营，实现合规经营的前提是了解、熟悉规则。因此，企业合规官首先需要做的是解读规则，并分析相关规则，找到规则与企业经营的相关性。企业合规官需要在日常工作中密切监控、实时跟进业务所在地国家的监管机构动态，及时解读、同步监管动态，同时还需要输出能够指导业务部门的意见。

此外，企业合规官在解读外部监管规则后，更重要的是将外部规则与公司业务实际相结合，转化成为切实可行的内部制度，为公司经营活动提供指南，并且还需要能够推动规则的落地，能够让员工充分遵守内部规则，让内部规则切实可行地保障企业的经营活动。因此，对企业合规官来说，对规则的把控在于内外联动要保证及时性、全面性和准确性，保证外规内化的一致性，确保外部法律和监管机构要求能及时映射到企业内部的规章制度中来。①

2. 企业经营活动的风险防范者

"企业合规首先是一种为防范企业法律风险所采取的一种公司治理方式。"②为实现良好的公司治理，企业需要颁布合规章程，建立一系列政策和行为守则，督促员工、子公司、第三方乃至被并购企业遵守法律法规，并在法律风险的防控、识别和应对方面，采取必要的管理措施。③

有效的风险防范前提是准确评估风险，国际通行标准将风险评估划分为风险识别、分析和评价 3 个阶段，主要包含以下步骤：

第一步——收集基本信息：为识别风险，评估人员需要根据具体合规领域的风险评估目标确定需收集的信息字段，使用适当的方式、模型对信息进行收集、管理。在了解被评估对象的基本信息时，需要验证相关信息的准确性，必要时应对被评估对象的活动进行深入调查。

第二步——识别和分析潜在合规风险：对收集的基本信息进行分析，挖掘

① 参见蔡宁伟：《银行首席合规官设立的中外比较——基于重要性、必要性和可行性的分析》，载《银行管理》2017 年第 11 期。

② 陈瑞华：《企业合规基本理论》，法律出版社 2020 年版，第 75 页。

③ 同上。

数据背后的深层含义,梳理被评估对象在内外部环境下存在的合规风险,即在没有施加控制措施下的固有风险。

第三步——评价已有合规管控措施:在分析固有风险后,需调查被评估对象的现有合规管控措施是否覆盖完整、是否切实有效、是否被实际履行。未被覆盖的合规风险越多,原则上剩余风险等级越高,风险实际敞口也越大。

在对风险作出准确、有效的识别和评估之后,就需要企业合规官等专业职能人员结合公司实际情况做出切实、可落地的风险应对方案,对外发挥与监管机构的协调沟通作用,对内制订相应的流程制度,确保企业合规经营。

3. 企业合规经营的监督者

企业合规在某种程度上是一种自我监管,通过内部设置的企业合规官的岗位来发挥自我管理以及自我约束的作用,从而达到公司自治的效果。企业建立合规计划,往往是其配合政府监管调查的标志之一,通过建立合规计划,政府及监管机构大大节约了管理成本投入,将原来的“外部监管”转变为对企业自我监管的激励和奖励,从而使企业激发出自我监管、自我报告、自我整改的活力。①

企业合规官在企业内部扮演着独立监管的角色,负责企业的合规审计、违规调查及合规举报3类工作,即对日常业务及项目合规落实情况实施审计,对违规行为进行调查,同时,也为发现公司员工违反出口管制要求的行为、违反商业行为准则的行为,以及其他违反外部法律法规、公司各项管理标准的行为提供举报渠道。

4. 企业内部治理的支持者和协调者

企业合规官肩负了一定的企业管理职能,能够依据其法律专业、管理专业上的知识,为企业治理提供支持,支撑管理层决策。同时,企业合规官在日常工作中,也会协调流程与经营活动之间的关系,协调合规资源,管控成本,平衡管理和效率的问题。企业合规官的设立有助于企业提升管理效率,减少沟通成本,提升管理资源利用率。

---

① 参见陈瑞华:《企业合规基本理论》,法律出版社2020年版,第85页。

企业合规官也是企业内部治理的支持者和协调者。企业合规官要深入企业的业务活动中，要充分理解企业当前的风险偏好、企业的政策是什么，要能够为企业领导者的决策提供支撑。同时，一个完整且有效的合规体系的建设不是单靠法律相关部门就能解决的，企业合规官在解读规则并将规则内化为能够让企业内部使用的规范和流程的时候，还要考虑协调各方的资源。比如，IT 系统的开发、实际业务场景流程的设立，都需要跨部门的合作。因此，企业合规官还需要协调内部资源，从企业管理的角度，协调相应的人力、财力资源来进行企业合规的建设。

（二）企业合规官的职责范围

企业建立合规体系和合规机制，最早源于金融行业。巴塞尔委员会在《合规与银行内部合规部门》中专门规定了董事会的合规职责，包括审批合规政策并确保其制定适当，监督合规政策的实施，在全行推行诚信与正直的价值观念等。董事会可以设置专门的合规委员会或要求审计委员会承担上述职责。在公司高级管理层层面巴塞尔委员会指出了合规官的设置要求，即“每家银行应该有一位执行官或高级职员全面负责协调银行合规风险的识别和管理，以及监督其他合规部门职员的工作”，该执行官或高级职员被称为“合规负责人”。

建立成熟的合规组织体系，一般而言，公司设立董事会的，应当在董事会下设合规管理委员会，由一名董事担任负责人，公司应该设有合规部门，合规部门应有首席合规官，合规部门应该接受首席合规官与合规管理委员会的直接领导。[①] 在企业合规风险的应对中，各业务部门是预防、监测和应对合规风险的第一道防线，专门的合规组织是第二道防线，而合规稽查部是独立的第三道防线。在具体开展合规工作时，企业合规官通常将计划（plan）—执行（do）—检查（check）—处理（act）（全流程以下简称 PDCA 循环）转化为合理的规则→有效的宣贯→坚决的落地→有力的稽查闭环管理，形成合规业务和管理的双循环。

---

① 参见陈瑞华：《企业合规基本理论》，法律出版社 2020 年版，第 9 页。

1. 企业合规官的道德准则

企业合规官也是受公众信任的人物,因此面对公众、雇佣组织及行业,必须能够提供最高标准的专业、诚信和合格的服务。企业合规官的道德准则主要包括以下 3 个方面:

(1)对公众的义务:为了促进公共利益,企业合规官应遵守和促成遵守适用于其雇佣组织行为的法律精神和政策,且其职业行为应当体现最高的道德标准。

(2)对雇佣组织义务:企业合规官应以最高的诚信意识为其雇佣组织服务,代表雇佣组织作出公平判断,并促进实施有效的合规与道德体系。

(3)对行业的义务:企业合规官应采取行动,努力维护行业的诚信和庄严,提升合规与道德计划的有效性,以及促进合规与道德的专业性。

2. 企业合规官的具体职责

企业合规官的职责通常按照不同合规领域进行划分,企业合规官的职责也会根据项目的规模和范围而有所不同。常见的企业合规领域主要是:反商业贿赂合规、反垄断合规、出口管制合规、数据保护合规、反洗钱合规等。不同合规领域的企业合规官自然在具体职责范围上存在差异,在这里我们主要讨论不同领域企业合规官的通用职责范围。企业合规官的重点职责应该是合规体系的建立、实施、管理和监督,主要包括以下内容:

(1)在企业内部建立全面的合规管理体系,并根据外部监管政策、企业经营状况及时对合规管理体系进行修订、更新;

(2)负责起草、审核、汇编、梳理各项合规制度;

(3)对公司各项产品、业务方案进行合规性审查,确保业务开展符合法律法规及监管政策;

(4)组建公司合规委员会,并定期向公司高管、董事会、股东会汇报公司合规执行情况;

(5)为公司业务部门提供合规咨询、合规培训等合规管理工作,面向公司全员开展合规培训,确保公司全员知悉、理解合规制度;

(6)对公司各部门合规制度落实情况进行监督、稽查,独立调查与合规相关事项并采取行动；

(7)配合公司业务对合作方进行背景调查，识别受制裁、受限制的个人和实体，向公司关联主体、合作方宣贯公司合规制度。

（三）企业合规官设置的重要性

企业合规关乎企业的存亡。在评估企业是否具有合理的内部控制时，企业投入的合规人员和资源是否与企业规模、风险相匹配是执法部门考量的重要因素。而企业合规官的设置是实现企业合规的第一步，也是最关键的一步。

企业合规官的设立有助于企业树立良好公众形象，企业合规官基于其独立性通常是受社会公众信赖的角色。企业的违法行为将导致其公众形象严重受损，树立良好的企业形象往往需要通过长期的品质口碑保证以及公关宣传。而企业一旦违法，其耗费多年树立的企业形象将毁于旦夕，消费者对企业的信心将受到严重打击，对企业后续的客户维系、市场拓展都将带来负面影响。2022年央视“3·15”晚会曝光湖南插旗菜业有限公司从外部收购“土坑酸菜”，且插旗菜业有限公司并不对卫生指标进行检测。插旗菜业有限公司是湖南省华容县较大的蔬菜再加工企业，为包括康师傅在内的多家知名企业代加工酸菜制品。[①] 此新闻发布后，社会各界舆论一片哗然，老坛酸菜牛肉面作为康师傅销量爆款产品，竟然存在如此重大的食品安全问题。尽管康师傅等品牌在第一时间发出公告向社会道歉，但其多年来苦心经营的品牌形象已因此遭到重大打击。

企业合规官的设立有助于维护企业经营利益。企业的违法行为可能导致经营利益受损，尤其是对于上市公司来说，可能导致股价大幅波动，公司市值缩水，股东权益受损。并且监管机构的巨额罚款可能导致企业资金链断裂，濒临破产。2018年，脸书(Facebook)公司被曝将8700万用户的数据以不正当方式泄露给英国剑桥分析公司(Cambridge Analytica)，英国剑桥分析公司作为政治

---

① 参见《央视3·15曝光插旗老坛酸菜》，参见新浪网，https://finance.sina.com.cn/zt_d/suancai/，最后访问日期：2022年5月11日。

咨询公司被指控利用从Facebook公司获取的用户数据来影响政治活动,包括英国脱欧投票和2016年美国总统大选,从而被美国联邦贸易委员会(Federal Trade Commission,FTC)开出50亿美元的巨额罚款,创下科技型企业最高罚单纪录。①

企业合规官的设立可以降低企业违法风险。公司对外开展业务活动过程中如存在违法违规行为,其法律后果可能由企业及其高管承担,给企业和管理层带来法律风险。除了前文提到的经营利益的受损,企业及其高管可能因为违法行为面临民事责任、行政责任甚至刑事责任。著名的阿尔斯通(Alstom)案就是典型的例子,阿尔斯通被美国指控商业贿赂罪,其高管弗雷德里克·皮耶鲁齐(Frédéric Pierucci)也被美国法院判刑,在被扣5年(其中入狱25个月)后获得自由,而阿尔斯通也因此付出支付7.72亿美元的巨额罚金、最终将核心业务出售给美国通用电气公司(General Electric Company)的代价。②

企业合规官的设置可以提升公司治理能力,如上文所述,企业合规官也是企业内部治理的支持者和协调者。企业合规官的职责范围与角色定位充分发挥了其提升公司内部管理能力的效用,减少了公司管理成本,提高了公司全员合规意识,降低了员工因违反内部的规范给企业带来的风险,从而进一步降低了企业违反外部监管规则的风险。

因此,企业合规官的设置是建立企业有效合规计划的第一步,也是企业长期稳定发展的重要前提与保障。

三、传统企业法务与企业合规官的角色与职责差异

国内企业管理实践中,出于节约成本的考虑,大部分企业还是将企业合规官的岗位设置与传统企业法务合而为一,法务部门同时担任处理法律事务及防

① 参见《"脸书"个人用户数据被滥用? "剑桥分析"在全球有何影响》,载BBC中文网,https://www.bbc.com/zhongwen/simp/world-43482767,最后访问日期:2022年5月11日。

② 参见《孟晚舟获释,中国给美国"长臂管辖"沉重一击!》,载百度网,https://baijiahao.baidu.com/s?id=17130300S6271068088&wfr,最后访问日期:2022年5月11日。

范合规风险的职责。毋庸置疑,企业合规官与传统企业法务的职能存在一定重合性,两者设立的目的都是为企业合法合规经营保驾护航。但是两者之间的模糊界定,可能导致企业合规官的客观独立性受到影响,难以最大限度地发挥企业合规计划的积极作用,从而导致企业面临潜在风险。

(一)传统企业法务与企业合规官的特点差异

1. 企业合规官的业务独立自主性

根据 1991 年《联邦量刑指南》的规定,一个"有效的合规计划"要求企业聘用一位独立的合规官,这位合规官需要定期向首席执行官和审计委员会报告合规计划的有效性,并且必须获得"足够的资源、适当的权力和直接接触管理监督层的能力"以履行该职责。[①] 上文提到企业合规官的重要职责之一是监督、稽核合规制度落实情况,合规委员会定期独立向公司高管、董事会、股东会汇报公司合规情况。在监管机构对企业的调查过程中,检察官应评估企业"是否有足以确保其独立性和准确性的层级来负责内审"[②]。

企业合规官相对于传统企业法务更具有自主性。有效执行合规计划的标志在于"确保日常监督合规计划执行的管理人员有足够的权威和地位"。检察官应当审查公司合规人员:(1)在公司内部是否具有足够高的级别;(2)是否有足够的资源,如是否有足够的人手执行必要的审计、文件审查和分析;(3)管理层是否赋予足够的自主权,如可以直接与董事会和董事会审计委员会汇报的渠道。[③]

合规官的职责与角色定位本身决定了其必须能够发挥威慑和制衡其他部门的作用,法务部门也并非例外。

2. 企业合规官的披露性与法务的保密性

企业合规官的披露义务与法务的保密特权存在明显冲突。当企业发生违

---

① 参见奚哲涵:《有效合规计划视野下的美国合规官》,载《人民法院报》2021 年 12 月 10 日,第 8 版。

② 陈瑞华:《企业合规基本理论》,法律出版社 2020 年版,第 104 页。

③ 同上。

法违规行为时,法务应当为公司保守秘密,而合规官应当将该行为进行上报,因此,一个好的合规官必然不是一个好的法务,一个履职的法务也不可能成为一个尽责的合规官。[①] 企业合规官的披露义务是以其独立性为前提的,企业合规官正因为独立于包括法务在内的其他部门,才能够更好地发挥其监管职能,在发现问题时能够及时披露、解决问题。

(二)传统企业法务与企业合规官角色定位与职能范围的差异

1. 角色定位不同

从部门角色定位上看,如前文所述,传统的企业法律部门往往仅被定位为公司业务的服务部门,与业务紧密贴合,负责公司的诉讼管理、合同审核、风险资产追偿、劳动纠纷、法律咨询、知识产权维护及管理等工作。

而合规部门则被定位为风险控制部门、监督部门,负责监测、识别、评估、报告包括法务部在内的公司各部门及分支机构对合规规则的遵循情况和合规风险的发生及整改情况。合规部门在制订规则后,需要将规则落实到公司经营业务中,法务起到了衔接合规部门与业务部门的作用,如公司合规手册规定需要在与客户之间签署的合同中嵌入出口管制合规条款、反商业贿赂合规条款以及数据保护合规条款等,法务作为合同审核的必经环节,协助合规部门将公司制度落到实处。

2. 职能的侧重点不同

企业合规不同于一般公司聘任的法律顾问或法务部门所从事的防范“一般法律风险”业务,而是专门针对行政监管处罚风险、刑事法律风险以及国际组织制裁风险,所建立的自我监管、自我报告、自我预防和自我整改的公司治理体系。[②] 根据上文介绍的传统企业法务职能,传统企业法务的风险防范主要侧重于合同风险与诉讼等争议解决风险,而合规官的职能侧重于外部监管机构的

---

① 参见奚哲涵:《有效合规计划视野下的美国合规官》,载《人民法院报》2021 年 12 月 10 日,第 8 版。

② 参见严涛:《公司治理与企业合规——公司法律师眼中的企业合规》,载炜衡律师事务所网,http://www.weihenglaw.com/NewsStd_1287.html,最后访问日期:2022 年 9 月 27 日。

风险防范,相对来说更加宏观。

3. 管理模式不同

传统的法务往往根据业务部门提出的需求来处理合同审核、诉讼纠纷等法律事务,他们往往不是主动去调查、发现法律问题,而是在相关部门或分支机构向其提交请求后,被动响应业务部门需求。而企业合规官往往主动去监督、稽核公司业务的全流程是否存在违规的情形,如在合规稽查中,法务人员与商务人员都是被企业合规官稽查的对象,只是稽核内容的侧重点不同。

4. 管理依据不同

从管理依据上看,法务管理的依据是法律法规、监管机构规定、行业惯例,尤其是前两者。法务管理基本上不存在将法律法规内部化的过程,直接依据法律法规判断公司行为与法律法规的契合度及其法律后果。①

对于合规管理而言,其管理依据则相当广泛,包括法律法规、监管机构规定、行业自律规则、公司内部管理制度以及诚实守信的道德准则。其更强调的是对内部规章制度的遵循。因为作为内部风险控制的重要手段,合规官的作用体现在先解读外部监管政策再根据企业实际情况内化为可落地执行的规章制度,而后依据内部规章制度进行控制。可见,两者的管理依据存在交集,但很多并不重合,而且两者的依据重心并不一致。

由此可见,传统企业法务与企业合规官职能存在实质差异,两者的混同设置将导致企业合规官的独立性被削弱,给企业经营带来潜在风险。

---

① 参见秦文辉:《合规与法务的关系和境界》,载搜狐网,https://www.sohu.com/a/260164070_100015459,最后访问日期:2022年9月27日。

第三节 企业合规官与传统企业法务的不同风险控制

本章第二节梳理了企业合规官与传统企业法务的特性、职责及角色定位上的差异，但在实际的工作中，两者都会兼具风险控制的职能。风险控制是企业合规官和传统企业法务的基本工作，是两者工作的基石，两者都需要掌握风险的识别、风险的评估、风险的分析等基本能力，从而实现对风险的有效控制和处理，以保证企业的正常经营和运行。这体现了企业合规官和传统企业法务的工作界面具有大量的重合，在具体的工作职位上的设置也会出现混同。然而，前文提到两者的角色定位实际上是存在差异的，这也进一步说明了两者的工作思路会存在区别，甚至在一些价值的选择或判断上会出现相悖的情形。正是由于企业合规官和传统企业法务的工作日益趋同，两者混同设置将会导致合规官的独立性被削弱，导致传统企业法务的职责界面更加模糊不清，甚至会给企业经营带来潜在风险。因此，从风险的角度来区分两者的基本职责，厘清差异，能够帮助传统企业法务、企业合规官有针对性地开展企业风险管理的工作，能够帮助两者找到其对应工作的具体思路，更能有的放矢，帮助企业合规官找准其工作职责的关键点。

要对两者的风险控制职能进行梳理，就要明确风险控制的主要工作界面，即识别风险和防范风险。识别风险要求企业合规官和传统企业法务能够清楚地知道风险是什么；要防范风险，则需要了解风险产生的原因，从而构建风险控制的手段或方式。因此，识别风险、掌握风险产生的原因及控制风险的方式是企业合规官和传统企业法务需要共同具备的能力。本节据此分别对企业合规风险和企业法律风险的概念进行了整理,从而梳理了企业合规官和传统企业法务在风险判断上的依据及来源。从风险产生的领域、类型及阶段这 3 个维度分析合规风险和法律风险产生的原因,从而总结出企业合规官与传统企业法务在风险控制上的关键点,即"人"与"规则",再依据两者不同的工作职责,讨论在"人"与"规则"这两个维度上两者风险控制方式上的差异。

一、企业合规官的风险控制

(一)企业合规官的风险判断依据

巴塞尔委员会发布的《巴塞尔协议》(Basel Accords)指出,"合规风险"(Compliance Risk),是指银行因未遵循相关的法律法规、规章制度、监管要求或者自律性组织制定的有关准则,以及银行自身业务活动应当遵循的行业准则,而可能遭受法律制裁或监管处罚以及重大财务损失或声誉损失的风险。

合规本来自金融行业,属于经济规制的范畴,规定在诸如反垄断法、证券法和金融监管规章制度之中。因此,最早的企业合规风险更多的是涉及金融领域的监管问题。随着 2002 年《萨班斯法》的颁布,合规已经扩展到经济和社会规制的各个领域之中。合规风险的概念已经从经济法领域扩展到了其他行业,风险控制的对象从银行延伸到非银行类公司层面的各种内外部风险。诸如当前世界各国重点关注的反商业贿赂及腐败、反洗钱、反垄断、网络数据安全、出口管制等合规领域的风险问题。

现如今,我国的企业合规已经进一步扩展到了更多非金融领域。2022 年 8 月国资委发布了《央企合规管理办法》,在总则部分对"合规风险"进行了定义,即合规风险是指企业及其员工在经营管理过程中因违规行为引发法律责任、造成经济或者声誉损失以及其他负面影响的可能性。

由此可见,随着社会经济的不断发展,合规的意识及需要也在逐步扩大,合规也逐步表现为对商业伦理、企业社会责任(Corporate Social Responsibility,

CSR)的遵循。CSR 的产生也来自企业商业实践的发展。[①] 合规风险的概念的外延也在不断扩展,因此,合规风险应当有更为广泛的含义,即在公司的内部治理与经营活动过程中,因未能遵守相关的法律法规、政策、监管要求、行为准则、商业道德行为而造成的风险。

无论合规风险的定义如何扩展,其遵循的“规”也不外乎包含以下几个内容:一是外部的合规规范,如通用的国际条约、国际规则,包含普适性的法律法规,不仅包括本国的法律法规,还包括公司经营地所涉及的法律法规及政策制度,企业国外经营所在国家和地区的法律、法规、监管规则、标准、司法判例,以及部分具有有限域外效力的外国的法律法规及法院判例、行政决定。此外,还包含了行业相关的监管机构的要求,包括国际或本国的监管要求。二是企业内部的合规规范,包含了企业内部规章制度,企业内部的行为准则,企业所在行业的自律性规则,企业选择适用的非强制性国家标准、行业标准和企业标准,企业自愿性对外承诺(如环境承诺、促销承诺),企业章程、股东决议、董事会决议、管理层决议。三是商业道德层面的约束,如企业与第三方的合作协议、商业惯例、道德规范。具体如图 3 所示。

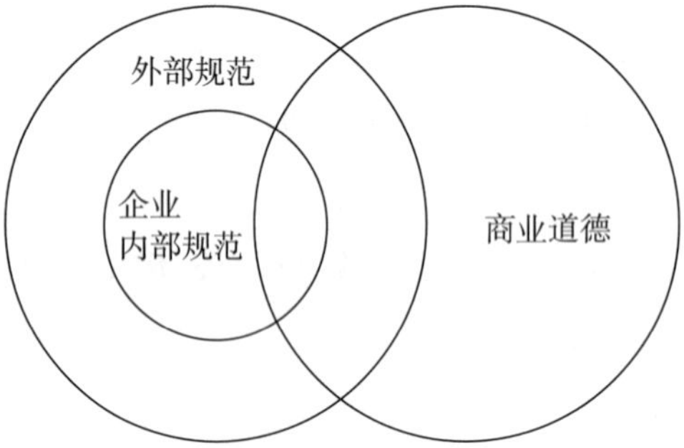

图 3　企业遵循的合规规范

除了合规所依据的规范,合规风险的判断还需要考虑主体及行为。合规风险的产生可能源于企业本身也可能源于企业员工。而不合规的行为除了法律

① See Simon Zadek, *The Civil Corporation*, Earthscan Publications Ltd., 2007, p. 10 – 23.

法规明确的规定，还包含企业内部所规定的合规准则。

（二）企业合规风险的产生原因

从合规风险产生的领域来看，最初，合规风险管理的产生初衷是政府主导治理企业经营活动的腐败行为，随着经济的不断发展以及各种新兴行业的崛起，涉及了越来越多的监管、合规问题，企业也逐步建立健全了应对各种合规问题的合规制度和合规体系。如前文所述，合规已经涉及多个领域，当前的合规更加关注企业的诚信合规管理，同时作法律层面的考量。当前合规的重点领域包括反腐败、反欺诈、反洗钱、反垄断、出口管制、网络和数据安全、商业伙伴合规管理等。

从风险产生的类型的角度，企业合规风险的产生可以从人体免疫系统理论的角度来剖析，人体疾病的产生主要是来自两个方面：一是自然界带给人的疾病风险；二是人体自身产生的疾病风险。将其映射到企业合规风险的产生方式上，不难看出企业的合规风险也是源于外部的风险和企业自身的风险。外部风险可能是政治、经济等因素，如有些国家利用贸易工具加大对其他国家公司的限制和制裁，政府加大了对各行各业的监管力度。从企业自身来说，可能是企业自身的“免疫能力”不足，也就是企业合规体系不健全，治理能力不够，从而产生合规风险。外部因素和内部因素可以进一步从规则和意识两个角度进行分析。从意识的角度来看，合规风险可能产生于企业内部对于合规的不重视。从规则的角度来看，可能是由于企业合规官、合规人员本身对于外部规范的解读不够清晰、准确，并且没有有效地将外部规则植根于企业内部的土壤，规则的存续环境恶劣，导致规则浮于表面或者成为一纸空文。内部规范设置不合理也会带来一定的合规风险。企业内部规则的复杂、不易懂带来理解上的负担，同时，合规管控流程的烦琐和复杂也会导致企业员工不愿意遵从或者难以遵从。另外，企业合规官还需要对企业在交易过程中的目标主体进行风险的识别和排查。由于受到域外管辖的影响，企业在与其他主体进行商业活动的时候，还需要关注其他目标主体的合规情况，若企业没有在事前进行尽职调查或事后采取相应的补救措施，企业也会面临合规风险。

从风险产生的阶段的角度看,企业合规风险产生的原因可以分为3个阶段,即企业经营过程中的决策、执行、监督。[①]《央企合规管理办法》规定了合规管理的"全面覆盖原则",即要求企业坚持将合规要求覆盖各领域各环节,贯穿决策、执行、监督全过程,落实到各部门、各单位和全体员工,实现多方联动、上下贯通。以上3个阶段主要涉及对权力行使的管理,这体现了公司治理的"分权式"结构,对权力的行使进行了监督、约束和制衡。相反,如果没有对权力进行约束、监督、制衡,可能产生经营上的风险。例如,重大决策如果没有分散权力,可能导致"一言堂",而个人的判断终归是有限的,因此可能出现判断失误或者知识盲区导致企业的经营风险。又如,在董事会"一元制"的公司治理模式下,缺乏单独的监事部门对权力进行监督和约束,可能会导致股东权利分散,股东大会召集困难、周期长等问题。解决权力行使的规范性问题,是防范企业经营中合规风险的基石。

(三)企业合规官的风险控制方式

如前文所述,企业合规风险的产生可以从风险产生的领域、风险产生的类型以及风险产生的时间阶段或者是阶段这几个维度进行分析。企业合规官在控制、应对企业合规风险的时候,要有自上而下和自下而上两个维度。从自上而下的角度来看,企业合规官首先要对企业内部的权力运行有清晰的了解,并且需要通过机制来平衡企业内部的各种权力的运行。只有在这样的环境下,合规体系的建设才能贯穿决策、执行、监督这3个重要的阶段。现代企业已经通过建立"选拔程序""公开竞聘""任期限制""轮岗""免职"等各种人才管理、权力运行机制进行了限制。一方面,规避了永久的权力带来的"一言堂""腐败"的风险;另一方面,能促进管理干部不断精进自身能力适配公司发展进度,为员工提供机会,激励员工努力奋斗。保证公司管理层不断有新鲜血液的注入,增加管理层透明度,自上而下地促进公司的正向发展。

当识别到了权力运行层面的风险问题之后,企业合规官应思考通过何种手

---

① 参见姜先良:《企业合规与律师服务》,法律出版社2021年版,第55页。

段将合规融入企业的治理,从而保障企业权力的正常行使。在企业合规官将合规管理嵌入公司治理之前,需要了解企业的基本运行逻辑,即"人+规则"。这里的"人"不仅包括企业中的所有的人员,还包含与企业有商业往来的外部人员、与企业利益相关的人员。这里的"规则"是制度体系,既包含了外部的规则,也包含了内部的规则。对于企业合规官来说,需要将外部规则准确植入企业的内部环境中,它是以准确地识别外部风险为基础的,既要保证规则转换适应企业的实际,又要保证企业具备抵抗外部合规风险的能力。这离不开"系统论"的工作方法论。

系统论要求从整体上认识事物的产生及发展规律,要充分认识事物构成要素之间的关系。系统论的基本思想是把研究和处理的对象看作一个整体系统来对待,从整体出发来研究系统整体和组成要素之间的关系。这在合规体系建设的要素构成中也得到了充分的体现,如 ECP Guideline 中规定的一个合格的企业合规体系建设所需要包含的要素,即"管理层的承诺或重视""风险评估""出口授权""记录保存""培训""审计和检查""违规事项调查""维护和更新每年的出口管制合规手册"。若一个企业具备前述 8 个要素,则可以认为企业基本具备完整的出口管制合规体系。企业合规官首要任务就是要有系统的意识,建立一个完整的合规体系。

按照我国国家标准《合规管理体系　要求及使用指南》的规定,合规风险管理流程包括理解组织及环境、识别合规义务、合规风险评估、合规风险应对、监督和检查、沟通和记录等。合规管理的各项工作围绕风险管理而展开。我国《中央企业全面风险管理指引》第 5 条将风险管理的基本流程概括为 5 个方面的主要工作:收集风险管理初始信息,进行风险评估,制定风险管理策略,提出和实施风险管理解决方案,风险管理的监督与改进。企业合规官的风险控制有效落地实施的手段是通过风险管理,明确合规风险点及采取风险管控措施,将风险管控要求和节点融入业务制度流程。同样,根据《合规管理体系　要求及使用指南》第 4.6 条规定,合规风险分析是企业对不合规的根本原因、来源、后果及其发生的可能性进行分析和研究,对识别出的合规风险进行定性、定量的分析,为合规风险的评价和应对提供相应的支持。因此,风险分析包括了对风险发生的可能性分析、对风险影响程度大小的分析。

由此可见,在企业合规官的管理工作中,最为关键、重要的一环则是企业的风险控制。企业合规官进行有效的风险控制,同样需要依照企业运行的基本逻辑,从"人"和"规则"两个方面进行。

"人"这一层面的内容,包含了组织和资源。企业合规官要想有完备的风险控制机制,首先需要足够的资源来建立风险控制措施,并建立相应的组织来应对风险。以中兴通讯为例(见图4),其设置的合规人员组织包括针对不同合规领域的专家中心(Center of Expertise,COE),负责对外部规则的解读以及内部规则流程的设置;设置了对接不同业务单位的合规团队(Business Unit,BU)。COE和BU团队对公司的业务模块和子公司进行合规管理。中兴通讯在全球有超过400个合规接口人(Compliance Points of Contact,CPOC),确保对子公司的合规管理,并将合规理念和政策传递到营销和业务的第一线。除了COE - BU - CPOC团队,中兴通讯还设有合规稽查部(Compliance Audit Department,CAD),独立审计合规情况,审查规范设计,独立调查违规行为。中兴通讯还成立了全球法律政策研究院,对政策、法律进行深入浅出的分析。企业合规官需要对这些人员进行管理,并向其配置相应的资源。

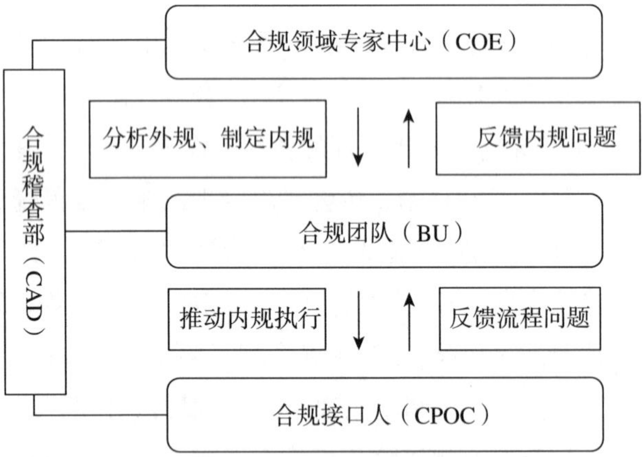

图4 中兴通讯合规人员组成

从"规则"的角度来看,由于外部规则会随着经济发展的变化而不断变动,也会因企业的“开疆拓土”而不断出现新的规则需要企业去适应，那么在这个时候，企业就容易出现对规则的解读不够深刻或者准确从而导致企业产生合规风险。另外，对规则的敏锐嗅觉也依赖企业合规官对企业经营活动的认知，能够识别出规则与业务之间的关系，从而发现风险。因此，若企业合规官对企业经营活动了解甚少，未能彻底解读外部规则的适用范围，也可能给企业带来合规风险。同时，若无法准确解读规则，也会令规则的转换有效性降低，一些企业的内部规则过于复杂不利于理解，给员工带来理解性的偏差，也会为企业带来一定的风险。

这里的规则不仅包含前文提到的外部的法律规范，还应当包含企业内部的规范。企业合规官的职责之一，就是将外部规则植根于企业内部，建立企业内部的合规红线，保障企业健康长寿。规则不是简单地移植，也不在于“繁文缛节”，而是需要企业内部发自内心地遵从。这就对企业合规官对规则的解读、对企业内部文化的掌握和建立有着极高的要求。企业合规官要不断地从风险应对的战场上沉淀经验，并转化为适应企业发展的规则制度，建立适合企业的合规体系及合规文化。

除了从“人”和“规则”的角度进行风险控制外，企业合规官还需要通过流程来推动风险控制方式的落地和实现。流程，是指企业合规官将规则下沉到各个业务领域、子公司，形成具体的合规管控流程。但如果流程设置过于复杂和繁重，为业务人员或企业其他工作人员带来规则理解上的偏差，也为业务人员带来额外且无用的工作负担，规则在下沉的过程中出现了“衰减”，那么这些规则的转化是无效的，企业的合规管理体系也失去了其应有的价值。

流程是将规则嵌入各个业务关键节点的重要方式。流程不是越多越好，也不是越复杂越好，流程的设置更能检验出企业合规官对于企业经营活动的认知。推动规则下沉到各个业务领域、子公司甚至于各个业务节点，流程的设置是最为重要的。相反，流程也能反映规则设置的合理性和必要性，企业合规官需要从业务的角度来观察风险、识别风险、评估风险，从而不断推动合规官审视规则与流程，不断改进、优化规则与流程以适应风险的变化，从而起到更好的风险控制作用。

二、传统企业法务的风险控制

（一）传统企业法务的风险判断依据

传统企业法务在识别企业的法律风险时，是无法跳脱出法律法规的大框架的。国际上对企业法律风险的定义相差不大，根据国际律师协会（International Bar Association，IBA）的定义，企业法律风险是指企业因经营活动不符合法律规定或者外部法律事件导致风险损失的可能性。根据全球企业法律顾问协会（Association of Corporate Counsel，ACC）的定义，企业法律风险是指企业所承担的发生潜在经济损失或其他损害的风险。可以看出，企业法律风险主要有两个层次的概念：一是控制风险的范围，这要求企业的经营活动符合法律规定；二是外部法律事件可能会造成企业经济损失或者其他损害。

在 1998 年 4 月由中国人民银行发布的《贷款风险分类指导原则（试行）》（已失效）的附件中提到了"贷款风险分类操作说明"，但并未对"法律风险"进行解释和说明。直到 2005 年 11 月，原中国银行业监督管理委员会办公厅在《外资银行衍生产品业务风险监管指引（试行）》（已失效）中规定："法律风险是指由于合约在法律范围内无效，合约内容不合法律规定，或者由于税制、破产制度等法律方面的原因所造成的损失。"随后也有相应机构发布了"法律风险"的相关说明，可见法律风险依托于具体的领域而产生。

"法律风险"与其他风险相似，同样是发生某种不利后果的可能性。只是其依据是法律相关的规范以及合同约定。

法律风险的要素包含了风险的行为主体、风险行为以及风险环境。法律风险主体是指实施了某种作为或不作为而涉及法律风险的行为方，可以是自然人也可以是组织。在识别法律风险的过程中，往往需要首先确定行为主体的身份，以缩小调查范围。而法律风险行为是指法律风险主体在特定的法律环境下实施的具体的作为或不作为，可以是自然人的生活行为或工作行为、个人行为或集体行为，也可以是故意行为、过失行为或无意识行为。法律风险环境是指法律风险主体实施作为或不作为时所涉及的法律规范要求。

（二）企业法律风险产生的原因

与企业合规风险产生原因的分析类似，首先，企业法律风险的产生基本可以从法律规定、合同约定两个方面来讨论。基于企业外部环境及其变化，或者企业及其利益相关者的作为或不作为导致的不确定性对企业实现目标的影响，可以进一步整理出企业法律风险的类型，即违法法律风险、违约法律风险、侵权法律风险、怠于行使权利法律风险等。

其次，从企业法律风险产生的类型的角度，《企业法律风险管理指南》（GB/T 27914—2011）对企业的法律风险产生进行了一定的说明，并对企业法律风险管理也进行了阐述。对企业进行风险管理首先需要明确外部法律环境以及企业内部环境。因此，可以看出企业法律风险主要源于两个方面：一是外部法律环境因素，主要可能是立法不完备，执法不公正，合同相对人失信、违约、欺诈等造成的企业法律风险。因此，法律风险所带来的后果是企业所能预见的内容，主要包括刑事、民事或行政处罚。刑事处罚的对象不仅包括自然人还包括单位，即法人或非法人组织。二是企业自身的原因，主要表现为法律意识淡薄，对法律环境认知不够，经营模式及业务模式与外部法律环境不匹配，经营决策不考虑法律因素，甚至故意违法经营等；或者法律风险主体在没有任何一方提出主张的情况下由于自身的原因而丧失合法权益，即单方权益的丧失。单方权益丧失情况的发生，主要源于“权利未能用尽”。究其原因，可能是企业的法律知识不够、工作经验不足，或者工作疏忽或者失误导致其代价增加或权益减少等。

相比之下，企业自身原因引起的风险比例较高，主要原因是企业法律意识和依法治企的能力与法律环境变化存在差距。

企业自身原因主要有 3 个方面：一是相当一部分企业法制建设基础工作还比较薄弱，没有充分意识到加强企业法制建设对防范企业经营风险的重要性，企业法制建设不自觉、不主动。二是部分企业防范法律风险的意识仍然不强，主要表现在一些重大投资决策、重大经营活动或企业改制工作等前期缺少法律工作人员的参与。有的单位虽设立了法律事务机构，但在对其使用上仍局限于事后补救,以处理企业法律纠纷为主,企业法律工作机构没有发挥应有的作用。三是一些企业依法经营的意识不够,或因法律意识淡薄而违法经营,或认为只要是为了公司的利益就可以不顾法律约束,或存在侥幸心理。

最后,以企业法律风险产生的阶段作为分类标准,可以分为决策、执行、监督 3 个阶段,但是在执行和监督阶段,不仅包括企业内部的执行和监督,还包括对经营活动相对人的监督。

(三)传统企业法务风险控制的方式

传统企业法务的风险控制仍属于企业管理的重要一环,依旧需要遵循"人+规则"的基本逻辑来实现。就人员组织、资源而言,法务的结构相对简单,基本上是对应各项业务领域。在规则方面,法务人员的日常工作无法脱离大的法律框架,同样需要对外部规则进行准确的识别和分析,直接研究法律的适用问题,而不需要像企业合规官那样将外规转换为内规,也不需要制订相关的风险控制流程。但需要注意的是,法律风险的控制的关键在于过程管控,贯穿企业决策和经营管理的各个环节。企业法律风险的控制仍然需要一定的内部规范来约束,不过这样的内部规范并非外部规则的直接转换,而是企业内部控制法律风险所需要的流程,其过程包括明确法律风险环境信息、法律风险评估、法律风险应对、事项审查、监督和检查、沟通和记录等。

传统企业法务管理是以有效防控法律风险和维护企业合法权益为目的,开展包括法务管理制度制订、法律风险管理、法律咨询、合同管理、知识产权管理、行政人事法律管理、法律纠纷管理、法律培训、法治文化建设等有组织、有计划的管理活动。其审查的事项也是对内部规章制度、方法方案的法律审查。以传统企业法务风险控制最常见的工作合同管理为例,企业法务通过介入业务的运行过程,去发现业务运行过程中存在的风险点,并作出及时的提示。传统的企业法务也会为企业经营活动中的法律问题提供专业性的支持,其更关注专业性的、实务性的法律问题,具有很强的专业性、实务性和独立性。此外,传统企业法务也会经常以"消防员"的身份出现,为企业消除不利后果,如通过企业法律风险管理的方针、组织机构及职能、制度流程、资源配置、沟通和报告机制、法律风险管理文化等法律风险管理体系来实施。

三、企业合规官与传统企业法务风险控制的差异

（一）风险判断依据的差异

法律风险与合规风险的范畴存在差异。从前文释明的风险概念来看，企业合规官需要判断的风险产生依据的外延更大。合规风险除违法风险外，还包括违反内部规章制度风险、违反道德规范风险等违规风险，但不包括违约风险、侵权风险和怠于行使权利风险。而法律风险往往仅限于外部的法律法规风险，传统的企业法务仅需要能够准确判断出外部的法律法规会对企业产生何种影响，企业的作为或不作为会引起何种法律后果即可。

除规范层面的风险判断差异外，两者在风险主体和风险行为方面也存在不同之处。就主体和行为而言，企业合规风险主要是来自企业内部员工不遵守相关的合规要求而产生的风险。当然也不排除企业之外的主体给企业带来的风险。如在反贿赂合规领域，企业需要对相关的交易主体进行尽职调查，以了解其在过去或现在是否有商业贿赂的情况，进而保障其交易的合规性，减少合规风险。FCPA 中就明确说明了，如果企业在投资之前做了相关的合规尽调，及时发现有腐败贿赂的问题，采取补救措施、加强管控，就可能不会受到 FCPA 的处罚。

企业法律风险的控制则更多的是企业在进行具体的商业活动、民事活动的时候进行的。如在设立企业的过程中，企业的发起人是否对拟设立的企业进行了充分的法律设计，是否对企业设立过程有充分的认识和计划，是否完全履行了设立企业的义务，以及发起人本人是否具有相应的法律资格，这些都直接关系到拟设立企业能否具有一个合法、规范、良好的设立过程。此外，在合同订立过程中，还需要注意相关风险点。合同当事人在订立合同时，考虑更多的是合同利益而非合同风险。合同在避免交易行为不确定性的同时，可能由于合同约定的缺陷而为当事人埋下法律风险。所有企业都是在与各类不同的主体不断地交易中获取利益，合同在企业经营中的广泛应用，决定了合同订立、履行中的

法律风险广泛存在。

两者风险判断依据的差异如表1所示。

表1　企业合规风险和法律风险的判断依据对比

风险类型	规范	重点关注对象	行为
合规风险	外部法律规范、企业内部规范、商业道德、行业惯例	企业内部员工、企业本身、企业交易的目标公司	违反外部法律规范、企业内部规范、商业道德、行业惯例;企业交易的目标公司的不合规行为
法律风险	外部法律规范、协议	企业内部员工、企业本身、企业之外的主体	违反外部法律规范、企业之外的主体的不履行义务的行为或违法行为

由此可见,企业合规官在判断企业合规风险的时候,关注的规范范围比传统企业法务更广。但就关注对象而言,企业合规官重点关注的是企业内部的员工,多是企业本身,当然在一些特殊的领域,企业合规官也会关注与企业有商业往来的其他目标公司;而传统企业法务重点关注的对象主要还是与企业有商业活动的其他公司,对于企业内部员工及企业本身的约束,更多还是由企业内部的合规规范、内控规范来调整。

(二)风险产生原因的差异

前文从风险产生的领域、类型及阶段对企业合规风险、企业法律风险进行分析。从风险产生领域的角度看,企业合规风险和企业法律风险存在一定的相似性,且在风险后果上也存在一定的重合,但是传统企业法务更多的是在既定的法律风险框架下预防风险的发生,如在劳动领域可能发生的风险控制、财务领域可能发生的风险控制等。而企业合规风险的外延更大,并且会随着社会经济的不断发展而衍生出更多领域的合规风险。

从风险产生的类型角度来看,企业合规风险和企业法律风险都会涉及外部因素和企业自身的因素。但是企业合规风险受外部的政治、经济等因素影响较大,企业合规风险的产生较之企业法律风险其实更加具有不确定性。前文说到，企业合规风险的产生可能是企业合规官或者企业合规人员对规则的认识不够清晰，导致将外部规则转化为内部规则的时候出现了“水土不服”的情况，要么是转化的内部规则复杂难懂，要么是规则不够清晰、流程过于繁重，给企业员工带来了负担。而企业法律风险是较为稳定的显性风险，基本上不会有大的变化。对于传统企业法务来说，法律风险大多是来自风险控制方式出现问题、法律问题处理的滞后性或者决策上的失误，极少来自对外部规范的理解偏差。

从风险产生的阶段来看，企业合规风险和法律风险贯穿企业经营活动的决策、执行、监督这 3 个阶段。对于企业合规官而言，在执行和监督这两个阶段更多的是关注企业内部人员执行企业内部规范的情况；而对于企业法务来说，在这两个阶段不仅要关注企业内部人员的执行情况，还需要关注和监督企业经营活动中相对人的执行情况，以保证权利的正常行使，或者及时进行法律风险的处理。

正是因为两者的产生具有一定的差异，企业合规官和传统企业法务在风险控制的方式上也存在差异，因此两者所具备的能力不同。

（三）风险控制方式的差异

前文提到企业合规官与传统企业法务在风险控制方面都会遵循企业的基本管理逻辑，即“人 + 规则”。从目标达成的角度看，企业法律风险管理的目标是充分利用法律规则实现企业法律方面利益的最大化。而企业合规的风险管理则是注重如何帮助企业避免因不合规行为而导致的不利后果。合规的风险管理更加侧重于通过合规的规章制度和秩序、合规文化的建立来确保企业的利益不受影响。只是企业中的合规人员组成较企业的法务人员组成更为复杂，因此企业合规官相较企业法务来说，还需要掌握对合规人员的资源分配和管理的能力，通过构建科学的合规人员组织，达到有效的合规管理的目的。而企业法务则不需要过多地关注人员组织的构成，只需要关注对应业务是否具备相关的法律人才即可。

在规则层面，企业合规官需要将外部规则转换为内部规则，并且要时刻关注规则转换的有效性、合理性以及管控成本的问题。而对于企业法务来说，对于规则层面的关注,更多的是精准掌握外部规则的适用,以及不断迭代、优化内部法律风险控制的流程。因此,企业合规官与传统企业法务在风险控制方式上的最主要的差异是风险控制的思维不同。企业合规官注重事前的防范,并且会主动介入企业的经营管理,而传统企业法务更多的是扮演"消防队"的角色。传统企业法务应当贴合业务实际全面评估法律风险,构建法律风险防控制度。根据前文描述的两者风险控制的方式的差异,能够总结出以下几个方面。

1. 对规则运用的要求不同

前文提到企业合规官与传统企业法务都需要依据规则来开展工作,都需要具备准确解读规则的能力。传统企业法务要能够看到规则要求的本质,看到不遵守规则可能引发的后果以及能够准确识别出违反规则的行为,并且要能准确知悉规则的适用规律,如准据法的选择、争议解决相关条款的适用、各国法律程序等。而作为企业合规官,除了要准确解读规则以外,还需要具备将规则有效植入企业内部的能力。这就要求企业合规官不仅要能够洞察出规则的本质,还要能看到规则与企业经营活动的关系,要求企业合规官具备业务意识,能够找到保障企业经营活动稳步进行的平衡点,能够发现规则与企业经营活动融合的最优解。

对于企业合规官来说,除了对规则本身的解读与转换外,还需要通过流程的方式来推动规则的执行和落地。在风险控制上,还要求企业合规官能够利用精简、高效的流程下沉规则,实现规则"衰减"最小化,流程与业务运营适配程度最大化。例如,在现行业务流程中嵌入关键合规控制点,将合规规则转化为执行动作植入业务流程,从而保障合规管控落地实行,同时,企业合规官还应不断审视合规控制的必要性和充分性,不断优化合规关键控制,助力企业经营活动提质增效。

2. 对控制对象的侧重点不同

无论是企业法务还是企业合规官,风险控制的对象都是人。对于企业法务而言,要能够在既定的法律框架、合同文本下看到风险点,并且能够根据日常的经营活动总结风险控制的经验。因此,法务的风险控制更加侧重的是法律层面的内容,需要尽可能地覆盖各项法律相关的不利后果,严格把控从决策层面到执行层面,再到监督层面的人员的工作。这里的人员不仅包括企业内部的人员,如管理层、员工等,还包括与企业经营活动相关的平等民事主体。企业法务要关注相对人的权利义务的行使和履行,从而保障企业经营活动的正常进行;要能看到法律风险中的不利后果,并提出解决方案;同时,也需要看到相关的有利后果,为业务的运行提供独立的、专业的法律意见。

对于企业合规官而言,则主要关注的是企业的内部人员。但这并不代表企业合规官不需要考虑企业以外的人员。如前文所述,由于合规风险的后果不仅仅只限于法律层面的不利后果,还可能涉及商誉的损失。对此,企业的整体形象、如何适应外部整体营商环境、在市场中的增信活动都是合规官需要重点关注的内容。因此,企业合规官还需要关注企业的利益相关者,其不仅包含了企业的供应商、商业伙伴,还包括对企业具有监管职权的主体。企业合规官需要利用更多的途径来防止这些主体带来的风险,如在进行商业活动之前的合规尽职调查,或者通过建设合规品牌等方式塑造良好的合规企业形象,减少合规风险。

3. 控制风险的时间点不同

传统企业法务往往是在业务遇到或者可能遇到相应的法律风险时介入并进行控制,或者在业务遇到实际的法务问题时提供专业上的支持,因此,传统企业法务更多的是在事中或者事后发挥其重要作用。但企业中并不要求人人懂得企业经营相关的法律,却需要企业中所有的人员都能自觉遵守企业合规相关的规范。因此,企业合规官需要在最开始便介入企业的治理和管理中,并且这种介入贯穿企业的整个经营活动。企业合规官需要为企业营造合规文化氛围,让合规深入人心,从上至下地渗透。诸如对外部规则、政策变动进行实时监测,分析外部规则所带来的风险,设置企业合规基线、合规红线,设置合规制度,分析内部规范与经营活动的适应性。企业合规官需要在企业的经营活动中不断观察、分析和调整规则、流程与业务活动的关系,不断调整适应企业经营的风险控制手段,从而更新企业的合规体系。

本章通过对企业合规官和传统企业法务的渊源、角色定位及职责范围以及在具体的工作模块中的风险控制的整理和分析,讨论了两者在这几个维度的差异,从而整理出两者的目标、工作思维和方式存在的差异。无论如何,企业合规官仍然需要具备一定的法律知识来开展工作,只是企业合规官可能有其他更加多元的工作方式。尽管当前很多企业仍将两者混同使用,但是相信随着社会经济的不断发展,企业合规官和传统企业法务的工作界限会越来越清晰,两者角色定位的差异也会越来越明显,企业的合规风险和法律风险都会有更加专业的人员进行控制。

第二章

企业合规官的组织管理角色

在当今全球化和复杂多变的商业环境中，企业面临越来越复杂的法律和道德规范。作为企业的合规官，其角色不仅仅是遵守法律法规，更重要的是在企业运营中发挥关键作用。本章将探讨企业合规官的组织管理角色，特别是首席合规官及其部门在管理合规工作中的关键职责和挑战。首席合规官不仅需要参与公司战略决策，确保企业在法律框架内运作，还需建立和推广强大的合规文化，促进信息化、数字化和智能化进程，以及建立内部合作关系，确保各方权责明确。本章还将探讨如何确保合规官履职的保障机制，包括人力、财力支持，以及保障其独立性，从而有效履行部门合规的职责。

通过深入探讨企业合规官的角色与职责，本章为读者提供全面的理解和实践指导，帮助企业建立稳健的合规框架，应对日益复杂和多变的法律和道德挑战。

第一节　首席合规官管理合规工作

一、首席合规官的概念

首席合规官是近年来兴起且比较热门的概念，在《合规：建立有效的合规管理体系》一书中，将首席合规官定义为“公司合规管理工作具体实施的负责人、决策者和日常监督者，对公司合规管理工作负具体管理责任”[①]。与传统的首席法务官对法律事务的管理不同，首席合规官作为合规部门的最高领导，是关注合规领域的高级管理人员，一般负责治理公司内部合规性问题。首席合规官需要全面监督管理机构合规工作，确保企业经营的方方面面都符合合规要求，其承担的是高级管理职能。[②]

国家发展和改革委员会发布的《企业境外经营合规管理指引》（发改外资〔2018〕1916 号）明确要求有境外业务的企业可以结合实际情况任命专职的首席合规官，这是我国首次明确提出在企业内部设置首席合规官的官方文件。根据《企业境外经营合规管理指引》中的相关规定，合规负责人可以由法律事务负责人或风险防控负责人担任。首席合规官的工作职责应该有明确的界限，特别是不应该让首席合规官分管跟合规相冲突的工作，确保首席合规官能够有效管理和推动公司合规工作的具体实施和落地。

---

① 王志乐主编：《合规：建立有效的合规管理体系》，中国经济出版社 2016 年版，第 140 页。

② 载维基百科网，https://en.wikipedia.org/wiki/Chief_compliance_officer，最后访问日期：2022 年 8 月 3 日。

二、合规管理工作的职责

在《央企合规管理办法》中,合规管理是指企业以有效防控合规风险为目的,以提升依法合规经营管理水平为导向,以企业经营管理行为和员工履职行为为对象,开展的包括建立合规制度、完善运行机制、培育合规文化、强化监督问责等有组织、有计划的管理活动。因此,合规管理体系建设应该围绕这些目标、对象和活动来开展。根据《合规管理体系标准解读及建设指南》[①]一书中对合规管理体系建设的基本工作内容的说明,合规管理体系建设主要包括以下9个方面的内容:(1)建立合规方针;(2)明确合规领导者与组织机构,以及其角色和职责;(3)梳理并明确合规义务;(4)识别合规管理工作的关键领域、关键环节和关键岗位;(5)策划和制订合规风险应对措施;(6)完善合规管理制度和机制;(7)监测并评价合规效果;(8)管理不合规并持续改进;(9)建立合规工作运行的资源保障机制。

1. 建立合规方针

企业通过合规方针阐述其合规生产经营管理的原则并作出合规行动的承诺。企业确立合规方针应基于企业的合规义务,同时也需要和企业的核心文化、企业目标和企业战略保持一致,然后以通俗易懂的语言表达出来,便于所有员工都能够容易地理解它。合规方针是组织合规管理体系建设要实现的总体目标,是合规管理体系的纲领性文件,后续各方面均为达成此目标而设计。

2. 明确合规领导者与组织机构,以及其角色和职责

检验合规管理体系有效性的一个重要指标就是看企业是否明确合规领导者与组织机构及其职责分工。有效合规管理体系的建立,需要公司治理机构和最高管理者的直接管理,以及高层对合规作出承诺。企业的合规职责应覆盖全员,从公司高管到普通员工,自上而下都需要有明确的合规角色和合规职责。

---

① 参见李素鹏、叶一珺、李昕原编著:《合规管理体系标准解读及建设指南》,人民邮电出版社2021年版。

3. 梳理并确定合规义务

企业应从外部监管和内部的发展战略、产品服务、市场范围等方面梳理和识别需要履行的合规义务,并且能够根据外部监管要求的变化或企业合规承诺的调整,与时俱进地动态维护企业需要履行的合规义务。这种梳理应涵盖企业的所有业务领域和分支机构。

4. 识别合规管理工作的关键领域、关键环节和关键岗位

合规风险应对举措的制订应该是在对合规风险的识别、分析和评价的基础上。合规风险评估的目的是帮助识别关键的领域、环节和岗位的风险。企业把合规义务和生产经营活动、产品、服务、资源等相关方面联系起来,识别不合理或潜在不合规风险的来源、场景,通过分析其发生的原因、产生的后果和评估其发生的概率,最终进行风险处理优先级的排序,然后给予有的放矢的应对和管控。同时,随着外部合规要求变化、第三方变化,或内部战略、组织结构、产品服务、生产经营活动变化等情形,企业还应对合规风险进行再评估。

5. 策划和制订合规风险应对措施

策划和制订合规风险控制措施是实现合规方针、控制合规风险的关键步骤。企业应根据合规风险的优先级,策划合规风险的防控措施。制订合规风险防控措施时,要对策划方案和防控措施的有效性进行评审,并落实责任部门和责任人。

6. 完善合规管理制度和机制

建立控制程序与运行机制是企业履行合规义务、控制合规风险的基本保障。为保证企业生产经营管理行为满足合规要求,企业需要将合规义务转换成内部的规章制度,然后把这些规章制度(包括控制目标、控制程序、控制措施等)整合到业务运行流程中,并执行起来,以实现预期的合规目标。

7. 监测并评价合规效果

合规效果监测和评价包括监视、测量、分析、评价、审核及管理评审等内容,其目的是让企业及时了解其合规管理的效果。企业应设定与合规管理一致并可测量的合规目标,然后动态地监视、测量、评价合规管理的绩效,看看其实现合规目标的程度,用来检验合规管理体系的有效性。

8. 管理不合规并持续改进

在业务活动和管理活动中,企业应针对发现的不合格和不合规现象或事件,立即采取改正措施,并在企业内部保持畅通的报告机制,通过该机制向上可以报告至合规管理委员会、最高管理者、治理机构。持续改进可以及时识别合规效果的改进机会,从而帮助企业持续保持合规管理体系充分有效全面的运行。

9. 建立合规工作运行的资源保障机制

企业开展合规管理,需要准备与之相应的资源及配套的资源保障机制。企业的合规资源保障包括企业实现合规的所有支持,如资金、人力资源、专业技能、合规理论、管理层承诺以及外部资源支持等;同时,也包括企业开展合规能力建设和合规培训,以及内外部合规沟通与合规宣传;还包括制订必要的合规管理制度文件、保存必要的合规管理记录等。

合规管理是一个长期的工作,体系建设只是合规管理工作的初始环节,只有让合规管理体系顺畅、有效地运行起来才是合规管理体系真正建立的标志。为了确保合规管理体系正常运行,应该建立与之相应的管理机制,否则合规体系很难发挥其作用。①

除了上文中对首席合规官管理合规工作的一般性描述,下文还针对新时期下首席合规官在履行合规管理职责中应该特别关注的点进行了重点阐述。

根据 FCPA 和《美国司法部合规体系评估指南》等相关规定,实施有效的合规计划要求合规官切实履行好以下职责:第一,制订并定期修订反映企业特征的合规计划。合规官需要熟悉相关法律法规,根据企业活动的具体领域和相关行业进行风险评估,根据外部法律法规和实际情况的变化定期审查,设计并更新合规计划。第二,合规官应该争取高层支持,根据企业的规模和风险的性质获得足够的资源,确保合规计划得到有效执行。第三,合规官应该定期向公司高管如董事会等做合规报告。第四,合规官需要将合规计划和业务活动进行

① 参见李素鹏、叶一珺、李昕原编著:《合规管理体系标准解读及建设指南》,人民邮电出版社 2021 年版,第 236 页。

整合,对员工进行定期的培训。第五,制订奖惩措施,赏罚分明,对于积极履行合规计划的行为应该给以正向肯定,对于违反合规计划的行为,应该有对应的惩罚机制。第六,合规官应该建立合理的“吹哨人”制度,通过“吹哨人”制度让企业内部人人成为合规计划执行的监督者,更好地协助合规官履行合规职责。①

从上述的相关要求可以基本了解现代社会对首席合规官履行合规官职责的基本期待。但是在国际社会的大背景下,国际政治经济环境发生着前所未有的动荡,风云变幻的国际局势也导致了外部监管政策经常出现变化,这给企业的合规工作带来了不确定性和不稳定性。企业对首席合规官的履职要求可能超过上述对首席合规官管理合规工作的规定。在竞争日趋激烈的现代商业环境下,企业为了寻求发展,在不断寻求商业模式的转型以及利润收益的最大化的同时,需要确保公司运营风险的最小化。在这样的背景下,合规工作作为开展商业活动的前提就显得尤为重要,合规工作的重要价值日益凸显。这些内外部因素的结合给首席合规官的工作带来了极大的挑战,同时也推动首席合规官重新评估他们的职责和他们所扮演的角色。在这种不确定中,企业对首席合规官的需求和期待也越来越多,企业对首席合规官的期待不再仅仅局限于做到风险的提示和告知,越来越多的首席合规官被要求将他们在业务中扮演的主要角色与不断变化的市场条件和战略计划相结合。合规深入公司业务场景,合规融入公司的经营已经成为企业对首席合规官履行合规职责的迫切期待。

首席合规官为了更好地为公司高层提供决策支撑和为公司运营保驾护航,必须灵活发挥他们所扮演的角色以满足利益相关者的需求。本部分结合现代企业的实际需求,将重点分析首席合规官在当今复杂商业环境下管理合规工作应该重点关注的 4 个重要职责:第一,作为战略业务顾问提供影响和加强组织战略方向的合规建议;第二,建立和发展强大的企业合规文化,以建立共同的责任感并影响业务成果;第三,通过科技发展,提高风险缓解能力和合规治理有效

① 参见奚哲涵:《有效合规计划视野下的美国合规官》,载《人民法院报》2021 年 12 月 10 日,第 8 版。

性;第四,在公司内部建立强有力的伙伴关系,权责明确,责任到人。[①]

(一)参与公司战略决策

在现代环境下,特别是跨国公司中,企业对首席合规官管理合规工作的一个重要期待就是希望首席合规官能够作为公司战略业务的合规顾问,将合规与公司业务相融合,从合规角度为公司的战略经营决策提供重要支撑,这是现代企业对首席合规官的管理合规工作的一个重要的要求,也是首席合规官区别于外部顾问的一个重要特点。在大家的固有印象中,可能倾向于认为首席合规官就是根据合规风险管控点设置公司"红线"条款,对公司存在重大风险的业务以合规的名义行使否决权,但这是大家对首席合规官履行职责的一个刻板印象。首席合规官是公司的高级管理人员,公司对首席合规官的职能期待肯定不仅仅是在公司内部行使说"不"的权利。公司对首席合规官有着更高的期待,他们希望首席合规官可以作为战略业务顾问提供影响和加强组织战略方向的合规建议。企业在激烈的竞争环境下需要不断地固本拓新,需要在守住现有的市场份额的情况下,抓住时机迅速开拓新领域,占领新市场。但是,企业可能对新领域或新市场内的监管计划了解相对有限,其面对的商业风险可能与现有的商业模式相冲突。

一方面,企业希望首席合规官可以更多地发挥战略业务顾问的角色,提供前瞻性的战略指导意见;另一方面,与这种期待形成反差的是首席合规官的工作时间被项目管理、合规培训、合规咨询和合规事件调查等日常事务所占用,其投入战略业务顾问角色的时间非常有限。为了更好地为公司提供战略支撑意见,首席合规官必须花费时间和精力厘清业务目标和合规之间的关系,就与业务增长相关的合规风险向公司高层领导提供前瞻性的建议,并提供目标驱动的指导,以参与公司运营决策的方式影响组织的战略方向。首席合规官以这种方

① See 4 *Models for the Chief Compliance Officer Role*, Gartner for Legal and Compliance (April 14, 2021), https://www.gartner.com/en/legal-compliance/trends/four-models-for-chief-compliance-officer-role.

式管理合规工作不仅可以创造更多的个人价值，而且能够在企业运营的前端植入合规经营的理念和切实履行合规经营的要求，从而在公司发挥更突出的合规价值，真正践行合规守护价值，甚至实现合规创造价值。①

首席合规官为了更好地履行这一职责，还应该对以下问题有深入的思考并形成相应的应对举措：

1. 我和我的部门直接支持的企业战略的最大风险或障碍是什么？

2. 我的部门是否具备支持公司战略所需的能力？

3. 我的部门是否对以业务为主导的战略规划工作具有必要的预见性以适应我们的指导？

4. 在战略规划过程中，领导层多久向我的部门寻求关于风险和风险影响的积极建议？

5. 我的部门是否有办法识别风险偏好的差异以防止摩擦并确保决策的一致性？

（二）建立和发展强大的合规文化

企业在日常经营运行的过程中逐渐形成具有自身特色的企业文化，企业文化一般是由企业的价值观、信念、仪式、符号、工作方式等组成，并呈现其特有的文化形象。企业文化包括风险文化、合规文化、安全文化、质量文化、以客户为中心的文化等，不同的企业有着不同的企业文化。合规作为一种底线思维，有其特有的文化作用。②《合规管理体系　要求及使用指南》（ISO 37301：2021）进一步强调合规融入企业文化，将合规嵌入组织的文化和员工的行为态度中。合规是现代企业治理和核心价值非常重要的一部分内容。首席合规官作为合规文化的管理者，促进和提升公司的合规文化是其管理合规工作的重中之重，

---

① See 4 *Models for the Chief Compliance Officer Role*, Gartner for Legal and Compliance（April 14, 2021）, https://www.gartner.com/en/legal-compliance/trends/four-models-for-chief-compliance-officer-role.

② 参见李素鹏、叶一珺、李昕原编著：《合规管理体系标准解读及建设指南》，人民邮电出版社 2021 年版，第 37 页。

也是评价公司合规体系建设的重要内容。首席合规官应该以建立和强化企业合规文化,创建企业内部的合规责任感并以此影响业务成果为自己的重要职责内容。

培育合规文化的土壤,让合规的理念深入企业运营的方方面面是企业践行合规最重要的内容之一,同时合规文化的培育也是合规工作最难的一部分。公司合规文化的创建,从无到有,是非常艰难的,即使在合规文化搭建完成一段时间后,在实践中运行的合规文化也会因为高层、中层和底层理解的偏差以及执行过程中的懈怠等产生比较大的差异。相关调研结果显示,很多公司的首席合规官也意识到了合规文化建设的困难并计划后续把重点推动和建立合规文化作为其履职的重要内容。①

根据《合规管理体系　要求及使用指南》的相关要求,首席合规官在推动合规文化建设的时候应该结合企业当前的实际情况,在搭建合规体系和完善优化合规规则的前提下,进一步推动合规规则和政策的落地执行。首席合规官应在企业内部各个层级建立、维护和推广合规文化。公司合规文化的建立需要公司做出高管承诺,即要求公司内部自上而下有共同行为准则,首席合规官作为合规文化建设的第一责任人员应该以自身为表率作出高管承诺,同时还应该在公司内部倡导和积极支持合规行为,并且应该对不合规的行为设立惩罚的机制。

在执行过程中应该奖惩分明,严惩违反合规规定的人员,并对于积极践行合规文化的正向典型案例进行正向反馈和激励。此外,合规稽查为合规体系建设的第三道防线,首席合规官在管理合规文化的时候也应该重视内部稽查和合规举报制度的搭建并确保机制的有效运行。

此外,首席合规官为了在合规管理工作中更好地履行合规建设的职责,应该时刻保持警惕,通过对以下问题的反思进行检验和提升:

---

① See 4 *Models for the Chief Compliance Officer Role*, Gartner for Legal and Compliance (April 14, 2021), https://www.gartner.com/en/legal-compliance/trends/four-models-for-chief-compliance-officer-role.

1. 合规文化是否始终被视为组织文化的一部分？

2. 组织内的高管是否重视强大的合规文化的影响和商业利益？

3. 在关于组织在社会政治问题上的立场的沟通中，是否定期将合规性与其他职能合作伙伴一起纳入？

4. 我的指导意见是否能够直接支持公司领导推动诚信文化或以明确的方式向员工传达诚信期望？

5. 我组织的员工是否愿意分享不同的甚至相反的意见？

（三）促进信息化、数字化和智能化

商业环境原本就错综复杂，在信息时代，业务逐渐信息化，内控、审计也逐步实现信息化，合规管理不可能一直靠手工来维持。首席合规官通过采用技术系统来改进风险管理工作、为决策提供信息并满足增加的工作量的需求也与日俱增。根据《毕马威 2021 年首席合规官调查》①，55% 电信领域的首席合规官中近 1/5 的法律和合规领导者正在考虑采用技术系统来改进风险管理工作、为决策提供信息并满足因工作量增加的需求。②

首席合规官不仅需要提升并优化目前的合规工作，将自动化和技术嵌入流程，还要应对远程工作日益普及的趋势。在这种情况下，首席合规官应对转变中的风险可以有以下的措施：更新并验证内部风险评估，利用关键数据进行风险评估；利用技术和分析工具建立道德与合规风险监控能力，以推动强化和及时的风险管理；在确定全面合规计划时，确定用来衡量相关计划在各个风险领域的关键指标，包括考虑如何将企业的第三方纳入计划。③

首席合规官需要通过专业技术识别合规风险，并通过技术手段实现智能化和数字化的风险识别和管控。在企业合规创立之初，一般是通过合规人员人为

---

① 参见《毕马威 2021 年首席合规官调查》，载毕马威官网，https://home.kpmg/cn/zh/home/insights/2021/10/kpmg-2021-cco-survey.html。

② See 4 *Models for the Chief Compliance Officer Role*, Gartner for Legal and Compliance (April 14, 2021), https://www.gartner.com/en/legal-compliance/trends/four-models-for-chief-compliance-officer-role.

③ Ibid.

地识别和发现风险，但是在公司体量比较大，合规运行了一段时间后，如果还只是单纯地依靠人为管控风险，必然会存在覆盖完整性和管控有效性的问题。首席合规官应该通过系统性的覆盖和有效的流程管控等方式，通过智能化和数字化的方式提前识别风险，并在系统的帮助下量化风险，最终为决策提供重要的支撑。[①]企业合规风险信息管理是企业合规管理信息系统的重要组成部分。企业应通过合规管理信息系统建立动态的合规风险管理信息库，实现对合规风险识别、评价、应对、监督、重大风险预警等的数字化和自动化管理。[②]

首席合规官为了在合规管理工作中更好地履行这一职责，应该使用这个问题列表来进行自我评估：

1. 我的领导和合规人员是否支持技术规划和实施计划？

2. 我的首要技术优先事项是什么，它们与我组织的技术目标的一致性如何？

3. 我的合规部门是否准备好使用人工智能和机器学习等新兴技术来管理不断增加的工作量？

4. 技术能否帮助我的部门识别组织内的高风险领域，以便我们能够主动进行风险管理？

5. 由于技术的快速进步，我的员工在未来 3 ~ 5 年内需要哪些新技能或培训？

（四）建立内部合作关系，权责明确

合规作为公司众多部门和流程中的一个环节，需要与业务流程衔接，也需要有向上的风险上报和管理。首席合规官管理合规工作的另一个重要职能就是对风险的及时识别、升级上报和有效的治理。公司特别是体量较大的公司，

---

① See 4 *Models for the Chief Compliance Officer Role*, Gartner for Legal and Compliance (April 14, 2021), https://www.gartner.com/en/legal-compliance/trends/four-models-for-chief-compliance-officer-role.

② 参见李素鹏、叶一珺、李昕原编著：《合规管理体系标准解读及建设指南》，人民邮电出版社 2021 年版，第 257 页。

常常被诟病的一点就是各个部门之间的协调性很低,跨部门运作效率低下。在这种情况下,可能出现风险识别的空白领域,导致无人识别风险,无人上报风险,无人治理风险的危险局面。首席合规官在履行职责的时候应该最大限度地避免“无人区”局面的发生,如果其在过程中处理不好,可能给公司运营带来极大的成本,这可能包括:公司决策制订缓慢,流程成为负担甚至阻碍了合规习惯的养成,业务风险的分析不完整和不全面,企业过分保守的风险规避可能导致企业收入的增长停滞甚至是下降。因此,首席合规官在管理合规工作中应该在公司内部建立内部合作关系的基础上,获得公司对合规工作的支持和配合,在此基础上,做好明确的职责分工,权责明确,明确风险责任人和上报人。①

此外,首席合规官为了更好地识别和量化风险,可以考虑通过启动综合风险评估的方式,对企业经营的方方面面进行系统全面的风险识别和扫描,通过规则和流程的优化和简化,将合规更好地嵌入业务流程,做好风险的分类和分层级管理,对于过程中发现的重大风险第一时间上报到公司高层,并在必要的时候推动公司投入相应的资源有针对性地解决问题。这样既能做到防患于未然,又能及时地治理风险,通过流程优化等方式推动公司合规管控的升级和优化。

为了不断满足公司业务发展需求以及符合公司对首席合规官的期待,首席合规官必须不断提升自身的专业技能,在管理合规工作中切实履行好职责,做好高层战略业务顾问、塑造良好合规文化,实现合规管控智能化和数字化并且能够做风险的识别者、上报者和治理者。

首席合规官可以通过以下问题进一步总结反思其在合规管理工作中该项职责的履行情况:

1. 加强协作是否有助于优化现有流程并改善组织的风险和控制环境?

2. 公司高级领导是否对职能部门的不同风险评估的高成本提出了任何

---

① See 4 *Models for the Chief Compliance Officer Role*, Gartner for Legal and Compliance (April 14, 2021), https://www.gartner.com/en/legal-compliance/trends/four-models-for-chief-compliance-officer-role.

担忧?

3. 我们是否在各种组织活动中识别到确保合规运行中存在的差距或重叠的情形?

4. 以前是否曾尝试在组织内简化确保合规有效运行的相关举措?如果是这样,面临的挑战是什么?

三、首席合规官的履职保障

为了确保首席合规官履行好上述职责,需要为首席合规官提供充分的履职保障。首先,最重要的前提是需要保障首席合规官在公司中有足够的权威和地位。在中国企业中,首席合规官主要由总法律顾问、公司副总裁或者董事会秘书兼任。但无论怎样,首席合规官应该是公司高级管理人员。首席合规官只有具备足够的权威,合规部门才能发挥其真正的价值和作用。①

在确保了首席合规官足够的地位和权威的前提下,才有可能为首席合规官的履职创造可能性。在上述条件满足的前提下,为了确保首席合规官能够更好地履行职责,还应该为首席合规官提供其他必要的支撑。公司的合规部门特别是大型企业的合规部门所需要处理的业务场景内容非常多样和复杂,为了确保合规部门能够正确有效地运转,需要公司为首席合规官配备必要且充足的资源,主要包括:人力资源、财力资源和给予一定的业务自由度和自主性等。

(一)人力保障

在现代企业形态下,鉴于业务形态的复杂程度和业务的庞大数量,如果仅由首席合规官一个人处理所有合规工作显然是不合适的。在众多公司中,合规一般是作为一个相对独立的部门,公司根据其规模的大小,设置不同规模和人员比例的合规从业人员。首席合规官需要组建合规部,作为合规官职能的延

---

① 参见《企业合规的基本问题(6)》,载中国国际贸易促进委员会官网,https://www.ccpit.org/a/20211106/20211106wzx6.html。

伸。合规部门也应该对首席合规官负责,接受首席合规官的领导,帮助首席合规官实现其合规管理的职能。为了确保合规部门能够高效有序运转,公司每年需要投入一定的人力资源做合规,并且随着公司业务规模的扩大,这种比例需要随之进一步地提升。此外,首席合规官可能需要定期评估人才需求并建立具有复杂技术专长的人才基础(如技术和分析以及流程专家和数字化专家等)。①

(二)财力保障

首席合规官及其所在的合规部门在履职的过程中需要有必要的经费,费用可能用于外部顾问的咨询、合规调查审计、合规案件的办理、外部合规认证的申请等,公司需要有独立的预算保障首席合规官和合规部门在履职的时候能够获取必需的经费。合规和其他销售部门不太一样,合规部门比较难直接产生收益,但是合规体系的建设和日常合规管理工作都需要投入大量的财力支持,因此公司需要有专门的制度和独立的经费确保首席合规官可以有效履职。②

(三)给予一定的业务信任和业务自由度

首席合规官在管理公司合规工作的过程中需要得到公司的授权、信任和认可。合规工作是非常专业的工作,首席合规官是高级管理岗位,公司和业务部门应该对首席合规官和合规部门有一定的信任度并给予一定的业务自由度。首席合规官对其所在的合规部门的建立、运行和整体战略发展方向的调整应该有充分的自主权利。公司应该在专业领域上尊重专业人员的判断和意见。对于涉及合规专业领域的事情,公司应该给予首席合规官和合规部门业务自由和业务信任。首席合规官在合规领域应该有绝对的权威,并且在涉及公司合规管理红线的问题上有一票否决的权利。公司对合规部门应该有长期持续稳定的投入,但是考虑到合规部门与营销部门不同,合规部门的价值不一定能够短期

---

① 参见王媛:《我国上市公司合规官制度构建研究》,中国政法大学 2018 年硕士学位论文,第 42 页。

② 同上书,第 42 ~ 44 页。

内直接被看见,公司应该有长远的发展眼光。①

(四)保障合规官的独立性

保障合规官的独立性至少包括以下内容。其一,合规官负责全面协调公司的合规管理工作,并且在公司享有正式法律地位。职责范围与法律地位的规定是合规官制度其他内容的基础,是保障合规官独立性的基本要求。其二,合规官不能兼任与其履行职责相冲突的职位,如公司的财务部门或者内部审计部门的职位等。这种兼任可能导致监督权与决策权归属于同一人,也可能导致不同职位所代表的利益冲突,这两种情况都会影响合规官的正常履职,影响其独立性。其三,合规官在履职过程中不受公司其他部门的干扰,公司其他部门或成员应当予以配合,股东、董事、高级管理人员不得阻碍其职权行使,保障合规官能够自由接触到所需的信息及相关的人员。其四,合规官的考核与薪酬制度不与业务部门业绩相关联。如果由被监管者的业绩来决定监管者的考核、待遇,那么很难保证合规官的独立性。另外,合规官的独立性并不是要求合规官独立于公司其他部门,事实上恰恰相反,为了能够更好地履行自己的监督等职能,合规官必须对公司业务充分了解,与其他业务部门保持联系,更好地洞察其中的潜在问题。②

① 参见王媛:《我国上市公司合规官制度构建研究》,中国政法大学2018年硕士学位论文,第42～44页。

② 同上书,第43页。

第二节　专职合规总监负责部门合规

在首席合规官的统筹合规管理下，企业的合规风险还需要通过专职合规部门建立专项合规计划进行分别管理。现代企业在进行合规体系建立时，需要避免大而全的统一合规体系，而是通过专项合规风险的评估，由专职合规部门负责专项合规。专职合规部门通过履行风险识别及评估、规则体系建设、合规培训宣贯、执行监督及改进等职责，确保对企业的特定合规风险进行有效管理。

一、专职合规部门设置的必要性

企业通过建立合规体系抵抗外部风险，避免因为违反相关法律法规而遭受行政处罚、刑事追究或其他潜在性损失。随着企业合规重要性被越来越多的企业认识和接受，如何帮助企业堵塞制度的漏洞，构建及完善合规计划，是企业法务、律师等所有从事合规行业人员需要共同面对的问题。通常来说，从事涉外业务经营的企业，在构建合规计划时需要关注国际法律法规的要求和行业标准，尤其需要关注经营所在国的法律法规要求；而从事国内业务经营的企业，可以参照我国政府监管部门发出的合规管理体系的国家标准，同时适度引入一些有效合规计划的国际元素，结合企业自身的风险防范需求，打造与企业相匹配和适应的管理体系。

但无论是从事国内业务经营还是国际业务经营的企业，都不能将风险管控寄希望于通过一个“一揽子”的合规管理方案进行一劳永逸式的管理。企业合规的灵魂并不是“大而全”的合规管理体系，而在于针对企业的“合规风险点”

确立专项合规计划。企业因所处行业不同、业务发展重点期差别，所面临的合规风险不尽一致，因此有效的合规管理要针对企业经营过程中存在的特定合规风险，建立专职合规部门、专项合规机制。

专职合规部门就是针对特定的合规风险而建立的专门性的合规组织，避免企业因为违反特定领域的法律法规而受到行业处罚、刑事追究以及其他相应的损失。通过专职合规部门建立专项合规计划最本质的原因是：合规需嵌入业务，即合规作为企业治理的一部分，只有将合规管理嵌入企业实际经营中，识别所开展的业务领域可能存在的特定合规风险，从而建立专项的合规预防及应对机制，才能真正应对特定合规风险，为企业的日常经营保驾护航。

常见的专项合规包括：反商业贿赂合规、反垄断合规、反不正当竞争合规、出口管制合规、反洗钱合规、数据保护合规、诚信合规、税收合规、证券合规、环境保护合规等。大多数企业根据自身情况选择一项或多项进行合规建设，并由此形成专项合规计划。例如，西门子股份有限公司（Siemens AG，以下简称西门子公司）建立了专门针对反贿赂的合规计划，称为“反海外贿赂合规计划”；中国湖南建工集团为防止企业参与国际银行招标投标中的欺诈、腐败等问题打造了专项合规计划，称为“诚信合规计划”；中国农业银行及其纽约分行为了应对洗钱、恐怖主义融资以及违反国际制裁法规等方面的风险构建了专项合规计划，称为“反洗钱合规计划”；中兴通讯则成立了出口管制合规部、反商业贿赂合规部、数据保护合规部等专项合规部门，分别针对企业在出口业务方面的风险、商业贿赂方面的风险以及数据合规方面的风险打造了“出口管制合规计划”“反商业贿赂合规计划”“数据保护合规计划”。这些专职合规部门在首席合规官的领导下，各司其职、协调配合，为公司防御各专业领域可能存在的专项合规风险。

专职合规部门除了满足企业统一的合规要求和标准外，还需要根据各“专职合规风险”的需求，确立专职合规组织、制订专职合规规则流程、负责专职合规风险评估与审查等工作。专职合规部门在建设专项合规计划时，并非只考虑自身合规计划的构建，也需要符合统一的合规管理要求；在企业统一的合规管理框架下，只有各专职合规部门发挥风险防范及处理应对的作用，企业的合规体系才能有效抵御外部风险。下文中,笔者会介绍专职合规部门与整体合规体系的关系及其内部组织模式。

二、专职合规部门的组织模式

(一)与整体合规体系的关系

根据国内外有关合规体系建设的指南和标准,一般将企业的合规管理部门分为3个层级:决策层、制订规则层和执行层。

企业的决策层主要包括企业的董事会、监事会,以及董事会中设立的合规委员会。决策层作为企业合规管理体系的最高负责机构,应以保证企业合规经营为目的,通过原则性顶层设计解决合规管理工作中的权力配置或资源配置问题并进行重大事项决策。其中,合规负责人可以为首席合规官,或由总法律顾问兼任。

企业的制订规则层指专职合规部门,负责制订专项合规计划,包括构建专项合规的规则流程,专项合规领域风险评估与审查,专项合规领域培训、宣贯和咨询,专项合规领域审计调查等。

而执行层则包括企业的内设业务部门及下属单位,需要按照企业合规管理的规定及专职合规部门所制订的要求落实相关合规的管理和规范。涉及执行层的内容将在本章第三节进行详述。

按照前述的决策层、制订规则层和执行层划分,企业的合规管理部门自上而下将形成类金字塔结构;虽然不同企业的组织模式不同,但专职合规部门与整体合规体系的关系都较为类似。笔者以出口管制合规为例,介绍专职合规部门与决策层和执行层的架构,如图5所示。

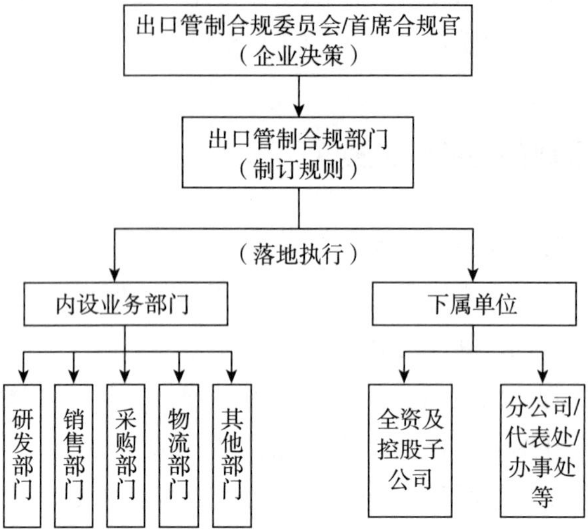

图5　专职合规机制架构(以出口管制合规为例)

(二)专职合规部门的内部架构

国内外的合规体系建设指南或标准并没有对专职合规部门的内部架构设置进行规定。实践中,不同企业的专职合规部门设置,取决于企业自身的结构、经营规模、业务和产品线的经营管理模式,当然,也包括可能面临的政府监管和所在行业所面临的合规风险。

西门子公司、通用电气公司、戴姆勒股份公司(Daimler AG)等公司在设置专职合规部门时,通常会考虑以下几项因素:(1)确保专职合规部门能够有效、实际地管理和防控合规风险,并能够顺利履行合规职责;(2)确保专职合规部门能够独立地、严肃地开展合规管理;(3)专职合规部门与其他相关部门之间的职责分工明确,合规管理活动不受其他相关部门的干预和非正当影响,但又能就合规风险的管控进行协调合作;(4)遵循适当的成本管理原则,如不以合规风险管理为由增加不必要的资源配置,但需要注意,决不能因此忽视或者牺牲合规管理应当保证的资源。

专职合规部门为了更好地履行其职责,一般情况下会在部门内部设置几个分支业务,从而保障专职合规计划的有效运行。常见的分支业务主要包括风险管理业务、规则流程业务及合规落地业务(指将合规管理规定嵌入业务流程,从而实现合规管理规则的落地)。不同的业务分支有着不同的业务分工,如风险管理业务负责对特定合规领域的风险进行识别评估,同时有的风险管理业务职责也包含对规则运行后的遵守情况进行持续性监督管理;规则流程业务则是在识别和评估相关的风险后,结合特定领域合规的风险管理需要,针对特定合规领域所面临的风险制订相关的管控规则及流程;合规落地业务则衔接具体的企业业务和产品线,将管控规则和流程在业务实际运营中落地。

而上述提到的风险管理业务、规则流程业务及合规落地业务 3 个分支,与专职合规部门的职责密切相关,下文将对专职合规部门的共性职责和特性职责进行详细阐述。

三、专职合规部门的共性职责

前文提到,专职合规部门需针对特定领域的合规风险进行专项治理,各司其职,才能真正有效防范企业可能面临的各方面合规风险。但无论是哪类特定的合规领域,为了有效应对企业的合规风险,专职合规部门都将履行一些共性职责。

(一)有效合规计划中的部门共性职责

可以说,一个有效的合规计划往往是判断专职合规部门是否履行其职责的重要依据。当然,有效的合规计划并不是指不再存在任何合规风险或企业不发生任何违反合规要求的行动。

根据 FCPA 和《美国司法部合规体系评估指南》的规定,一个有效的合规计划应当满足 3 个条件:首先,企业的专项合规计划根据企业的实际情况经过了精心设计;其次,该专项合规计划已经在企业内部(甚至含子公司)得到了有效的执行;最后,企业的专项合规计划确实发挥了效力。这 3 个条件对专职合规部门提出了如下的具体要求。

1.制订并定期修订符合企业合规风险管理需要的合规计划

几乎所有企业在合规风险管理上的目标都是拥有专门针对其自身需求和风险量身定制的合规计划,以便这些专项合规计划能够切实防止企业可能存在的违规行为,及时发现确实发生的违规行为,并及时、适当地进行补救。因此,企业要求专职合规部门在熟悉企业所涉及相关法律法规的基础上,根据企业业务活动的具体领域和相关行业进行风险评估,并以此来设计专项合规计划。由于法律法规以及企业活动的范围和领域并不是恒定的,专职合规部门还需要根据法律法规和业务环境的变化定期审查并更新符合企业合规风险管理需要的合规计划。

2.申请资源

专职合规部门根据企业的规模和合规风险的性质向企业申请足够的资源,并应享有充分自主权,以此履行合规职能。同时,专职合规部门要善于同企业管理层沟通,以便得到管理层对专职合规部门及专项合规计划建设的支持,包括合规意识、人力资源、财力资源和物力资源的全方位支持。如果得不到企业管理层在人、财、物上的支持,合规计划极有可能成为一纸空文。

3.定期进行合规报告

专职合规部门在履行职责时必须确保自主性,而不少专职合规部门的职能自主性通过企业的独立的董事委员会或单独的合规委员会的监督进行强化,其要求专职合规部门应自主调查任何可能违反法律或合规要求的行为,并定期就重要问题及潜在的违规行为向董事委员会或单独的合规委员会提交简洁、清晰的报告,这既有利于信息的直接传输,也保障了合规计划的自主权。

4.对员工进行培训

专项合规计划的落地执行第一步是让企业员工能够清楚地阐明、遵守和传播公司所需要遵守的合规标准,以便在整个组织中树立合规和道德的基调。同时,专职合规部门需要将合规计划和业务活动进行整合,对员工进行定期的培训,告诉他们哪些行为是被鼓励的,哪些属于违法违规行为,为他们树立正确的合规观,使整个公司都投入合规活动之中,从而真正形成合规文化。例如,西门子公司的合规文化:只做清洁(clean)的业务。

5. 制订奖惩措施

专职合规部门还需要制订一个明确、公平和可靠的纪律处分程序，对企业内部的合规和道德的行为进行奖励，对有违法违规行为的人进行实质上的纪律处分，以此警示和告诫其他潜在的违法违规行为。

6. 建立“吹哨人”保护机制

建立合理的“吹哨人”制度是专项合规计划得以有效实行的一个重要渠道，可以有效协助专职合规部门的工作。仅依靠专职合规部门的人员进行监管是无法覆盖公司的所有业务的，而当每个人都成为监管者时，企业的违规行为被发现的概率自然会增加。为了促进“吹哨人”制度发挥应有的价值，专职合规部门应当对“吹哨人”进行保护并且给予一定的嘉奖，以鼓励员工揭露违法违规行为，从而达成更广泛监管并及时发现深层问题的目的。当然，在验证机制的效果方面，也建议专职合规部门在建立该机制之后，进行内部审查和测试，定期评估这个机制是否被合理、有效利用，以及是否可以达到预期的效果。我国企业在建立“吹哨人”保护机制时，不能一味地将西方企业的该项制度进行照搬，因为该项制度背后也隐含了不同文化下的思维习惯和导向，需要根据企业的实际情况进行机制内化，以免发生生搬硬套的尴尬。

（二）中兴通讯各专职合规部门的共性职责

中兴通讯的合规体系建立过程中，也参考了包括《中央企业合规管理办法》和《美国司法部合规体系评估指南》在内的国内外合规体系建设指引，每一个专职合规部门都根据各自的合规风险设置了符合专项合规计划的基本要素。以中兴通讯的专职合规部门为例，从各专职合规部门所建立的专项合规体系基本要素中可以看到一部分专职合规部门的共性职责。

中兴通讯的出口管制合规部制订的出口管制专项合规计划具备的 8 项基本要素为：管理层承诺、出口授权、风险评估、记录保存、处理出口违规并采取纠正措施、培训、审计、手册。反商业贿赂合规部制订的反商业贿赂专项合规计划具备的 8 项基本要素为：高层重视、合规组织、合规资源、风险评估、合规政策、流程管控、培训沟通、监督检查。数据保护合规部制订的数据保护专项合规计划具备的8项基本要素为：高层重视、治理架构、规则政策、风险评估、流程管控、合规培训、监督检查、记录保存。

从上述分别罗列的中兴通讯三大专项合规计划的基本要素中可以看出，除高层承诺、组织架构类需要和强调企业对合规自上而下的重视和资源投入的要素外，不同的专职合规部门有共性的职责要素，如风险评估、规则流程、培训沟通、监督检查等。下文中，笔者将详述这些共性职责要素包含的具体内容，以及为何会成为不同专职合规部门的共性职责。

1. 风险评估

风险评估是专职合规部门开展风险管理的起点和基础。风险评估的作用在于充分识别企业在特定合规领域潜在的风险事项，并运用合理的评估手段呈现风险评估的结果，而风险评估的结果能够使企业考虑潜在事项影响目标实现的程度，并以此为基础开展后续风险管理工作。因此，无论是哪类专项合规，风险识别及评估是不同专职合规部门的共性职责之一。

值得注意的是，风险评估是由风险识别、风险分析和风险评价构成的对风险评估对象及其现有控制措施有效性的评估的一个完整过程。在通常情况下，风险评估包含几个关键步骤：制订定期的风险评估计划、风险控制措施识别及评价、剩余风险评估及改进方案、问题总结及风评报告。在开展风险评估活动时，专职合规部门须注意以下几点。

(1)是否满足公司治理和法律的基本要求

如专职合规部门所评估的企业为上市公司，则开展风险评估前，必须了解企业是否满足其经营环境所必须遵守的法律法规和公司的治理和合规要求。例如，需要关注各交易所对企业在特定合规领域的公司治理和合规的要求。专职合规部门还需要定期对合规风险进行管理，确保能够按照规划顺利开展风险管理工作，包括风险识别、评估、应对报告及监控流程等，同时，针对监控过程中发现的合规管理漏洞进行弥补和修缮提示，从而帮助企业持续完善其专项合规风险管理实践，确保公司的日常经营均在符合企业所在领域的法律法规和合规要求框架下进行。

(2)识别、监督并及时应对经营过程中的重大合规风险

专职合规部门为了有效防范企业可能面临的风险,需要全面掌握企业在日常经营中具体的风险情况,专职合规部门无法在合规工作中覆盖到企业所有的经营情况,因此,专职合规部门应搭建相应的合规风险数据库或有关的风险监控机制。这有助于对企业日常经营中的风险进行全面评估和掌握,并明确合规风险对公司的潜在影响。同时,专职合规部门对于重大合规风险应当确保能够及时跟进并及时发现新生合规风险,形成快速反应和风险应对机制,以充分发挥风险管控和警示作用。

(3)树立合规风险管控理念并强化企业员工合规风险意识

在这里需要强调,专项合规计划的实施和执行并不是合规管理部门内部的事项,更不是一个或几个专职合规部门的事项,良好的风险管理需要建立在企业全员参与的基础上。因此,风险评估活动的开展,是一个让被评估对象充分参与合规风险管理的良好机会。专职合规部门可以在风险评估活动开展的过程中充分让企业员工了解所处岗位及日常活动中可能涉及的风险及其预防方式。除此之外,专职合规部门也可以同时考虑设置一定的风险责任制,让专项合规的风险能够通过多层防线获得管控,如可以考虑让各业务单位承担最终的合规风险责任,促使各个业务部门参与合规风险管理,确保专项合规计划的有效和高效运行。

通过风险评估,企业合规管理体系中的决策层及有关各方可以更深刻地认识到企业在不同的合规领域面临的风险概况、可能影响组织目标实现的风险与现有专项合规风险控制措施的充分性和有效性,为最终确定最合适的风险应对方法奠定基础。从这个方面来看,专职合规部门开展风险评估工作的结果可作为组织决策的过程输入和决策支撑。因此,风险评估并非专职合规部门内部一项独立的活动,需整合到专项合规整体的风险管理过程中。

2. 规则体系构建

进行了前述的风险评估工作后,专职合规部门能够基本识别出企业在经营过程中存在的各项合规风险情况,下一步就需要根据这些风险制订相应的专项合规风险管控规则体系。

合规政策、合规手册、管理规范、合规指引、指导性案例、场景等构成相应的专职合规政策规范体系。

“合规政策”是为了明确企业在专职合规计划中的整体目标、方针和要求，并确定企业在专职合规领域进行合规管理的总体原则和行动承诺。在通常情况下，合规政策不仅适用于企业所有管理人员和员工，而且适用于子公司、附属公司及分支机构的全体董事、管理人员和员工，甚至企业的合规政策也对其商业伙伴在全球范围内的行动和活动提出了相关要求。

“合规手册”是企业管理层和员工，以及相关人员及代表企业或为了企业的利益开展业务的商业伙伴需要遵循的政策、规范和流程要求的通用指南，同合规政策一样，不仅适用于企业所有管理人员和员工，而且同样适用于子公司、附属机构及分支机构的全体董事、管理人员、员工，以及商业伙伴在全球范围内的行动和活动。

“管理规范”是根据企业及子公司、附属机构及分支机构当地法律法规、商业管理和风俗习惯，由专职合规部门制订的适用于当地的特定合规管理规范及流程，经企业总部审核批准后，适用于企业分支机构及子公司的内容。同时，专职合规部门应制订相应的宣贯材料，对管理规范进行解读，便于员工了解规范产生的背景和相关的合规流程要求及操作指引。一般来说，管理规范的内容需要囊括合规管控的背景及原因、管控的内容及范围、管控流程及要求、合规咨询及报告途径、规范附件链接等。

“合规指引”是落实上层政策规范中所规定的原则或具体的管理流程和要求的指南，是对上层政策规范的具体使用指引。在前述风险评估活动开展中，专职合规部门发现特定领域的合规风险可能存在于具体的业务或流程中，也可能存在于特定的岗位或人员身上，甚至存在于特定的地域或实体中。因此，为了更好地为不同风险项下的行动提供合规指引，其一般包括对具体业务或流程的工作指引、对特定风险岗位或人员的工作指引，以及以特定地域或实体作区分的工作指引等。

通过上述合规政策、合规手册、管理规范、合规指引的制订与编写，专职合规部门基本能够建立起金字塔式的“专项合规政策规范体系”。当然，在规范实施过程中,也可能出现规定模糊,执行层员工需要专职合规部门进一步明确具体含义及合规要求的情况;或者专职合规部门制订规范后仍出现新的情况需要明确规范适用的依据或者管控方案的情况,专职合规部门还应及时针对新的情况进行明确和说明。

3. 合规培训宣贯

完成专项合规政策规范体系的构建后,专职合规部门需要对企业员工进行培训和宣贯,尤其是针对需要了解相关合规风险管控的关键岗位及员工。如果员工不了解这些规则,或者不清楚规则如何执行,即使企业拥有再完善的合规政策规范体系,也会被束之高阁无法落地,合规风险也无法被有效管控。因此,对企业员工进行培训和宣贯对专项合规体系的执行有效性非常重要。同时,企业的管理层也需要在专项合规体系构建的过程中持续向员工传达高层关于专项合规的支持与态度。

一般情况下,对员工的专项合规培训分为两个类别:一是针对全员的培训,主要传递专项合规的基本概念、企业专项合规的态度和整体要求等。二是专职合规部门根据不同的对象提供针对性和精准性的培训,如针对关键风险岗位,结合该岗位日常业务中的合规风险进行精准性的培训,让每一个关键岗位人员清楚自身职责并推动合规规则落实。

同时,专职合规部门还应根据内外部环境的变化、合规政策的更新、业务或者地区的重要业务活动开展等重要环节向员工开展专题宣贯。

4. 执行监督与改进

专职合规部门还需要对企业员工遵守合规规则的情况进行持续性的监督,并就监督检查过程中发现的问题进行改善。一般情况下,系统的合规监督工作通常包括检查、审计,有的企业也将调查纳入专项合规体系建设中。检查主要是为了发现企业的专项合规政策规范在执行上的薄弱环节和流程中的缺陷,从而强化执行和完善风险控制缺陷的有效措施,以保障企业专项合规计划的稳定运行,同时促进专项合规计划的高效改进。而审计工作则通常被视为专项合规闭环管理的最后一环,通过完整的审计来识别更加深层的,难以通过单项或多项检查识别的一线问题,推进整体专项合规计划的螺旋式上升革新和动态调整,从而更好地满足企业经营中对专项合规风险的管控需求。

不同的企业在专职监督体系中的流程不尽相同。以西门子公司为例,其监控体系包括:控制管理、审计、投诉处理和报告。其中,监控管理主要是控制管理人员在业务活动过程中,在职责范围内进行监控管理检查,确保具体的业务符合有关法律的规定。审计则是公司的审计人员进行定期的检查,关注集团和分公司是否在贯彻和执行合规要求。投诉处理则是为发现违规情况而设置的特殊程序。任何员工均可提交投诉,或提供违反商业行为准则的线索;西门子公司接到投诉后将启动公司审计人员执行专职调查,并向审计委员会进行汇报,对于投诉或者投诉线索,应进行彻底的调查。

企业在制订专项合规计划时,需将执行监督与改进的职责也归纳为专职合规部门的合规事件的管控职责,即通过履行全流程的合规监控、举报、合规审计和报告等职责,确保对合规规则执行的监督。

四、专职合规部门的特定职责

(一)出口管制合规部门

出口管制专职合规应该是近两年有“走出去”需求的中国企业较为关注和亟待建设的专项合规计划,且随着 2020 年《中华人民共和国出口管制法》(以下简称《出口管制法》)的出台,对于国际型企业或有“走出去”需求的中国企业而言,构建出口管制专项合规计划需要满足哪些基本要素也更加明确。

我国商务部《关于两用物项出口经营者建立出口管制内部合规机制的指导意见》(以下简称《出口管制内部合规机制指导意见》)中列出了出口管制内部合规机制建设的九大基本要素,这九大基本要素立足我国实际国情,充分借鉴了国际上的同行标准,最终确定的要素与主要国家(地区)、国际组织等出口管制合规指导性文件的出口管制合规计划的合规要素要求基本一致。该九大基本要素主要包括:拟定政策声明、建立组织机构、全面风险评估、确立审查程序、制定应急措施、开展教育培训、完善合规审计、保留资料档案、编制管理手册。

我国出口管制合规指导性文件与瓦森纳安排，以及美国、欧盟、英国出口管制合规指导性文件中的基本要素如表2所示。

表2　不同出口管制合规指导性文件中的基本要素

类别	基本要素
中国出口管制合规指导性文件	1. 拟定政策声明;2. 建立组织机构;3. 全面风险评估;4. 确立审查程序;5. 制定应急措施;6. 开展教育培训;7. 完善合规审计;8. 保留资料档案;9. 编制管理手册
瓦森纳安排	1. 遵守承诺;2. 机构和职责;3. 出口检查程序;4. 运输管理;5. 绩效考核;6. 培训;7. 存档;8. 举报及补救措施
美国出口管制合规指导性文件	1. 管理层承诺;2. 风险评估;3. 出口授权;4. 记录保存;5. 培训;6. 审计;7. 处理出口违规行为并采取纠正措施;8. 构建和维护出口合规手册
欧盟出口管制合规指导性文件	1. 高层管理者对合规的承诺;2. 组织结构、职责和资源;3. 培训和提升合规意识;4. 交易筛选的流程和程序;5. 绩效审查、审计、举报和纠正措施;6. 记录保存和文件编制;7. 物理和信息安全
英国出口管制合规指导性文件	1. 遵守合规承诺;2. 确定负责人;3. 信息和培训;4. 公司合规程序;5. 了解可疑询价/订单;6. 保存记录;7. 内部审计;8. 与质量管理实践的整合

从表2不同出口管制合规指导性文件中所罗列的基本要素中我们可以看出，除了上述提及的“风险评估”“规则体系构建”“合规培训宣贯”“执行监督与改进”等基本要素外，专职出口管制合规部门还应当履行以下两项特定职责。

1. 确立出口授权审查程序

专职出口管制合规部门应当负责企业的出口授权工作，须明确企业的出口授权审查程序。依照企业经营所在国法律法规[如《出口管制法》、《美国出口管理条例》(Export Administrative Regulation，EAR)等]、出口管制特定管理文件(如“出口管制清单”),并根据企业业务形态的需要,制订出口授权审查程序,针对每一笔交易做好出口授权审查工作。例如,确定出口物项是否构成(中国)《两用物项和技术进出口许可证管理目录》(以下简称《物项进出口目录》)禁止、限制的物项(管制物项),或者是否需要进行临时管制;如交易涉及管制物项或者临时管制,或相关物项可能危害国家安全和利益等,则需要按照相关法律法规规定进行相关许可证的申请;确定代理商和最终用户是否与恐怖主义相关联,是否被列入我国管控名单。

2. 加强出口管制合规管理体系建设

出口管制合规部门还应当负责企业出口交易中相应资料档案的保存,并制订对应的记录保存规范,包括制订需要进行保存的资料名录、保存期限、存储地点与形式,以及对企业需要进行资料档案保存操作的业务单位人员进行义务告知及培训。

中兴通讯出口管制合规部门除了履行上述共性职责外,还特别设立了区域出口管制合规总监;同时发布了适用于总公司及子公司的合规手册,包括研发、供应链、销售及市场营销、工程服务、人力资源、财务会计、信息系统、投资活动、终端、职能等不同领域的应用情况;不仅对场景进行了进一步的细化,甚至对部分较为复杂和特殊的场景进行了案例说明。

同时,中兴通讯出口管制部门还针对受美国管辖的出口管制分类编码(Export Control Classification Number,ECCN)进行分类管理和上网发布,一方面,继续对新产品进行 ECCN 分类,对已分类物项的分类结果进行审查;另一方面,加强对产品 ECCN 专家的能力认证和培训,完成子公司的 ECCN 上网发布风险评估等工作。

除了规定在合规手册中的工作和 ECCN 的分类管理和上网发布工作外,中兴通讯专项出口管制合规计划还包括创新性的子公司出口管制扫描系统(Enterprise Compliance Service System,ECSS)项目。通过 ECSS 项目的实施,可促进子公司出口管制合规管理的系统化和规范化,确保子公司出口管制合规体系的长效运营。通过解决子公司出口管制问题,结合 ECSS 平台,提供“一站式”出口管制合规的综合解决方案:出口管制合规相关法条配置,产品、用户、国际、用途等四要素齐备的扫描服务,产品快速部署,对更新法条的解读和培训,出口合规嵌入业务的合规咨询和分类服务,以及从流程、系统到数据的合规问题诊断及方案提供。

(二)数据保护合规部门

数据保护合规,目前已成为跨国企业建立专职合规管理体系的重点领域。为了平衡"数据安全"与"数据红利",建构数字经济优势,各国纷纷通过建立、强化本国数据跨境立法,积极推动、参与数据跨境国际规则的制订等方式,形成了不同的数据跨境流动合规规制圈。

在全球数据跨境流动规则框架下,没有一个跨国企业可以不受数据跨境流动规则的影响。诸如 Facebook 公司在内的全球大数据公司已面临来自不同国家、不同行政机构较为严重的行政处罚。例如,2019 年 7 月,美国司法部(Department of Justice,DOJ)、联邦贸易委员会与 Facebook 公司就保护用户隐私达成了一项为期 20 年的和解协议,主要包括 Facebook 公司交付 50 亿美元罚款,并接受联邦贸易委员会的进一步监管。此外,美国证券交易委员会也与 Facebook 公司就该公司未能充分披露滥用用户数据风险等指控达成行政和解,该公司要向美国证券交易委员会缴纳 1 亿美元的罚款。

面对各国和地区日益完善的数据保护规则,数据保护合规部门除了要履行上述共性职责外,还需要注意以下问题:

1. 数据跨境传输的风险防范与管理

数据保护合规部门应制订企业关于数据跨境传输的具体风险管控方案,根据企业经营所在国的具体需求设计管控方案,如要求进行涉及数据跨境传输的业务或活动时,应具备适当的数据跨境传输保障机制或在满足特定条件时才可进行数据传输。

数据跨境规则主要分为"合法性基础""保障措施(包括减损)""本地化存储要求"3 个部分。其中"合法性基础"是数据跨境作为数据处理活动的一种必备要素,主要规制的是控制者与数据主体之间的关系,并非数据跨境需要满足的特殊的要求。而"保障措施(包括减损)"不同于其他的数据处理活动,属于公权力赋予数据出口方的外部压力，主要表现为两类：一类是行政色彩较为浓重的监管机构的批准、评估、备案等要求；另一类是行政色彩较轻的标准合同条款、认证机制等要求。“本地化存储要求”更是对于国家安全等较为敏感的数据强制进行境内存储的要求。

企业可以根据要求建立“数据跨境风险矩阵”，体现数据跨境作为一种特殊的、规制比较多的数据处理活动的额外的要求，在重点国家、地区数据跨境规则研究成果的基础上，对于“保障措施”这一部分的要求进行主要的呈现，辅之“减损”“本地化存储要求”等因素对重点国家、地区进行等级划分和排序，从而形成数据跨境的国家或地区生态圈。

2. 个人数据泄露响应

近年来，以欧盟《通用数据保护条例》(General Data Protection Regulation, GDPR)为代表，全球各个国家和地区相继出台个人数据和隐私保护相关法律，而个人数据泄露事件应对是数据保护领域不可或缺的重要内容，监管机构对于数据保护的执法亦日趋严格。截至2020年5月，欧盟监管机构罚款案件共183起，有50起与数据泄露相关(占比为27%)，其罚款金额高达332,567,289欧元。①

为了遵从数据保护合规监管要求，及时响应个人数据泄露事件，指导相关单位和人员在个人数据泄露时执行必要的活动，控制业务风险，降低个人数据泄露事件所带来的负面影响，专职合规部门有必要根据企业需求制订个人数据泄露响应流程。

专职合规部门需要根据企业可能涉及的个人数据泄露的场景制订响应流程。如保密性泄露，即无访问权限的数据接收者未经授权或意外披露个人数据或访问个人数据；或数据完整性泄露，即未经授权或意外修改个人数据；或数据可用性泄露，即未经授权或意外销毁或丢失个人数据。个人数据泄露响应流程和机制的确立，能够确保当个人数据发生意外泄露、非法破坏、丢失、更改、未经

---

① 参见《数保前线 | 首发：GDPR执法案例白皮书(2019.5—2020.5)》，载微信公众号“合规小叨客”2020年5月26日，https://mp.weixin.qq.com/s/T5I5dDiUQvYlL_hYxQ5QoA。

授权披露或访问、传输、存储,或以其他方式处理个人数据的活动时,企业作为数据控制者能够按照相关法律法规的要求遵循数据保护合规要求进行处置,必要时履行向监管机构报告和向数据主体告知的义务。

中兴通讯数据保护合规部除了履行上述共性职责外,还通过数据保护默认隐私保护设计(Privacy by Design,PbD)进行数据保护合规管理。PbD 是一种通过将隐私保护要求融入产品设计,实现对隐私进行保护的理念;在产品设计最初阶段将合规需求嵌入其中,成为运行默认规则,兼顾产品的“开发设计”和“运营设计”,降低“治理治理再治理”的消耗,真正做到从源头进行管控。中兴通讯 PbD 的理念主张,个人信息保护应当成为企业商业实践和系统运行的默认规则。如果用户不作任何放弃个人信息的选择,那么用户的个人信息应当是完好无损的。同时,PbD 理念主张个人信息保护的需求在用户数据被首次收集之前就嵌入系统设计之中,并扩展至系统运行的整个生命周期,对个人信息提供全过程的保护。

随着越来越多的企业发现并逐步重视合规在抵抗外部风险中产生的价值,企业在建立合规体系时,更要关注根据自身所处行业及业务发展特色而产生的专项合规风险,从而设置专职合规部门,开展专项合规治理。

专职合规部门在首席合规官的统筹领导下,既要在同一合规管理要求下开展专职合规工作,又需要能够清晰地识别所辖领域的专项合规风险并进行精准管控,这对专职合规部门在合规专业性及业务熟悉度两个方面都提出了较高的要求。当然,专职合规部门在合规治理中也不能仅依靠自身,完成合规政策的落地,还需要合规联络员作为专职合规部门与业务单位的重要纽带。

第三节　合规联络员传递合规信息

如果企业合规政策在执行上无法得到落地，那么再完美的企业合规政策也无法得到有效的实施。每一家企业都有自己独特的组织架构，而无论组织架构如何设置，最终都会有不同维度的业务单位，合规联络员则是连通企业总部合规政策和各业务单位的重要纽带。合规联络员将确保合规政策在业务单位的推进落地，以及业务单位对合规领域的风险和问题的及时披露、上报。作为落地在业务单位的人员，合规联络员也可辅助专职合规部门组织业务单位内部的各项合规工作。

一、合规联络员的设立基础

企业合规政策的制定固然重要，它可能决定了企业整体合规基础和方向，但是合规的组织工作也不容小觑。无论企业的体量大小，企业的合规政策最后都需要得到落地实施才能发挥其真正的作用，否则，不仅会影响合规政策的效力，而且可能对企业造成难以预估的风险。而企业合规政策是否能够完整有效落地实施，也是评估整体企业合规有效性的重要标准。合规联络员则是确保企业合规政策有效落地实施的重要主体。

一般来说，对于合规联络员不需要设立独立的岗位，由于合规联络员的主要职责是在业务单位推进合规政策落地执行，最为合适的合规联络员应是熟悉业务单位基础运作机制、人事情况的人员，这样的人一般来自业务单位。这就使合规联络员一般可以由业务单位本身的人员进行兼任。由业务单位自身人员担任合规联络员有诸多优势:(1)熟悉业务单位情况,对合规政策落地执行更加有效率;(2)在执行过程中可以站在业务单位的角度去了解合规政策的适用性,针对合规政策落地过程中产生的问题,及时与企业专职合规人员沟通,对企业合规政策进行调整优化;(3)第一时间发现并上报业务单位运营过程中可能产生的合规问题或合规风险;(4)兼职人员同时可以起到优化配置、节约资源的作用。

当然,如果业务单位的体量大,结合企业合规政策的要求,可能存在兼职合规联络员的工作量过于饱和,这个时候则需要考虑在业务单位单设专职的合规联络员。

二、合规联络员的工作职责

企业在组织和开展合规工作中会由不同团队与人员担任不同的角色,共同确保企业合规体系的有效实施。因此,合规联络员的工作职责需要结合企业合规政策的方向提前确定好,尤其是对合规联络员与专职合规团队之间的合规工作职责进行明确。合规联络员的工作职责可以是单一的,也可以是多样的,企业可以依据企业合规政策的方向、专职合规团队的工作内容、需要落地合规政策的复杂程度等进行设立。而在企业的发展过程中,合规政策的选择以及对于合规体系的要求是一个不断变化的过程,合规联络员的工作职责需要在这一过程中根据企业的发展和合规政策的变化不断进行调整。本节对设立合规联络员的基本职责与进阶职责进行了列举式的描述(见表3),具体职责的定义可以根据实践情况进行增加、删减或调整。

表3 合规联络员工作职责

项目	基本职责	进阶职责
合规知识及业务要求	1. 掌握基础合规知识与基本业务情况; 2. 组织合规培训; 3. 组织合规会议	1. 掌握关键合规知识与熟悉关键业务领域; 2. 开展合规培训; 3. 参与业务流程并进行监督

续表

项目	基本职责	进阶职责
合规体系建设与合规政策和任务的执行	1. 确保记录保存的完整性； 2. 推进合规工作落地与执行； 3. 推进合规宣传	1. 参与优化合规流程； 2. 实施合规管控审批； 3. 探索最佳合规实践
咨询解答	1. 提供基础合规咨询解答； 2. 及时进行升级与上报	关注咨询问题并定期反馈
问题上报与风险升级	1. 关注与识别合规风险； 2. 跟踪合规风险	1. 主动发现合规风险； 2. 优化与改进管控漏洞

（一）合规知识及业务要求

1. 基本职责

(1)掌握基础合规知识与基本业务情况

合规联络员应该掌握基础的合规知识，包括一般需要全员掌握的基础合规概念，这是对公司员工最基本的要求。而合规联络员还应该了解合规组织架构与规则标准体系。合规联络员了解合规组织架构及运作模式才能有效地联系起合规部门和业务部门。此外，合规联络员还应该了解公司的合规 IT 系统，并熟练掌握经常使用的合规 IT 系统。对于业务活动中的合规红线要求，合规联络员必须熟练掌握，时刻保持警惕，保证业务单位远离合规红线。

(2)组织合规培训

合规联络员除参加面向普通员工的合规类培训获取基础合规知识外，还需要参加与合规联络员本岗位强关联的岗位类培训。在参加面向普通员工的合规类培训时，一名优秀的合规联络员的目标不应该仅局限在学习基础的合规知识，更应该观察培训的整体组织情况以及员工的学习效果，确保业务单位的合规培训能够得到有效的实施与落地。除了参加合规培训外，合规联络员也应该组织面向普通员工的合规类培训工作，培训作为合规体系建设的重要组成部分，是公司将合规知识传达给员工的重要途径。合规联络员组织或者协助组织合规培训，不仅能确保培训的有效落地实施，而且能积极向公司反馈培训过程中的各种问题，以确保培训能够在这过程中不断得到改善。

(3)组织合规会议

合规联络员应定期组织召开业务单位的合规会议，跟进会议形成的后续行动方案和遗留问题，及时输出会议纪要并归档保存。合规会议的召开频次可以依据业务单位的情况由合规联络员与业务单位共同商定，一般来说月度、双月甚至季度都是可以接受的。当然，合规联络员应确保参与合规会议的人员范围能够尽量满足会议召开的目的，除了业务单位的负责人以外，业务单位下各领域的负责人也应该纳入与会人员范围。

2. 进阶职责

(1)掌握关键合规知识与熟悉关键业务领域

合规联络员应该熟悉并掌握关键的合规知识，其中包括合规关键领域的重要管控要求与流程。基于业务单位的业务范围与复杂程度，这些合规关键领域的范围可能非常复杂，此时合规联络员至少应熟悉关键领域的合规知识，基于业务单位领域的重点，特别是容易出现合规风险的领域重点，掌握进一步的合规管控知识，以确保这些重点业务领域能够更好地被合规覆盖。当然，合规一般会有通用的风险警示信号，不同的业务领域也会有不同的风险警示信号，合规联络员对于这些风险警示信号的掌握，能够实时监控业务单位及业务单位下的各个领域可能发生的潜在合规风险。

(2)开展合规培训

合规联络员有能力作为培训讲师主导面向普通员工的合规类培训工作，这可以依据情况由合规联络员主导一般合规通识类的合规培训，也可以是流程类的合规培训。对于企业总部合规部门制定的最新合规政策与制度，合规联络员也应尽快学习掌握，之后对业务单位的员工进行全方位的培训与宣贯。

(3)参与业务流程并进行监督

合规联络员应了解所在业务单位的职能、架构、运营及业务流程，这是合规联络员能够将其工作嵌入业务单位的基本要求。当然，合规联络员还可以尽可能参加所在业务单位的管理会议，以便更好地了解业务单位运营和新方案带来的合规风险，在适当的时候，合规联络员可以给予业务单位一定的指导并监督所在业务单位与合规有关的相关运营与业务流程的运作情况。

（二）合规体系建设与合规政策和任务的执行

1. 基本职责

(1)确保记录保存的完整性

合规联络员应基于企业对合规体系建设的基本要求，落实各项跟进业务单位负责人合规承诺践行工作并及时归档保存相关举证资料，包括但不限于业务单位负责人在合规例会上对合规工作的指示、合规培训记录、合规工作的支持的举证材料。企业合规体系建设是一项很复杂的工作，特别是在业务单位落地这一过程中。对于合规联络员来说，一项最基础的工作是确保所有合规工作相关记录得到完整的保存。

(2)推进合规工作落地与执行

在合规联络员推进合规政策与任务的落地与执行，或者接收与执行专职合规团队合规要求和工作计划时，不仅应确保业务单位按时完成，还应督促业务单位能够严格按照任务要求的标准高质量完成。对于合规联络员来说，在这个过程中，可以以其对合规政策与任务的理解，结合专职合规团队的意见，加强业务单位在执行过程中的指导，以防止出现较大的偏离项。在时间允许的情况下，合规联络员也应该根据业务单位提交反馈的质量来判断是否需要业务单位进行修改或重新提交，以确保最终提交的成果能够符合企业合规政策与任务要求。

(3)推进合规宣传

合规联络员应积极推进所在业务单位的合规意识宣贯、合规知识讲解、合规内部自查等活动，以保证合规政策落地持续有效。这些要求是确保企业合规政策能在业务单位有效实施落地的重要手段。在日常活动中，特别是针对具体的落地实施方式，合规联络员应找到适合业务单位理解企业合规政策的适当的方式。

2. 进阶职责

(1)参与优化合规流程

在一般情况下,依据企业的情况,企业发布的合规政策可能存在执行层面与业务单位有落差的情况,而合规联络员可以结合合规政策的要求,在专职合规团队的指导下,进一步优化合规政策与业务单位的流程,确保企业合规政策能够充分落地到业务单位,在企业合规政策与业务单位的流程出现差异时,及时上报并协助专职合规团队进一步调整,直到企业合规政策能够契合业务单位的要求为止。

(2)实施合规管控审批

合规流程审核与管控一般是由专职合规团队执行,但是对于知识技能更高的合规联络员,建议让其参与基础或低优先级的合规流程审核与管控。一方面,合规联络员直接参与合规流程审核与管控,能够让其更为深入参与业务单位的业务流程;另一方面,合规联络员对于业务实质的熟悉,能够帮助其更好地审核与管控这一类的基础或低优先级的合规流程。然而,这也要对基础或低优先级的合规流程做好充分的定义,同时需要有一定机制对合规联络员的审核结果进行监督。考虑到合规联络员本身来自业务单位,在某些极端场景下,不排除合规联络员会受到业务单位的压力给出不合适的审核结论。因此,通过确保合规联络员能够审核的基础低风险或低优先级的合规流程范围可控,以及引入适当的监督机制,能够尽量避免出现上述极端情况,即使出现上述极端情况,企业整体上也不会出现系统性的合规风险。

(3)探索最佳合规实践

一名优秀的合规联络员,能够带领业务单位从实践中探索出很多优秀的合规实践。这些优秀的合规实践,不仅能体现合规联络员的工作能力,而且能展现业务单位在合规方面的投入和重视程度。将优秀的合规实践提交至专职合规团队,并在企业内进行共享,不仅能帮助专职合规团队基于业务单位的优秀实践适当调整合规政策,使合规政策更符合业务单位需求,而且能促进优秀的合规实践被其他业务单位学习,进而促进企业整体的合规体系建设。

（三）咨询解答

1. 基本职责

(1)提供基础合规咨询解答

合规联络员应对所在业务单位提出的合规相关的业务咨询予以及时记录，对于能够解答的通识类、流程程序类、路径指引类问题可直接答复咨询人员，相关答复也需要进行适当的记录和保存。如果业务单位有对应的专职合规团队，应该确保专职合规团队也能够知晓这些咨询问题以及合规联络员的解答。

(2)及时进行升级与上报

对于其他合规问题，合规联络员应该按照业务升级机制及时上报给所对应的专职合规团队，由专职合规团队进行解答。合规联络员除了记录咨询问题及解答外，还应该跟踪在解答过程中需要业务单位进一步补充提交的信息及其准确性，以确保专职合规团队是在完整准确信息的基础上完成解答或评估。

2. 进阶职责——关注咨询问题并定期反馈

合规联络员可以定期收集整理业务单位提出的合规相关的业务咨询，并对其进行归类，基于咨询的问题进一步分析业务单位存在的潜在改进项。例如，如果业务单位长期咨询的是通识类、程序类、指引路径类问题，则合规联络员需要复盘是否在合规宣贯、培训类工作上需要进一步加强。如果业务单位在一特定时期大量咨询某一特定业务领域的高风险合规问题，合规联络员则需要关注在这一特定领域内是否有需要专职合规团队特别关注的合规事项。

（四）问题上报与风险升级

1. 基本职责

(1)关注与识别合规风险

合规联络员应该对于所在单位业务活动中识别到的风险警示信号、潜在违规事项，按照升级机制及时上报给所对应的专职合规团队，重大紧急的可直接升级至企业总部合规部门。合规联络员虽然来自业务单位，但是也不一定能够时刻掌握业务单位的各种风险警示信号或潜在违规事项等，因此合规联络员同样需要让业务单位的全员熟悉上报机制和渠道。不排除员工会将警示信号、潜在违规事项直接告知合规联络员，此时合规联络员应该及时按照上报流程上报，同时保护好员工的身份信息。

(2)跟踪合规风险

对于合规联络员自行发现的风险警示信号、潜在违规事项，除了按照业务升级机制及时上报给所对应的专职合规团队或直接升级企业总部合规部门，在等待专职合规团队或企业总部合规部门响应的同时，合规联络员也需要密切关注风险警示信号或潜在违规事项的发展情况，确保在得到专职合规团队或企业总部合规部门的处理前风险不会进一步扩大。

2. 进阶职责

(1)主动发现合规风险

在获得专职合规团队进一步指导的基础上，合规联络员可以组织对业务单位进行定期检查，通过检查的方式及时发现流程管控漏洞。对于检查的方法应该与专职合规团队进行明确，在明确后可由合规联络员自行执行，也可以根据情况由合规联络员组织业务单位各领域人员执行。合规联络员应确保整个检查在遵照与专职合规团队确立的方法的基础上完成，并确保过程的记录得到完整准确的保存。在条件允许的情况下，合规联络员可以邀请专职合规团队一同参加。对于检查的进展与结果，应该及时通报给业务单位以及对应的专职合规团队。

(2)优化与改进管控漏洞

如果涉及流程管控漏洞，合规联络员应该组织专职合规团队进行沟通讨论，形成具体的改进方案后与业务单位关联方就可执行性进行进一步确认。合规联络员应确保业务单位按照各方达成一致的方案完成整改与优化，并及时将完成情况上报专职合规团队进行验收关闭。

三、合规联络员与其他合规角色的配合与分工

企业的合规工作是由各个团队各司其职共同参与的，合规联络员的定位本

身就让其工作职责与关联团队产生交叉与重叠。因此,在将合规联络员的工作职责明确后,需要将合规联络员和其他合规角色的配合与分工做进一步明确。

(一)合规联络员与企业总部合规部门

企业总部合规部门一般负责企业集团的合规政策制定,合规联络员的主要职责一般是负责推动企业总部合规部门制定的合规政策在业务单位的落地与执行。其中,包括企业总部合规部门制定的合规政策的培训与宣贯,对于合规联络员来说,其主要负责转发企业总部合规部门制定的合规政策以及相关的解读。一些合规政策宣贯是需要在业务单位持续不断推进的,如违规线索举报的路径,合规联络员则需要通过各种方式确保这些合规政策能够持续地在业务单位得到有效宣贯。另外,部分企业总部合规部门制定的合规政策需要嵌入业务单位的业务流程,并对业务单位业务流程的执行产生影响。基于合规政策的具体内容,在一些情况下,由于会牵涉业务单位的业务流程变动,业务单位可能需要基于企业总部合规部门制定的合规政策对具体的落地实施方案进行调整,这包括对合规政策本身的实施措施进行调整,也包括调整业务流程去满足合规政策的要求。此时,合规联络员需要结合合规政策的要求以及业务单位的需要提出改进方案。这些为了满足业务单位业务需要而对企业集团的合规政策进行的一定调整,基于企业的合规政策方向,一般来说是可以被允许的,但是必须在企业集团的合规政策范围内进行,且调整方向需要就合规政策实施进一步地细化,当然任何的调整都应该得到企业总部合规部门的确认。另外,合规联络员需要对业务流程进行调整以满足合规政策的需要,这个时候合规联络员需要与业务流程管理单位进行沟通与调整,虽然一般不需要企业总部合规部门的同意,但是在某些情况下,合规联络员可以邀请企业总部合规部门参与与业务流程管理单位的沟通,这样会取得更好的效果。

(二)合规联络员与专职合规团队及业务单位的关系

业务单位对应的专职合规部门应该是企业中与合规联络员对接最多的关联部门。合规联络员是企业总部合规部门与业务单位间合规政策传输的中枢,合规联络员与专职合规团队在很多时候可能都有业务的交叉和重叠,但应该清晰认识到,两者的定位是有很明确的区别的。合规联络员更多应该负责政策在业务单位的落地执行,直接面对的是业务单位上程序性的工作。而专职合规团队更多的是负责合规流程性管控等更为专业的工作,虽然也对接业务单位,但其负责的是业务单位实质的合规风险管控。合规联络员也应该在日常工作中与专职合规团队保持密切的联系,企业总部合规部门或者专职合规团队可能定期将合规任务下发给合规联络员,合规联络员在执行过程中如果有任何疑问,应该及时联系专职合规团队获得解答。而在与企业总部合规部门联系时,一般也建议合规联络员通过专职合规团队进行。当然,合规联络员在业务单位开展合规工作,也可以适当邀请专职合规团队参加,虽然这部分工作是合规联络员主动进行,但是如果有专职合规团队参加,相关工作的开展可以获取更为明确的指引,且在执行过程中,合规联络员也可以实时获得反馈,同时反向帮助专职合规团队参与业务单位的合规体系建设工作。在很多时候,专职合规团队是需要直接面对业务单位开展相关工作的,如尽职调查,合规联络员在专职合规团队与业务单位的沟通过程中,可以起到很好的促进作用:一方面帮助业务单位了解专职合规团队的要求,以使业务单位能够更加高效准确地反馈信息;另一方面帮助专职合规团队更加了解业务单位的情况,以使专职合规团队能够更好地抓住问题的实质并提出精准的问题与需求。

企业的合规政策不仅需要通过合规联络员在业务单位进行有效的培训与宣传,还需要合规联络员与专职合规部门共同协作,推进政策在业务单位的落地实施。在这个过程中,合规联络员作为业务单位对合规部门的重要接口,是合规政策能否在业务单位有效实施的关键因素之一。由于合规联络员本身也来自业务单位,其日常的合规工作天然使其更加偏向业务单位,因此必须正确看待合规联络员与业务单位的关系。在合规工作中,一方面,要给合规联络员足够的信任,让其在业务单位的工作开展有足够的自由度;另一方面,要确保合规联络员工作的边界线,这需要企业总部合规部门在制定合规政策时就予以关注,也需要专职合规部门在与合规联络员日常协作开展工作中进行必要的监督。当然,合规联络员在业务单位推动合规工作也需要依托于业务单位管理层的支持与全员的配合。

四、合规联络员的设立

对于合规联络员岗位的设立、变更或取消，除了需要关注形式上的要求，对于这个过程中的一些风险点也需要关注，尤其是合规联络员的特殊性，其工作界面可能不仅影响业务单位，还会对企业合规部门产生影响。

（一）合规联络员的选任

基于企业的合规政策、企业对合规的要求等方面，如果经评估确实存在设立专职或兼职合规联络员的必要性，业务单位可依照一定规则进行选择和任命：(1)合规联络员应实际在该业务单位场所内办公，对于合规联络员无法保证常驻在该业务单位工作的情况，建议设置额外的助理人员协助合规联络员在该业务单位开展工作。(2)一般来说，合规联络员应该从平台管理类部门或其他熟悉业务单位基础运作机制或人事情况的部门或人员中选取。如有例外情况，无法在上述范围内选取合规联络员，建议对应的专职合规团队与业务代表处负责人进行充分沟通后，经双方确认后再选择其他类型人员。(3)合规联络员应熟悉所在单位的业务流程，具备较强的协调及推动能力。称职的合规联络员将对业务单位的合规体系建设产生最为直接的影响，因此，合规联络员的选任应该由专职合规团队与业务代表处负责人一致推选产生。

（二）合规联络员的变更

业务单位如需调整合规联络员人选，需将变更前后的人员信息和变更理由及时与对应的专职合规团队沟通，经确认后再生效变更。当然，变更信息需要正式通知企业合规部门、专职合规团队、业务单位全员等，以确保所有关联单位和人员及时准确地获悉变更信息。必要时，可通过线下、线上等方式多次进行通告。相关记录也需要适当保存。

确认合规联络员变更后，新旧合规联络员需要按照一定流程启动工作交接，确保所有的合规工作在新旧合规联络员之间得到完整准确的传递和交接。新任合规联络员可就工作交接情况，对自己的工作范围和工作职责填写一张《合规联络员工作职责表》（见表4），以便其更好地了解所在业务单位的合规管控点、合规业务类型、合规指引文件等。

表4　合规联络员工作职责

姓名		职位		业务单位	
基本情况	如业务单位地址、人数、组织架构等				
业务范围	如该业务单位的主要经营范围、产品、客户种类等				
合规管控点	如从不同维度列举重要的管控点等				
合规任务类型	如业务单位一般处理的合规任务类型，包括交接期仍在进行中的合规任务清单等				
合规联络员工作任务描述					
工作类型					
合规体系建设					
合规政策与任务					
咨询解答					
问题上报					
其他					

（三）合规联络员的取消

当企业或业务单位认为在一定条件下，合规联络员不再需要在该业务单位设立，也应遵循一定的流程取消合规联络员岗位：（1）企业需对岗位取消设立一定的条件，只有在满足特定条件的时候才能启动合规联络员取消的流程。一般情况下岗位取消的条件可以包括：业务单位规模缩减至一定程度；业务单位可能被剥离出企业组织体并不再受企业管控等。（2）对岗位取消需遵循严格的审批流程。例如，业务单位负责人、对应的专职合规团队、企业总部合规部门都应对岗位取消出具意见，相关审批流程也应知会关联单位，充分听取关联单位的意见。(3)合规联络员需要将该业务单位的所有历史合规文档进行整理并存档,移交对应的专职合规团队或企业总部合规部门,包括取消的审批流程记录。

五、其他关于合规联络员的注意事项

合规联络员作为企业总部合规部门和企业各业务单位之间的纽带,起着重要的承上启下的作用。这就意味着合规联络员不仅需要面对来自企业总部合规部门的要求,也需要面对业务单位推进工作的压力。合规联络员本身的能力也将影响企业合规政策执行的效果和效力。因此,针对合规联络员,不仅需要关注其能力提升,还需要对岗位设立一定激励和考核,确保合规联络员能够发挥其应有的作用。

(一)合规联络员的能力建设

从合规联络员本身的选任来看,一般情况下合规联络员来自业务单位,这就意味着合规联络员的专业背景不一定与合规有关。那么对于合规联络员来说,必然需要一定的专项培训,确保其能力能够与工作职责相符合。如果业务单位将合规联络员定位于基本职责,那么需要提供基础合规职责培训;如果业务单位将合规联络员工作职责扩展到全部或部分进阶职责,则培训需要扩展到该工作职责对应的专项培训。

1. 合规联络员的能力认证

基础合规职责培训所覆盖的应该是培养合规联络员的基础技能,培训的内容也应作为合规联络员知识储备的必选项,应该在合规联络员到岗前就作为其基础的技能培训知识进行岗前培训,基础合规职责培训所定位的是合规联络员首先需要掌握最基本的合规基础知识。同时,企业应该基于基础合规职责培训课程,对合规联络员进行到岗考察及认证,确保合规联络员符合到岗条件。无论是新任还是变更,应确保上任的合规联络员及时通过到岗考核及认证。

基础合规职责培训通常包括如下内容：

(1)企业合规基础知识类培训。企业合规基础知识一般是面向员工的培训，这些培训是企业最基本的合规知识类的学习资料。合规联络员一般也来自业务单位，对于合规联络员来说，相对于普通员工，他们应该更为全面深刻地掌握与精通这些面向全员的合规知识。

(2)企业合规规则体系类培训。企业合规规则体系培训是对企业合规架构的整体介绍，合规联络员作为总部合规部门与业务单位的重要桥梁，必须非常熟悉企业的合规架构以及对应的企业合规的规则体系，以便为业务单位提供清晰明确的指引。

(3)岗位职责类培训。合规联络员的职责会依据企业的合规政策、与总部合规部门的职能分工、业务单位的实际情况有所不同。清晰的岗位职责介绍，能够让合规联络员更加熟悉自己的工作内容并且提升工作效率。

(4)合规 IT 流程类培训。企业合规的实施一般都会有 IT 流程的支持，特别是成熟的企业合规体系，会有一套全面的 IT 系统管控。参与合规 IT 流程类的培训，能够让合规联络员在这一过程中了解合规管控点在 IT 流程类嵌入与实际应用。

2. 合规联络员的能力提升

由于基础合规职责的知识既基础又非常重要，即使合规联络员通过了到岗考核及认证后，企业也应该定期组织基础合规职责培训，合规联络员应该定期参与相关的培训并持续巩固知识，企业也应该定期对合规联络员的知识掌握情况进行复查。

此外，随着合规联络员的工作职责进一步增加，企业也应该就其工作职责设置专门的培训计划。一般建议在企业总部合规部门的统一培训计划基础上，由专职合规团队依据业务单位的需要进行专项的培训安排。对于培训效果验证，除企业总部合规部门组织统一的培训和效果验证外，专职合规团队安排的专项合规培训可以根据实际情况通过各种形式进行考察。

当然，合规联络员除与专职合规团队保持密切的沟通，在业务上协助专职合规团队的工作开展外，也可以在这个过程中向专职合规团队学习，或者组织各业务单位合规联络员之间的经验交流。如果有条件,专职合规团队也可以考虑根据情况将合规联络员纳入专职合规团队组织的工作中,进一步拓展合规联络员的学习发展平台。

(二)合规联络员的考核管理

对于企业来说,需要有一定的机制确保合规联络员的资质符合要求。除了依据情况分等级设立标准对合规联络员进行相应的认证,还可以依据合规联络员的工作职责、企业对业务单位的合规要求设置相应的考核指标并滚动对合规联络员的工作情况进行评估。

1.合规联络员的考核和评价

如果企业对业务单位有设置单独的合规考察要求,合规联络员的考核可以与业务单位合规考察进行关联。当然,企业也可以单独针对合规联络员设置考核指标。从合规体系的维度考察合规联络员或业务单位的合规体系建设情况,具体可以参考以下方面:

(1)合规组织与管理。合规组织与管理的成熟度评价既是业务单位合规建设成果的重要体现,也是合规联络员在业务单位推进合规的重要工作内容,以下内容可以作为合规组织与管理的主要评价纬度:①合规任务落地执行,从合规任务完成的时效性与质量来评估合规任务的落地情况;②合规例会组织,评估业务单位的定期或不定期组织合规例会的情况,包括对会议通知、签到表、会议纪要等记录保存的要求。

(2)管理层承诺。管理层对合规工作的支持是业务单位推进合规体系建设的核心前提,虽然管理层承诺的工作并非直接由合规联络员执行,但是合规联络员需要负责组织、推进与记录管理层承诺的相关工作。基于企业对业务单位建设合规体系的具体要求,可以从以下几个方面评估管理层承诺在业务单位的推进与合规联络员在这些方面工作的落实:①管理层的合规相关工作指示与下达。合规联络员应该及时记录管理层就合规相关工作的指示与要求,根据要求及时下达给业务单位全员,并对此进行记录保存。②管理层的合规访谈。管理层对员工进行合规访谈能够促进员工层面的合规意识提升,也能反向让管理层主动深入一线了解合规的落地情况，而合规联络员除了需要制订访谈计划，还要推进访谈的执行与访谈的记录保存。针对访谈所需要列明的访谈问题清单，合规联络员可以结合具体情况自行准备或向专职合规团队获取。③管理层的合规学习与研讨。合规联络员也可以根据企业的合规政策落地情况，在业务单位组织合规学习与研讨工作，并邀请管理层一同参加与讨论，创造良好的合规学习环境与氛围。

(3)合规培训。合规培训作为合规联络员需要推进的重要工作，也是企业向全体员工宣贯合规知识，培养合规意识的重要途径。如何确保合规培训能够有效实施与落地，除了企业需要建立起一套良好的合规培训机制外，合规联络员在业务单位执行培训落地与效果验证的工作也非常重要。①合规培训完成。合规联络员应确保企业组织的合规培训能够在业务单位得到完整的实施，确保相关人员都按时参加，特别对于那些因特殊情况未及时参加培训的员工实施补培训的相关工作。②其他合规培训安排。除了企业统一组织的合规培训外，合规联络员也可以依据业务单位的需要，自行安排额外的专项合规培训。这些合规培训可以邀请专职合规团队作为讲师，对于能力较强获得相应资质的合规联络员，也可以自行作为讲师实施培训。③合规考试。如果企业对培训效果进行考查，并安排诸如考试之类的考查活动，合规联络员应确保员工按时参加考试。当然，合规联络员也可以在专职合规团队的协助下，单独安排针对业务单位员工的考察，形式也可由合规联络员依据具体的情况来决定。

(4)记录保存。记录保存作为贯穿合规体系建设的重要依据，是一项体现合规联络员工作能力的重要指标。记录保存可以从记录的位置准确性、记录保存完整性、记录保存时效性、记录保存连续性等方面进行考察。

除了定期的考核外，企业也可以组织对合规联络员整体工作技能与态度的阶段性评价。评价可以以定期的考核为基础指标，附加上在这阶段中的正面与负面的事项，如合规联络员在这阶段是否有贡献最佳实践。同时，结合专职合规团队与业务单位对合规联络员的主观评价。最后，基于阶段性评价判断合规联络员的表现与适格性。

2. 合规联络员的激励

为推动合规联络员在合规工作中发挥积极作用,业务单位也可以依据各自情况制订合规联络员的激励办法,以评估合规联络员的工作效果,鼓励业务单位根据合规联络员工作效果给予合规联络员相应激励。

一般来说,企业设置的合规联络员通常以兼职的形式存在,因此合规联络员的岗位会给其带来额外的工作量。在这种情况下,为确保合规联络员能够认真地履职,建议在考虑设置激励机制时,尽量全面覆盖所有合规联络员。在此基础上,也可以考虑就具体的专项合规工作情况设置一些特别激励项,比如,对在合规审计工作中表现优异的业务单位及其合规联络员发放特别激励。反之,对于其所在业务单位出现严重违规事项,或者合规联络员出现严重的履职懈怠等问题,需要有一票否决来对激励进行相应的扣减。

第三章

企业合规官的日常管理职能

企业合规官的日常管理主要围绕企业内部合规管理体系建设和有效执行，那么以下四个方面内容将成为企业合规官的重点工作事项：(1)合规资源投入的持续评估，以实现合规资源配置的有效和全面；(2)在合规资源投入基础上需要不断构建合规制度，固化合规要求；(3)以风险为导向对可能存在的风险进行应对和防范，为合规管理体系的有效执行做好保障；(4)在企业内部形成和持续营造良好的合规文化，促进企业内部合规意识的统一，进而实现合规管控的执行落地。

第一节　管理和优化企业合规资源

企业作为组织者创建成立、以营利为目标导向、有经济边界的系统组织,类似于自然生物体的成长,需要通过不断利用现有资源和发现新的资源,实现资产收益的持续增长。由于资源的价值性、有限性,企业需要持续投入相关资源以及使用资源产生的服务,有效利用和合理配置资源,以实现企业的持久竞争优势为目标。企业资源的常见类型包括人力资源、工具类资源、劳动对象。而从管理角度,服务性资源提供也是至关重要的,主要涉及企业成长战略定位以及发展机会识别、企业作为组织存在的管理服务与战略执行。[①] 企业组织行为以企业营利、持续增值为导向,而营利的内核——竞争优势的变化则会导致企业组织行为的调整与变更,进而影响企业资源的配置。其中,竞争优势包括目标市场的规模优势、现有优势(如品牌声誉建立的对市场的控制能力)[②],此外在有些情况下,对竞争者的限制可阻止竞争者模仿,包括公共政策(如政府干预、反托拉斯法)、有意防御(如创新导致不可替代性)和使竞争者反应滞后(来

[①] 服务性资源主要分为企业家服务以及组织资本资源,前者关注企业领导力、企业成长的战略定位与发展机会,后者则侧重企业作为组织存在的管理服务与战略执行。其中,组织资本资源衍生于人力资源,是由个体通过组织内部的合力活动、通过积累企业内部管理经验而形成的一种资源,主要表现形式包括组织机构、组织与业务流程、企业协作精神、企业文化等。组织资本资源的习得需要企业不断积累,主要在组织成员以及组织内部的信息交流、学习等过程中形成,而这一过程需要时间、渠道、反馈与鉴别,甚至学习等相应的成本付出。参见《企业组织资本》,载 MBA 智库百科网,https://wiki.mbalib.com/w/index.php?title=%E4%BC%81%E4%B8%9A%E6%B3%95%E5%8A%A1%E7%AE%A1%E7%90%86&variant=zh-tw&printable=yes,最后访问日期:2022 年 8 月 3 日。

[②] 参见张扬:《差异化战略浅析》,载《价值工程》2003 年第 4 期。

不及反应或作出反应需要很长时间)[①]。

当企业合规官的视线从企业资源回归到企业合规资源的管理和优化上时,除了合规资源的类型以及合规资源带来的竞争优势以外,企业合规官还应厘清、明确合规资源投入后的具象化转化成果,并最终再从资源层面讨论其投入的有效性,完成企业合规资源配置消耗的闭环。

一、企业合规资源及其必要性与价值

"合规"本意为规则之遵守(外部之规与内部之规),企业基于立法引导与司法推动自主构建的一套以防控违规风险、避免不利后果为直接目的的守法机制,其中蕴含逻辑为建立企业内部的"法规忠诚"机制,客观上具有从企业内部消除违规诱因、限制违规机会的功效。企业如能自觉通过自我监管实现经营活动的合规性,就意味着国家"法之普遍遵守"的期待得到了企业的自我认同,"法规忠诚"贯穿企业经营理念、发展战略与业务环节,切实解决企业重短期盈利、轻法规遵守的结构性矛盾,并促使企业形成"生产经营与风险防控"两手抓的良性治理结构,兼具"预防企业违规与促进企业发展"的双重功效。

企业合规的具体体现在于企业合规管理,即由企业董事会和高级管理层自己或者通过其授权的合规委员会领导合规组织,通过合规管理运行、合规管理保障等,促使企业遵守和执行合规规范,预防和管控合规风险,从而保障企业安全、稳健、持续经营。而如同人体血液逐步构建肌理脉络一般,在这一系列企业合规管理过程中,企业资源自企业高管始,微观渗透、投入至企业运行的方面,帮助企业构建起内部违规防控的体系与屏障。至此,企业合规资源投入的本质在于以企业合规管理、合规防控体系搭建为目标时企业资源的投入。

(一)企业合规资源

从生产力角度来讲,企业合规资源可以从两方面评价,主要在于人力资源

① 参见夏清华:《从资源到能力:竞争优势战略的一个理论综述》,载《管理世界》2002年第4期。

以及物理资本资源。以中兴通讯为例，对于从业人员数量，中兴通讯法律合规专职人员超过400人，占员工总数的比例大概是6‰，基于公司对于合规建设长期投入的承诺，以及业务蓬勃发展的客观支撑需求，所以在人员数量上会持续保持这个较高的比例；对于法律合规资金投入，中兴通讯保持将一定比例的净利润投入到包括合规人员人力资金、数字化工具采购和开发、外部律所与咨询公司的费用中，其中，数字化工具主要采用了中兴通讯自研的企业合规服务系统（Enterprise Compliance Service System，ECSS）以及国际贸易服务（Global Trade Service，GTS）系统，用于业务交易审查、物料分类管理等。[①]

除此之外，从企业管理角度分析，企业合规资源的投入还包括企业家服务以及组织资本资源的投入。前者是管理层对于企业合规管理的关注投入，而合规管理在企业成长中的战略定位以及合规在企业中的落实执行等都是管理层关注合规、投入合规资源的体现。企业注重合规经营、厚植企业存续的价值与合法性、增强在市场竞争中抵御重大法律风险的能力并最终获得可持续发展，根本需求在于企业内部能够对"法规忠诚"自我认同，有效实施合规管理的关键在于管理层传递对合规建设的坚定决心以及领导力的落实执行。中兴通讯将合规视作三大战略基石之一，公司对于合规建设确立了长远的目标，那就是要建立与公司业务实践相一致的全球一流的企业法律合规平台。

综上所述，从企业生产力角度来讲，企业合规资源的投入一部分来源于人力资源的投入，以实现企业的合规建设以及满足业务发展需求，而组织资本资源衍生于人力资源，属于企业内部管理经验的一种积累。组织资本资源存在两面性，如合规管理体系搭建。一方面，组织资本资源体现为企业的竞争优势抑或企业合规管理经验的习得、内部信息沟通的快速传递、内部互动固定渠道或者流程通畅，该竞争优势的习得等越丰富，越能够帮助企业设计、打磨、适配与实际业务需求一致的、有效的合规管理体系，消除、抑制内生性违规诱因，快速、高效、高质量地识别、应对外部法律法规环境的变动情况。另一方面，组织资本

① 参见《他们在用合规创造价值！中兴通讯首席法务官申楠专访》，载微信公众号"中国合规网"2022年3月24日，https://mp.weixin.qq.com/s/HGc3j6qtUMGo_RSqECQ4hQ。

资源的形成需要企业投入人力资源、人力学习成本(如合规咨询、培训教育等)以及适当企业引导牵引,总结来说,组织资本资源需要企业从人力资源、物理资本资源以及管理层关注等方面的投入,只有在企业家服务的引导下,上述类似于原材料的资源才会衍生转换为有价值的组织资本资源,帮助企业构建强劲、完备的企业合规体系,保证企业合规风险管理体系匹配实际业务。

(二)企业合规资源投入的必要性和价值

企业合规资源投入即企业合规管理的过程,也就是企业建立和完善合规体系,消除或限制自身违规诱因与条件的过程。这一过程的逻辑结果,不仅能减少企业违规,而且能实现改善企业治理水平、促进企业健康发展之功效。从企业立场看,注重合规管理,主动防控违规风险,不仅是为了公共利益,而且能够更好实现企业利益最大化——在企业发展的长期规划上,确保企业可持续的经济优势。具体而言,合规资源的投入一方面可以作为企业经营的基石保障,另一方面可以作为企业经营的附加价值,增加企业在行业中的竞争优势。

首先,合规可以在一定程度上规避或者降低颠覆性的重大风险。作为营利组织的企业,在激烈的市场竞争中既是在经营产品和服务,也是在经营风险。在所有的业务风险中,违规风险对于企业来讲非常致命,风险一旦转化为现实危害,一般情况下,可能使企业遭受重创、一蹶不振甚至倒闭。[①] 例如,2001 年安然公司(Enron Corporation)由于财务造假在几周内破产,而在几周前它还是世界上最大的能源、商品和服务公司之一。因此,合规作为维系企业生存和发展的手段,单纯考虑其对业务活动的保险作用,也值得作为企业发展战略基石,像对待经营一样认真对待。根据历史经验,忽视合规风险防控的企业,或者对该风险持有侥幸心理的经营者,可能面临被逐出市场的结局。

其次,合规可以为企业创造巨大价值。一般所讨论的合规创造价值,主要是从避免财产损失、保全财富积累以及提升守法形象、获得更多商机的角度进行讨论。例如,业务经营活动建立在违法活动基础上,后续可能被相关政府机

---

① 参见张远煌等编著:《企业合规全球考察》,北京大学出版社 2021 年版,第 29 页。

构施加赔偿、罚款、诉讼费用乃至没收财产等处罚。通过实施合规计划,可以提高企业法规遵从的秩序有效管理、认知水平。同时,实施合规计划,可以提升企业的合规品牌形象,赢得政府和社会的信任,为企业带来更多的商机和发展机遇。因此,合规不仅能使企业避免合规风险的侵袭,而且能创造价值,甚至创造比现实的经营活动更值得期待的经济价值。①

最后,合规可以改善企业治理结构,提升企业可持续发展力。企业要做到合规,就必须主动对标外部法律合规要求,自我审视在合规的制度建设、机制建设与文化建设方面的差距和不足,并进行有针对性的自我调适与完善,以此构建起能够抵御合规风险侵袭的防控体系,保障企业的安全运行。同时,从企业合规的实施流程看,企业避免违规风险的前提和基础是存在风险的识别机制。正是在这种意义上,企业合规的过程,也就是企业健康水平与发展坚实性的检测过程。这也意味着,企业合规体系的构建,必然伴随对企业合规治理缺陷的发现与弥补,必然伴随对企业内部管理机制与法律法规之间的适应性、内控制度的合理性与有效性的评估和改进,由此整体提升企业依法合规治理的水平,增强企业可持续发展的软实力。②

二、企业合规资源投入的成果体现

如前所述,企业合规资源的投入、配置与消耗,将会转换为具象化的合规成果,这本身与价值交换类似。其中,展现的合规成果形态取决于企业合规资源的投入以及转化率情况,基本上成正比。例如,较少的合规资源投入,主要是合规管控流程的设置:对标外部法律合规要求,根据自身的主营领域设置相应的合规管控要求,保证经营活动的不违规,基本属于管控环节在经营活动的前置

① 企业合规所带来的积极效果已为相关实证研究所证明。一项针对德国上市公司遵守《德国公司治理准则》的研究表明,那些遵守《德国公司治理准则》的公司享受着资本市场 9% 的定价溢价,以及股票表现提升 10% 的好处。See Stefano Manacorda, Francesco Centonze & Gabrio Forti eds., *Preventing Corporate Corruption: The Anti-Bribery Compliance Model*, Springer, 2014, p. 273.

② 参见张远煌等编著:《企业合规全球考察》,北京大学出版社 2021 年版,第 29 页。

条件。展现合规成果的完全形态则是健康、稳健的合规管控体系搭建,这也意味着从动态维度做到抵御合规风险侵袭;从合规的制度完善、机制全面、符合企业文化内核等方面,通过转化的内部政策规范,实现自驱对外部合规要求的遵从。这也要求不断地进行合规治理、有效性评估改进等。以下介绍一些值得企业合规官参考的企业合规管理体系。

(一)《合规管理体系　要求及使用指南》

2021年4月13日,国际标准化组织(International Organization for Standardization, ISO)发布实施企业合规领域国际层面标准——《合规管理体系　要求及使用指南》(ISO 37301:2021)。《合规管理体系　要求及使用指南》遵循连续提升模型(PDCA循环逻辑),以建立、制定、实施、维护、评估和改进作为合规管理体系的六大行动;以持续改进原则为基础,在领导力和合规文化的内核驱动下,结合企业的合规目标、原则及内外部环境,建立合规管理体系,制订符合企业文化和目标的相关流程并在企业内有效地运行实施,并通过定期、不定期的维护和评估,纠正和改进合规管理体系的漏洞。①

1. 企业环境

企业环境,构成了企业赖以生存的基础。这些环境既涉及法律法规、监管要求、行业准则、良好实践、道德标准,又涉及企业自行制订或公开声明遵守的各类规则。因此,建立合规管理体系首先要对企业所处的环境予以识别和分析。《合规管理体系　要求及使用指南》从以下方面规定了识别和分析企业环境的要求:

(1)确定影响企业合规管理体系预期结果能力的内部和外部因素;

(2)确定并理解相关方及其需求;

(3)识别与企业的产品、服务或活动有关的合规义务、评估合规风险;

(4)确定反映企业价值、战略的合规管理体系及其边界和适用范围。

---

① 参见朴美善、温利峰、郭靖婷:《ISO 37301与ISO 19600差异分析》,载《质量与认证》2021年第3期。

2. 领导作用

领导是合规管理的根本,对于整个企业树立合规意识、建立高效的合规管理体系具有至关重要的作用。《合规管理体系　要求及使用指南》对企业的治理机构、最高管理者等如何发挥领导作用作出了规定:

(1)治理机构和最高管理者要展现对合规管理体系的领导作用和积极承诺;

(2)遵守合规治理原则;

(3)培育并在组织各个层面宣传合规文化;

(4)制定合规方针;

(5)确定治理机构和最高管理者、合规团队、管理层及员工相应的职责和权限。

3. 策划

策划是预测潜在的情形和后果,对于确保合规管理体系能实现预期效果,防范并减少不希望的影响,实现持续改进具有重要作用。《合规管理体系　要求及使用指南》从以下方面规定了策划合规管理体系的要求:

(1)在各部门和层级上建立适宜的合规目标,策划实现合规目标需建立的过程;

(2)综合考虑企业内外部环境问题、合规义务和合规目标,策划应对风险和机会的措施,并将这些措施纳入合规管理体系;

(3)有计划地对合规管理体系进行修改。

4. 支持

支持是合规管理的重要保障,对于合规管理体系在各个层面得到认可并保障合规行为实施具有重要的支持作用。《合规管理体系　要求及使用指南》从以下方面规定了支持措施:

(1)确定并提供所需的资源,如财务资源、工作环境与基础设施等;

(2)招聘能胜任且能遵守合规要求的员工,对违反合规要求的员工采取纪律处分等管理措施;

(3)提供培训,提升员工合规意识;

(4)开展内部和外部沟通与宣传；

(5)创建、控制和维护文件化信息。

5. 运行

运行是立足于执行层面，策划、实施和控制满足合规义务和战略层面规划的措施相关的流程，以确保组织运行合规管理体系。《合规管理体系 要求及使用指南》从以下方面对运行作出了规定：

(1)实施为满足合规义务、实现合规目标所需的过程以及所需采取的措施；

(2)建立并实施过程的准则、控制措施，定期检查和测试这些控制措施，并保留记录；

(3)建立举报程序，鼓励员工善意报告疑似或已发生的不合规情况；

(4)建立调查程序，对可疑和已发生的违反合规义务的情况进行评估、调查和了结。

6. 绩效评价

绩效评价是对合规管理体系建立并运行后的绩效和有效性进行评价，对于查找可能存在的问题、后续改进合规管理体系等具有重要意义。《合规管理体系 要求及使用指南》对如何开展合规管理体系绩效评价作出了规定：

(1)监视、测量、分析和评价合规管理体系的绩效和有效性；

(2)有计划地开展内部审核；

(3)定期开展管理评审。

7. 改进

改进是对合规管理体系运行中发生的不合格、不合规情况做出反应，评价是否需要采取措施，消除不合格、不合规的根本原因，以避免再次发生或在其他地方发生，并持续改进，以确保合规管理体系的动态持续有效。《合规管理体系 要求及使用指南》从以下方面对改进作出了规定：

(1)持续改进合规管理体系的适用性、充分性和有效性；

(2)对发生的不合格、不合规采取控制或纠正措施。

（二）中国《两用物项出口管制内部合规指南》

2021 年 4 月 28 日，商务部依据《出口管制法》第 5 条规定的授权，新发布《出口管制内部合规机制指导意见》以及《两用物项出口管制内部合规指南》（以下简称“商务部两用物项内部合规指南”）。“商务部两用物项内部合规指南”指出，建立出口管制内部合规机制应遵循合法性原则、独立性原则、实效性原则。其中，合法性原则即遵从外部法律，充分做到合法合规经营；独立性原则主要是保障内部合规机制对于企业的自我监督上的绝对话语权；实效性原则是指出口管制内部合规机制建立的有效性，一个健康、稳健、持续的运行系统需要高层重视、全员参与、全程控制、定期评估、不断完善。

“商务部两用物项内部合规指南”指出，良好的出口管制内部合规制度包括 9 个要素：拟定政策声明、建立组织机构、全面风险评估、确立审查程序、制定应急措施、开展教育培训、完善合规审计、保留资料档案、编制管理手册。

1. 拟定政策声明

（1）高层主导：企业主要负责人是出口管制合规第一责任人，企业的中高层管理人员应带头践行合规政策；

（2）全面覆盖：出口合规政策声明应当面向全体员工发放，也可向合作伙伴分发声明，宣传本企业的出口管制合规立场；

（3）适时更新：声明应适时进行更新，以确保声明能够符合现时有效的法律法规要求、满足最新形势的要求、契合企业自身的合规需求。

2. 建立组织机构

“商务部两用物项内部合规指南”也规定了不同合规资源投入的内部合规机制的搭建完善程度。有条件的企业可以搭建比较全面、复杂的管理体系，将出口管制合规组织机构嵌入现有合规管理体系；尚不具备条件的企业可根据出口管制业务规模、全面风险评估结果等酌情调整。

（1）强化责任：落实领导责任、建立全员合规责任制等；

（2）客观独立：组织机构的设置应体现独立性原则，合规管理不受其他部门和人员的干涉；

(3)充分授权:授予负责出口管制合规的部门和人员与其责任相匹配的权力和权限(如就相关交易向管理层提出否决建议等);

(4)合规优先:加强出口管制合规部门与其他业务部门之间的协调,当发生意见冲突时,坚持合规优先原则;

(5)考核激励:加强合规考核评价。

3. 全面风险评估

出口经营者定期对自身可能存在的出口管制风险进行全面评估,并根据风险评估的结果有针对性地建立健全适合自身特点的出口管制内部合规制度和合规管理组织架构,梳理分析可采取的风险防范措施。

(1)全面审慎:全面评估识别合规风险、梳理分析风险防范措施;

(2)定期评估:定期开展评估,与时俱进,及时调整合规制度;

(3)分级管理:科学划分风险等级,确立企业风险偏好,制定有效应对措施。

4. 确立审查程序

企业应科学设计审查程序,并根据出口管制相关法律法规、出口管制清单等,针对每一笔交易做好全流程风险审查工作。

(1)加强最终用户和最终用途管理;

(2)坚持全覆盖、全流程审查:从接触之初至发货后的全流程监管;

(3)采取多种措施便利风险筛查。

5. 制定应急措施

制定应急措施即识别违规、开展调查、采取补救、善后复盘。

(1)确保举报途径安全:

(2)落实奖惩制度;

(3)及时采取补救措施,重点在于补救措施的部署以及上下联动工作,保障及时纠错。

6. 开展教育培训

培训是全员参与合规的良好体现,使其知其然并知其所以然。

(1)全员覆盖,重视新员工培训;

(2)因岗施教;

(3)加强培训督查,成绩纳入考核;

(4)积极参加行业内主办的培训或研讨活动;

(5)形式灵活。

7. 完善合规审计

确立审查程序的本质在于执行偏离度、管控设计实操性审查。

(1)灵活选择内外审;

(2)确保审计专业性;

(3)以审促改、狠抓落实。

8. 保留资料档案

保留资料档案的本质在于完整、准确记录保存,便于后期高效履行审计、调查活动。

(1)定期归档,并不定期抽查存档情况;

(2)完整、准确保留相关文件;

(3)落实执行流程、要求、时限等,明确职责分工等。

9. 编制管理手册

管理手册的编写与完善其实是企业内部出口管制合规管控实践的理论总结与方法论升华。

(1)妥善维护、视情更新;

(2)增强实操、便于执行;

(3)所有员工易获得。

(三)出口管制合规项目群建设

企业特别是大型企业在搭建自身合规管控体系时,由于业务活动的复杂性,有针对性地建立健全适合自身特点的出口管制合规管控体系,这一挑战是艰巨的。从管理角度分析,当企业决定搭建合规管控体系以及为其经营活动加上保险阀时,已然构成了企业重大战略的调整与改革,而企业其实可以通过项目群的方式实现合规体系搭建并匹配自身营业活动。

其中,项目群一般是指以交付与组织战略目标相关的成果和受益为目的,用以协调、指导、监督一系列相互关联的项目或活动而创建的一个灵活的临时性组织。在整个项目群生命周期内,将会启动、运行和关闭项目,可以将项目群比喻为"一把伞",在这把伞下,项目之间彼此独立联动协调。而合规体系项目群则可以系统性地牵引企业各相关部门的合规项目建设工作,以集约化管理原则统筹各子项目的人员、资源和业务,通过项目运作周期内的集中建设实现企业整体合规项目的治理水平的提升。同时,合规体系项目群能够更好实现合规体系要素的矩阵式的管理,以步调一致的项目运作,集中优势力量形成集群效应,更好展现企业的合规品牌价值。

三、企业合规资源投入的有效性评估

如前所述,合规资源的配置与消耗将会具象化为合规体系搭建或者恰当的出口管控点设置,不过最终还是会回到资源层面讨论其投入的有效性,完成企业合规资源流转的闭环。而资源投入物有所值的判断,即对合规体系搭建、合规管理的评估验收,看是否符合如下标准,在帮助企业实现价值最大化目标的同时,防控经营过程中的合规风险:(1)识别企业在合规管理工作中存在的问题;(2)促进企业合规管理的不断优化和完善;(3)促进合规管理机制落地,有效防控企业合规风险;(4)明确下一步合规管理的工作方向。

合规管理有效性评估应当遵循全面性、重要性、独立性、多维度和及时性原则。其中,全面性要求评估应当尽量覆盖公司业务活动的全过程,评估指标也应当系统全面;重要性要求评估有所侧重,关注重要领域和高风险业务;独立性要求评估组织者独立于业务部门,保证意见出具的独立性;多维度更多是指评估的参考依据来源可以是多维度的,对发现的不合规行为重点分析、评估;及时性要求评估频率应在满足监管要求的前提下,根据实际情况进行调整,以便及时发现合规风险和隐患。①

1. 基本流程

合规管理有效性评估应定期开展，具体流程包括：作出评估目标—成立评估工作组—制订评估计划—开展具体评估工作—出具评估报告—提出改进方案。

2. 调查方法

常见的调查方法包括：文档审阅、现场审查、问卷调查（评估指标设计）、调研访谈、穿行测试与试运行等。

3. 评估指标体系设计

评估指标体系设计是合规管理有效性评估成功的关键因素。科学的指标体系，既能客观、深入、完整地对企业合规管理是否有效作出评估，又能能动地对企业向更优管理实践加以引导。

评估团队必须对企业合规管理体系本身有深刻的理解，也要深谙合规管理有效性评估的内在逻辑，同时需要对政策环境和业务流程有深入认知，再重点参考较为可行、权威的评估标准，设计出符合企业实际、可操作性强、能够准确评估企业合规管理有效性的指标体系。

以下 3 个问题如若解决不好，会影响合规管理有效性评估的结果可靠性：一是部分评估指标框架不够严谨、科学，如多集中于“是否建立了某项机制、是否进行了某项工作”层面，缺少更深入的评估内容，造成评估深度不够；二是评估调查不够深入，评估工作多数表现为书面审查，再通过访谈的形式听取企业员工描述的合规问题，直接出具评估报告，属于一种可能流于“表面”的评估，缺少对合规管理执行和实践效果的深入调查，难以发现合规管理存在的实际问题，从而难以实现评估目标；三是评估的技术手段不足。

4. 评估体系构建

完善的评估体系主要应由评估方案体系、评估流程体系和评估指标体系组

---

① 参见郭凌晨、丁继华、王志乐主编：《合规：企业合规管理体系有效性评估》，企业管理出版社 2021 年版，第 25 页。

成。评估指标体系总体上应包括纵向和横向两个维度,纵向上主要包括“组织体系、制度体系、合规运行、合规保障、其他指标”等要素,横向上主要包括“设计、执行、效果、改进”等要素。

在上述评估指标体系中,具体指标并不固定,需根据企业实际情况和项目需求量身定制,在实践中倾向于使用具有较强弹性的评估指标。

第二节　制订和落实企业合规制度

近年来,越来越多的企业认识到具备健全有效的企业合规制度不仅是满足趋严监管要求的利器,更是企业在激烈同质化竞争下实现可持续发展,进行风险防范和自我监管并向利益相关方作出承诺的有效工具。2017 年 5 月 23 日,在习近平总书记主持召开的原中央全面深化改革领导小组第三十五次会议上审议通过了《关于规范企业海外经营行为的若干意见》。[①] 会议指出,规范企业海外经营行为,要围绕体制机制建设,突出问题导向,落实企业责任,严格依法执纪,补足制度短板,加强企业海外经营行为合规制度建设。该会议从国家顶层设计层面明确了合规制度建立的重要性和必要性。2017 年 12 月,原国家质量监督检验检疫总局、国家标准化管理委员会发布的国家标准《合规管理体系　指南》成为中国企业开展合规管理的重要指导性文件。2018 年 11 月,国资委印发《央企合规管理指引》,对合规管理体系的各构成要素进行全面规定,包括合规组织、合规制度等。2018 年 12 月,由于一部分中国跨国企业在海外遭遇重罚,暴露了严重的合规问题,国家发展改革委、外交部、商务部、中国人民银行、国资委、外汇局、全国工商联共同制定了《企业境外经营合规管理指引》,该指引要求应从制度设计、机构设置、岗位安排以及汇报路径等方面保障企业合规管理独立性。尤其是最高人民检察院自 2020 年 3 月启动的"涉案违法犯罪依法不捕、不诉、不判处实刑的企业合规监管试点工作"在一定程度上也掀

① 参见《习近平主持召开中央全面深化改革领导小组第三十五次会议》,载《人民日报》2017 年 5 月 24 日,第 1 版。

起了国内的合规热，国内专家、学者、企业合规从业人员对企业合规制度的理论研究与实践探索日益深入。2020 年 12 月，在最高人民检察院召开的企业合规试点工作座谈会上，时任检察长张军进一步强调，要加强理论研究，深化实践探索，稳慎有序扩大试点范围，以检察履职助力构建有中国特色的企业合规制度。企业合规制度建设工作的紧迫性和必要性已被提上国家、政府和企业合规治理的重要议程。

一、企业合规制度的定义与内容

（一）合规制度的概念

在国资委印发的《央企合规管理办法》第 17 条中提出："中央企业应当制定合规管理基本制度，明确总体目标、机构职责、运行机制、考核评价、监督问责等内容。"[①]此外，根据《合规管理体系　要求及使用指南》的要求，企业的合规制度可包括合规方针[②]及控制措施和程序性文件[③]。

本书将"合规制度"界定为：企业根据法律法规、行业标准、合规义务和承诺、内部治理要求等内外部的规定和要求制订并颁发的用于约束、规范其及其员工的系列文件。企业合规制度是有效合规管理体系或合规项目的基础和重要组成部分，也是现代企业可持续发展必不可少的约束机制，能助力企业"行稳致远"。

（二）合规制度的内容

根据《合规管理体系　要求及使用指南》的规定，合规政策为企业确立了合规的总体原则和行动承诺。公司治理层和高管应建立合规政策，该政策匹配于企业的宗旨；提供建立合规目标的框架；包括满足可适用的要求的承诺；包括

---

① 载国务院国有资产监督管理委员会网，http://www.sasac.gov.cn/n2588035/n2588320/n2588335/c20235237/content.html，最后访问日期：2023 年 2 月 22 日。

② 《合规管理体系　要求及使用指南》第 5.2 条"合规方针"。

③ 《合规管理体系　要求及使用指南》第 8.2 条"确立控制和程序"。

对持续改进合规管理体系的承诺。与此同时，合规政策还应与组织的价值观、目标和战略保持一致；要求遵守企业的合规义务；支持合规治理原则；提及和描述合规职能；概述不遵守企业的合规义务、政策、流程和程序的后果；鼓励员工提出疑虑并禁止任何形式的报复。合规政策不应是一个独立的文件，而应得到其他文件包括运营政策和流程的支持。在政策的指导下并基于促进政策的落地执行，企业应策划、实施和控制为满足"要求"所需的流程，如法律法规、客户要求，并实施控制措施以管理其合规义务和相关的合规风险。如果企业在经营活动中存在使用第三方或外包流程，企业应进行有效的尽职调查，以确保其合规标准和合规承诺不会因此被打折。该指南进一步明确控制措施可以包括：清晰、实用和易于遵循的书面操作政策（operating policies）、流程（processes）、程序（procedures）和工作指引（work instructions）。

结合上文相关法律法规及《合规管理体系 要求及使用指南》的要求，笔者认为，企业合规制度应满足以下要求：

（1）从形式上，企业合规制度包括政策、手册、程序性文件和工作指引。

（2）从内容上，企业合规制度文本中应包括但不限于适用范围、遵从的法律法规、确定需要规范或规制的内容——明确规定禁止性行为和可以开展的行为、预防或降低企业所面临合规风险的措施、合规组织架构、合规职能、汇报及咨询和举报路径、激励或惩戒措施、版本控制及变更管理等。

（3）从范围上，企业合规制度需包含员工在各个风险场景需遵从的政策要求，还需明确企业治理或管理层、合规人员等在风险评估、合规审批等合规管理过程中需遵从的规范要求，以及企业合作伙伴、客户等利益相关方的遵从要求。

（三）合规制度的类别

由于自身的风险状况、合规资源的配置以及所处治理阶段的不同，不同企业所制订的合规制度从形式的繁简、内容的粗细以及功能追求等都不同。按照不同的分类标准，我们可以将企业的合规制度进行不同的分类。

从制度覆盖范围或领域来说，企业的合规制度可以分为企业级或通用型制度（corporate/entity-level or general policies or procedures）以及部门级或具体业务场景的专项制度(BU/scheme specific-level policies or procedures)。

企业级或通用型制度,是指整个企业所有部门和全部员工都需遵守的制度,其特征为:(1)范围覆盖全公司所有人;(2)聚焦于对公司有整体影响的风险;(3)较高层级的制度,可以在描述相关场景时调用部门级或具体业务场景的专项制度;(4)其中包含的控制要求或措施可能与某一部门或具体业务场景的制度重叠。《商业行为准则》《反贿赂合规政策/手册》《数据保护合规政策/手册》《出口管制合规政策/手册》《员工合规培训和沟通规范》《举报管理办法》《风险评估流程》《第三方尽职调查》等都属于企业级或通用型合规制度。

部门级或具体业务场景的专项制度,是指仅适用于某一特定部门或业务场景的制度,其特征为:(1)与具体的业务场景密切相关,较企业级或通用型制度更详细和更具可操作性;(2)与企业级制度配合使用。《供应商认证经理的合规操作指引》《合规评审指引》《营销项目立项"最终用户""最终用途"填写指导书》《采购业务出口管制合规指引》《受制裁国家/地区业务关停付款操作指导》《财务数据保护运作规范》《财务数据保护检查清单》等都属于部门级或具体业务场景的专项合规制度。

从制度的位阶来说,企业的合规制度可以分为政策、手册、程序性文件或规范,以及场景化指引或工作指引等(见图6)。

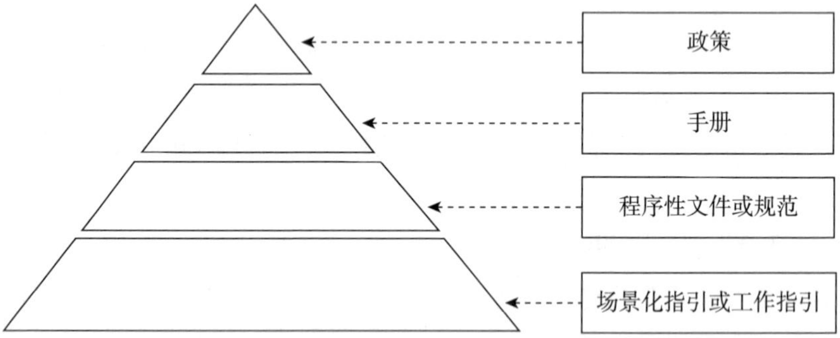

图6 合规制度体系"金字塔结构"

"政策",是指基于法律法规要求和公司经营风险防控,明确的合规总体规则和遵从红线,其居于整个制度体系中的核心和最高地位,形成合规制度体系

“金字塔结构”的第一级。

“手册”是基于公司对外部法律法规遵从的要求，结合合规政策确定的总体指导文件，是业务开展所依据的合规总体性指导、规范和流程要求的通用指南(Guidance Book)，形成合规制度体系“金字塔结构”的第二级。合规手册可进一步分为总册、日常活动分册、业务领域分册、子公司分册 4 个部分。政策和手册是合规工作的宏观指导意见。

“程序性文件或规范”是就某一或特定合规事项的细化或明确要求，规定了目标和依据、适用的主体范围、适用的业务活动范围、基本原则、控制机制、要求和流程的标准文档，是政策及手册落地执行的规范性要求；该层级制度文件是对政策或手册中的某些内容在共识缺失的情况下的深入描述。目标和依据指制度要达成的目标、制度所依据的法律和其他企业制度等文件；适用的主体范围指哪些员工、内部团队和外部相关方需要遵守或者执行本制度；适用的业务活动范围即哪些业务活动与本制度有关；基本原则，在规范中的基本原则比政策或手册中的基本原则更具体，可以在没有相应的控制机制时作为行为的依据；控制机制一般要回答“3W1H”(Who, When, What and How)问题，即谁在什么时间要做什么以及怎样做，一般包括责任机制、监督机制和记录机制。[①]

“场景化指引或工作指引”则是落实管理规范所规定的管理流程和要求的具体指南，既有针对某一大类业务或流程的工作指引，也有针对某一岗位或人员的场景化或工作指引，还可能有以地域或实体作区分的工作指引。它们是与特定业务活动相关的具体制度。

与规范相比，指引具有如下特征：

数量多。指引涉及合规管理的方方面面，数量远远超过规范类文件。灵活性高。由于业务活动具有高度灵活性，指引类制度需要与业务实践相适应，因此其制订、修改和废止的速度一般高于规范类制度。适用范围较小。指引类制度通常只被参与相关业务活动的员工所知悉，其他员工经常是在有必要的时候才临时找到和学习指引类制度。

---

① 参见胡国辉：《企业合规概论》，电子工业出版社 2018 年版，第 132 页。

图7以中兴通讯为例,进一步从反贿赂合规领域展示按上述要求所制订出的制度体系。

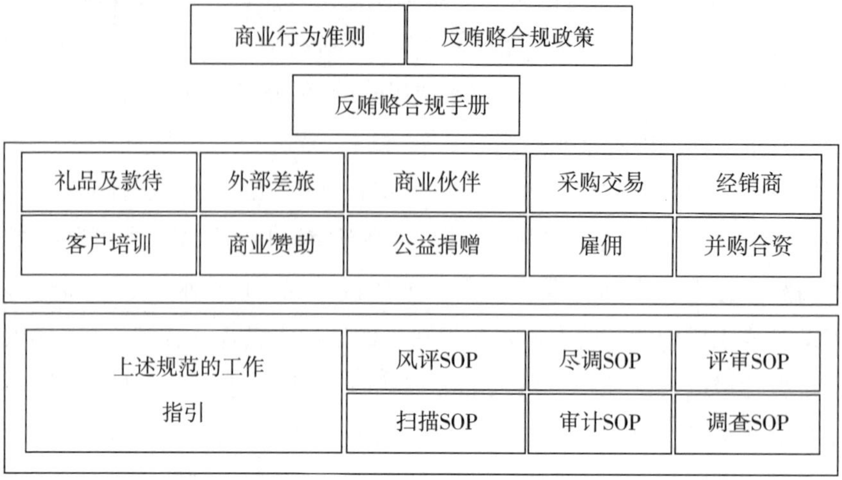

图7 中兴通讯反贿赂合规制度体系

在这个制度体系中,在企业有相关的合规组织架构可匹配的情形下,政策、手册和规范通常由COE负责主导编制和维护;场景化或工作指引则由BU、业务或职能部门、区域国家或子公司层面的部门负责人及合规接口人在COE的支持下主导编制和维护。

虽然在此翔实地介绍了可能存在的各种企业合规制度类型,但在企业的合规管理工作推进过程中,并不是每一种类型的合规制度都需要制订和运用。由于企业的规模、复杂程度、所处行业、组织架构、运营所在地等不同,其所面临的风险水平不同,这就决定了各家企业的合规制度可能不尽相同;企业实施的制度与其所面临的风险相称即可。因此,对于设置了专职合规部门负责设计、运营和监督整个公司合规管理体系的大型公司来说,其制度体系可能比较复杂。例如,西门子公司就拥有一套较为健全的合规管理体系,制度规范多达几百页。而对于没有单独设立合规部门或专职合规人员的中小型企业来说,其制度安排则可以精简些。

二、企业合规制度的作用

（一）构成有效合规体系的重要组成部分

无论是立法还是司法，都将合规制度作为有效合规体系的基础和重要组成部分。例如，美国检察官在评估企业合规体系是否有效的3个基本问题之一就是"企业是否妥善制定其合规体系"。该基本问题中就包含了企业是否妥善制定政策和程序。[①] 在出口管制领域，美国商务部工业与安全局（Bureau of Industry and Security，BIS）发布的ECP Guideline指出："书面出口合规手册将帮助员工了解他们的具体职责以及他们如何与组织的其他部分整合，以帮助加快出口流程，从而向客户交付产品和服务。"[②]在反贿赂合规领域，英国严重欺诈办公室（Serious Fraud Office，SFO）官网发布的《评估合规项目》（Evaluating a Compliance Programme）中指出：如果英国严重欺诈办公室正在调查一个企业，它将需要评估该企业合规项目的有效性。该评估适用于涉及企业的所有案件。评估包括该组织是否有"适当程序"以针对2010年英国《反贿赂法案》（Bribery Act 2010）第7条中的"商业组织未能预防贿赂罪"进行抗辩。[③] 在数据保护合规领域，欧盟（European Union）发布的GDPR第24条明确了数据控制者的责任："在与处理活动相称的情况下，第1段中提到的措施应包括控制者实施适当的数据保护政策。"[④]《中华人民共和国个人信息保护法》（以下简称

---

① See Evaluation of Corporate Compliance Programs, U. S. Department of Justice, Accessed Aug. 8, 2022, https://www.justice.gov/criminal-fraud/page/file/937501/download.

② See Export compliance Guidelines, BIS, Accessed Feb. 17, 2022, https://www.bis.doc.gov/index.php/documents/pdfs/1641 – ecp/file.

③ See Evaluating a Compliance Programme, GOV. UK, Accessed Feb. 17, 2022, https://www.sfo.gov.uk/publications/guidance-policy-and-protocols/guidance-for-corporates/evaluating-a-compliance-programme.

④ See Regulation (EU) 2016/679 of the European Parliament and of the Council of 27 April 2016 on the protection of natural persons with regard to the processing of personal data and on the free movement of such data, and repealing Directive 95/46/EC (General Data Protection Regulation), European Union, Accessed Feb. 17, 2022, https://eur-lex.europa.eu/legal-content/EN/TXT/? uri = uriserv:OJ.L_.2016.119.01.0001.01.ENG&toc = OJ:L:2016:119:TOC.

《个人信息保护法》)第 51 条中也明确了数据处理者的责任:“个人数据处理者应制定内部管理制度和操作规程。”

除了上述列举的各个国家从法律法规角度对企业合规制度的重要作用进行规定外,企业在实操中亦充分地践行了合规制度是有效合规体系重要组成部分的理念。例如,在爱立信的“道德与合规项目”(Ethics & Compliance Program)中,“政策和程序”就是重要的一个部分。其合规项目具体的 10 个核心要素详见图 8。①

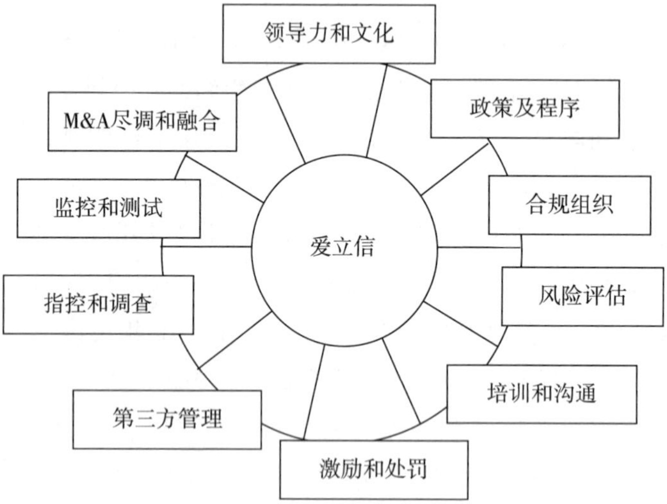

图 8　爱立信“道德与合规项目”

针对该合规项目或合规体系,爱立信在其官网上宣称,这是基于美国证券交易委员会、美国司法部、英国严重欺诈办公室等国家监管机构明确表达的期望,以及经济合作与发展组织、透明国际(Transparency International)和世界银行等国际组织所认可的良好实践提炼而成。近年来,爱立信内部进行了大量的资源投入,以持续地强化和提升其“道德与合规项目”,其中就包括用于预防、发现、报告和救助行为的政策等,即本章所说的“合规制度”。爱立信为何耗费

---

① See Ethics and Compliance Program, Ericsson, Accessed Feb. 17, 2022, https://www.ericsson.com/en/about-us/sustainability-and-corporate-responsibility/responsible-business/ethics--compliance-program.

资金持续强化其合规体系，并将“政策及程序”作为其合规体系的一个重要组成部分，或许可以从其于2019年11月就其在埃及、吉布提、印度尼西亚等多个国家的腐败与美国监管机构达成的协议[①]中略见一二。在该协议中，爱立信承诺建立一个包含合规政策在内10个最少要素的合规体系，并将“政策及程序”模块进一步明确为：公司将针对违反FCPA和其他所适用的外国反腐败反贿赂法律的行为制定并颁布一项清晰明确的公司政策。由此可见，合规政策及程序之于企业合规体系的重要性。无独有偶，空客空车公司(Airbus SE)在2020年年初与美英法等国执法机构达成和解后，其合理治理改进的措施就包含了发布新的《竞情收集及抵制索贿和勒索的商业道德指引》及与出口管制合规相关的10个政策等举措[②]，这构成了其对执法机构承诺持续提升其合规体系有效性的重要工作之一。爱立信和空客空车公司的实践案例充分地说明了合规制度之于合规体系的完整性和有效性的重要性，同时充分说明，执法机构在对企业执法时，企业在合规事件发生前、中、后是否颁发了一套清晰明确的合规制度将对执法后果有着举足轻重的作用。

(二)内部合规治理的依据

FTC时任主席保罗·兰德·狄克森(Paul Rand Dixon)于1966年为支持合规制度在企业推广运用时说道：合规制度的精髓在于，使法令的遵守不再依靠严格的监管和个人自觉性与诚实性，而是用合理的事前计算来避免违法行为的发生，即使偶然发生了违法行为，这种机制也有能力将其扼杀在摇篮之中。[③]同理，在企业合规治理中，仅有道德和意识，难以确保企业员工的行动及其结果具有确定性、可测性，尤其是对于一个具有一定人员规模的企业来说，需要清晰

---

① See *LM Ericsson Information*, U. S. Department of Justice, Accessed Mar. 7, 2024, https://www.justice.gov/usao-sdny/pr/ericsson-agrees-pay-more-1-billion-resolve-foreign-corrupt-practices-act-case.

② See *Integrity and Compliance: How We Live Our Principles*, Airbus, Accessed Feb. 28, 2022, https://www.airbus.com/en/sustainability/ethics-and-compliance/compliance-at-airbus.

③ See Richard J. Maclaury, *Compliance Programs under the Robinson - Patman Act and other Antitrust Laws - The Practical Effect of Such Programs or the Absence Thereof*, 37 Antitrust L. J. 96, 103 (1967). 转引自张远煌等编著：《企业合规全球考察》，北京大学出版社2021年版，第1页。

的规则和流程确保多个不同个体和企业的行动和活动“合乎法则、合乎规范”及健康、可持续地运行。企业如果缺乏统一的规则、规范的制度要求,就会造成企业内部共识的缺乏,组织的无序或失序,从而可能造成管理层的决策随意性较大,也可能造成员工的“破窗效应”。而合规制度作为内部治理的依据,可以通过以下 3 个方面弥补共识的缺失、约束人们的行为,通过约束形成习惯并进一步影响人们的意识,最终在新的层面达成共识,以达成企业合规治理的目的:“第一,引导相关方采用企业期望的行为模式;第二,在发生分歧时,参照企业制度的具体规定或者企业制度所确定的原则进行决策;第三,企业制度是判断相关方的行为是否合规以及发生违规事件时进行裁处的依据。”①

(三)获得外部认可和信任的重要举证

1. 合作伙伴合规信任基石

在合规管理工作开展中,对第三方及合作伙伴的管理一直是一个较为重要的问题。对第三方及合作伙伴的风险把控不到位,其风险可能传导到企业,从而给企业带来较大的影响。例如,在行贿处罚金额高达 39 亿美元的空客空车公司全球贿赂案件中,其被指控的不当行为就包括违规使用与政府官员和客户决策者有特殊关系的第三方顾问、代理等商业伙伴。② 考虑到第三方管控不力可能给企业带来的合规风险,越来越多的企业加强了对合作伙伴和第三方的管理,要求交易合作中的合作企业签署较为严苛的合规承诺书或条款等,如丰田通商株式会社、倍耐力、微软、沃尔玛等均明确在缔结合同时需加入或单独签署合规条款或承诺书。那么,在此种情形下,企业可以通过提供其内部已经制订或拥有同等合规政策的举证豁免或拒绝签署此类合规承诺书或条款,从而避免因签署此等文件可能带来的配合审计义务、因潜在违规行为导致的业务中止或暂停和终止的风险等。此外,企业(或企业通过独立尽调公司)在对合作伙伴

---

① 胡国辉:《企业合规概论》,电子工业出版社 2018 年版,第 120 页。

② See *Airbus Agrees to Pay over $3.9 Billion in Global Penalties to Resolve Foreign Bribery and ITAR Case*, U. S. Department of Justice, Accessed Feb. 28, 2022, https://www.justice.gov/opa/pr/airbus-agrees-pay-over-39-billion-global-penalties-resolve-foreign-bribery-and-itar-case.

进行尽职调查或要求其进行负面报道澄清时，也会特别关注其内部是否已建立一套有效的合规管理体系，并要求其提供相关合规政策或制度进行举证。因此，通常来说，拥有一份严谨的合规政策可以增信于合作伙伴之间的合作。

2. 申请体系认证

对于部分企业来说，可能有对管理体系申请认证的需求，如《反贿赂管理体系　要求及使用指南》（ISO 37001：2016）或《合规管理体系　要求及使用指南》的认证需求。那么，第三方认证机构在对企业的管理体系进行审核时，第一个阶段查看组织的准备程度，在很大程度上就是要求企业提交全套的制度文件，以评估企业是否依据相关的认证标准设计了合理和充分的体系；在第二个阶段，会进一步评估企业是否按照已制订的制度规范执行，以及制度或流程中是否存在不符合项、提升项。可以说，拥有一套完整的合规制度对于企业顺利通过第三方认证机构的背书认可极为重要。

3. 评估机构评估

对于部分大中型企业，尤其是需要获得外部资本投资的企业来说，他们通常会寻求在环境、社会和治理（Environmental, Social and Governance, ESG）评级方面的积极表现，以获得更多的资本青睐。那么，某些独立评估机构，如英国富时指数（FTSE4Good Index Series）、Ecovadis、Sustainalytics 等，在评估企业治理表现时，就比较关注企业是否已经制定了完善的政策或程序，尤其是否已经公开发布、可通过网络检索到该类政策或程序等。

（四）责任切割的重要工具

企业在开展业务活动的过程中，需遵循所适用的法律法规的要求。企业员工代表公司对外开展业务活动过程中如存在违法违规行为，其法律后果可能由企业及其高管承担，由此给企业和管理层带来法律和合规风险隐患。如何明确界定和建立起公司员工个人行为与企业及高管责任之间的边界，避免企业及高管为员工个人违规行为承担法律责任，一直以来都是企业较关注的话题。《中华人民共和国反不正当竞争法》（以下简称《反不正当竞争法》）第 7 条第 3 款规定："经营者的工作人员进行贿赂的，应当认定为经营者的行为；但是，经营者有证据证明该工作人员的行为与为经营者谋取交易机会或者竞争优势无关的除外。”2010 年英国《反贿赂法案》第七章关于商业组织未能预防贿赂罪(Failure of Commercial Organization to Prevent Bribery)的条款规定,若一个商业组织的“关联人员”为获取/保留该组织的业务或该组织在商业活动中的优势而向他人行贿,则该商业组织构成商业组织未能预防贿赂罪,除非该组织能够证明其已制订了充分流程以预防其“关联人员”从事行贿行为。[①] 上述法案关于商业组织未能预防贿赂罪的规定中明确了企业能举证其构建了充分的流程(adequate procedure)以预防贿赂的,可以作为充分抗辩。因此,在一些企业成功抗辩的案例中可以看到,企业通过充分的内部制度的举证,可以有力地界定违规指控行为中企业与员工的个人责任,从而避免企业因此遭受的罪名指控或巨额罚款。我们可以从以下案例进一步了解具有一套完善的合规制度对于企业进行责任切割的积极意义。

案例:雀巢案

2011 年至 2013 年 9 月,雀巢(中国)有限公司西北区婴儿营养部事务经理郑某、兰州分公司婴儿营养部甘肃区域经理杨某等人被控告,其为了抢占市场份额,推销雀巢奶粉,授意该公司兰州分公司婴儿营养部员工被告人杨某某、李某某、杜某某、孙某通过拉关系、支付好处费等手段,多次从兰州大学第一附属医院、兰州军区总医院、兰州兰石医院等多家医院医务人员手中非法获取大量的公民个人信息。一审法院认定本案被告人构成侵犯公民个人信息罪。上述被告人在一审判决后进行上诉,提出本案系单位犯罪,应追究雀巢(中国)有限公司的刑事责任。[②] 二审过程中,雀巢(中国)有限公司通过内部规范举证——雀巢(中国)有限公司不仅制定了禁止员工非法收集个人信

① See Bribery Act 2010, Legislation. gov. uk, Accessed Mar. 9, 2022, https://www. legislation. gov. uk/ukpga/2010/23.

② 甘肃省兰州市城关区人民法院刑事判决书,(2016)甘 0102 刑初 605 号。

息、禁止向医务人员行贿的合规政策,还要求员工参加合规培训、签署合规承诺函、填写在线测试问卷,并保留了相关的书面记录——证明其不允许员工向医务人员支付任何资金或者其他利益,不允许员工以非法方式收集消费者个人信息。本案中,数据收集的目的和方式并非由公司决定,而是被告郑某等6人为抢占市场份额、实现精准营销,自行实施的非法行为。二审维持一审判决结果,即本案不属于单位犯罪。[①] 在本案中,较完善的合规制度帮助雀巢(中国)有限公司有效地将企业责任与员工个人行为进行分割。法院最终只判罚了雀巢(中国)有限公司员工,并没有认定雀巢(中国)有限公司犯罪。合规制度避免了公司因员工个人行为而陷入"单位犯罪"的不利境地。[②]

(五)通过合规整改可解除世界银行制裁

参与世界银行资助项目的企业,一旦被发现涉嫌欺诈或贿赂行为,就会被世界银行制裁。针对腐败、欺诈等可制裁行为,世界银行的制裁措施主要包括惩戒(letter of reprimand)、附条件的免于取消资格(conditional non-debarment)、取消资格(debarment)、永久取消资格(permanent debarment)、附解除条件的取消资格(debarment with conditional release)、恢复原状及采取补救措施(restitution and other remedies)6种。为鼓励被制裁企业主动采取补救措施并进行内部整改,2010年后世界银行更频繁地使用"附条件的免于取消资格"和"附解除条件的取消资格"这两种措施。其中,"附条件的免于取消资格",是指被制裁人在规定时间内采取改进措施、建立有效合规体系或满足其他条件时,可以不被取消参与世界银行项目的资格。"附解除条件的取消资格",是指被制裁人在最低制裁期限(通常是3年)内被取消参与世界银行项目的资格;如果被制裁人采取改进措施,建立有效合规体系或满足其他条件,被制裁人可以

---

① 甘肃省兰州市中级人民法院刑事裁定书,(2017)甘01刑终89号。

② 参见华东师范大学企业合规研究中心编:《企业合规讲义》,中国法制出版社2018年版,第135页。

在最低制裁期限届满后解除制裁。此外,世界银行常见的减轻制裁的情节还包括:如果被制裁人主动采取纠正措施,如建立有效的合规体系或者愿意赔偿紧急损失,世界银行可能减轻不超过50%的制裁。

世界银行在其发布的《世界银行集团诚信合规指南》中进一步明确,有效的合规体系包括:"禁止不当行为:对不当行为(欺诈、腐败、串通舞弊和胁迫行为)明显而清楚的禁止,需要在行为准则或类似的文件或交流中得到明确的说明。"[①]该条规定说明了制定合理的合规政策对于企业在免于或降低世界银行制裁时的重要作用。

三、企业合规制度的制订流程

(一)企业合规制度策划

企业因其规模、组织机构、行业、经营活动所在地等因素不同,所面临的风险可能不同;而且考虑到管理层的风险偏好和可配置的资源水平,企业间的合规体系及合规制度可能不尽相同。

那么,为确保编制的制度能够匹配企业经营所面临的潜在合规风险和资源投入,企业需要在正式启动制度的编制前,开展全面的风险评估,以真正识别企业需要管控的风险,并结合企业战略规划,制订企业在短、中、长期各阶段的资源投入和工作规划。进一步来说,企业可以基于风险评估的结果,决定各风险的管控优先级,并配套相关的制度及管控要求。例如,从各合规领域风险来看,对于在欧洲区域有运营业务的企业来说,数据保护合规可能处于高优先级;对于严重依赖欧美核心技术、产品的企业,在当前复杂国际背景下,出口管制合规可能处于高优先级;对于严重依赖外部合作伙伴协助打开市场且主要业务在海外的企业,反贿赂/反腐败合规可能处于高优先级。具体到每一个合规领域中,

---

① 参见《世界银行集团廉政合规指南概要》,载世界银行官网,https://thedocs.worldbank.org/en/doc/302151536766276403-0240022018/original/WBGIntegrityComplianceGuidelinesCH.pdf,最后访问日期:2022年4月20日。

不同的企业选择的解决方式也有所不同，如反贿赂领域，有些企业选择优先管控内部腐败，有些企业则选择优先管控商业贿赂等。

在风险评估过程中，企业需要关注适用的外部法律法规、执法案例、内部的业务流程、业务体量、对利益相关方的合同义务、合规承诺等内外部因素。具体的风险评估方法论和技术可参见本书第三章第三节的内容。

此外，从主体来看，对于部分设立了专门合规人员或部门的企业来说，合规制度的起草、维护和优化将由这部分人员负责。对于未设立专门合规人员或部门的企业来说，来自法务岗、监察岗、行政岗、运营岗等的人员都可以兼任合规人员负责制度编制、维护和优化工作。在体系初次搭建或制度首次编制过程中，在资源允许的情形下，企业也可以寻求外部专业机构的协助。"制度不健全"，是在发生违规事件时最常用的总结标题之一。然而，在企业中制度永远不会是健全的。企业区别于政府机构的特征之一是在不断的创新中追逐获利的机会。因此，"制度不健全"更准确的表述应该是"制度不合理"，即制度不能起到引导人们行为的作用。[①] 所以，在制度的策划过程中，要充分基于企业所面临的风险、可配置的资源及结合企业的战略目标进行综合考量，并寻求一定的平衡，确保能够将有限的资源投入企业高风险等级的合规领域或事项管控中。

（二）企业合规制度制订

1. 草案的制订

完成风险评估，明确企业的管控需求后，企业可以启动制度的编制工作并注意以下事项：

（1）邀请高层或管理层参与；如果合规制度的制订不是自上而下触发的，那么需要告知其制订和实施合规制度可能带来的好处，以获得管理层的支持并为此配置资源。

（2）编制的制度需要覆盖的领域。

---

① 参见胡国辉：《企业合规概论》，电子工业出版社2018年版，第123页。

(3)采用何种结构的制度体系，如处于合规建设 V1 阶段，需要实现从“0”到“1”的突破，采用综合性制度较为适宜，并随着合规治理的成熟度不断提高，可不断再完善、迭代合规制度，划分出多个专项制度或规范、流程指引等。

(4)从具体单个制度来说，制度体例可以由企业自行决定；但在内容上至少包括适用范围、目标、管理原则、处理流程、各部门的职责、审批责任及义务、禁止项或红线、违规后果、咨询举报渠道、修订记录等，并考虑和结合企业的业务流程。其中，制度中的禁止项或红线的规定，素材来源可以参考行业中的执法案例。

(5)从文件用语来说，企业在将外部法律法规、监管要求转化成内部的合规制度过程中，使用员工较易理解的表达习惯或方式——业务语言，将极大降低合规遵从的成本和门槛，确保合规易学易懂。

大多数企业对合规体系的建设认知尚处于起步阶段，因此在搭建合规体系时，尤其是在编制企业合规制度时，存在追求制度的全面造成规则过于复杂、规则条款晦涩难懂等不足，导致规则难以落地、业务单位反弹较大等问题；或者存在制度规定过于简单且未覆盖企业所面临的中高风险，导致企业将大量的资源投入低风险领域的管控中，置企业于系统性风险的威胁之中。

2. 意见的征集及完善

倾听利益相关方的声音，并根据其合理的建议完成修订和完善是制度发布运行之前的重要一环。因此，在制度起草完毕后，应通过各种有效的形式了解和倾听不同部门、不同层级管理层、员工对制度的反馈和建议；并积极采纳具有合理性的建议，以完善制度本身，促进其更好地贴合业务实际，提高其适应性，管控具体业务活动中的合规风险，为制度融入业务奠定坚实的基础。

3. 制度审批发布

制度经意见征集并与利益相关方达成一致后，可根据企业内部的制度发布流程，提请制度的正式发布，以从形式和流程上明确员工对制度的遵从。不同的企业在推进合规建设工作中，其方法路径及数字化资源配置等可能处于不同的阶段，并且出于内部信息安全考虑，实践中，不同企业的制度发布流程和形式不尽相同。但无论是发布纸质形式的制度还是电子形式的制度，企业需考虑到员工及利益方对制度的可及性。通常来说,适用范围比较广的处于最上层的制度,如政策,可在企业的官网进行发布,以确保企业的客户、合作伙伴等相关方可以适时了解、查看。而对于规范类及操作指引类文件,可以仅在企业内网上进行发布。此外,涉及外籍员工的,也需要考虑发布不同语种的版本。

根据《合规管理体系　要求及使用指南》的规定,组织的"治理机构"(governing body)和"高级管理层"(top management)须建立合规政策。在实操中,管理层可通过以下方面参与进来:一方面,企业的高管基于内部制度发布流程进行审批发布政策;另一方面,为体现公司高层对合规工作的重视,企业的首席执行官等可在政策的前言中以宣示、寄语或致信的方式,声明公司对合规工作的态度、要求和愿景。

(三)企业合规制度实施

1. 合规制度融入业务流程

合规制度能够有效执行,在制度层面要落到各业务流程的具体执行标准上。广义的合规覆盖了企业的全部业务范围和流程,因此企业需要从合规角度梳理业务范围内的所有事项,审查相关规定是否全面和科学,尤其需关注员工行为的合规性,即审核这些规定是否真正得到落实和执行。合规的核心或侧重点在于"规"是否"合",因此,企业的合规制度并不是发布之后就可以束之高阁,而不进一步推进合规制度融入业务流程中,使制度停留在"纸面"上,未实际运行并产生作用。这就是典型的"说合规",即口号工程,企业高管可能天天谈合规,但企业从未将合规管控真正落地。因此,企业在编制合规制度时需考虑各流程中的风险,明确不同业务流程中的合规管控要求。那么,在将合规要求嵌入业务时,企业需梳理和明确现有业务如人事、采购、研发、销售、财务付款、售后服务等在内的全业务流程中的关键管控点,评估是否嵌入合规管控,将尽职调查、合规承诺函签署、合规审批等环节嵌入业务流程中,以防止流程某一环节出现合规问题,给公司带来潜在的风险。

此外,数字化水平比较高的企业,可以进一步将合规管控要求嵌入业务的IT系统流程中,实现业务和合规管控要求的自动对接、线上管控,提效合规管控,使合规对业务的影响“低感”或“无感”,护航业务。

案例:东芝案

东芝集团将出口管制要求嵌入业务流程的方法为:收到订单后,东芝集团的相关部门会对订单进行多轮评估,且评估的每个流程都由多个负责人进行检查和批准,一旦识别出风险需立刻向专业部门上报。在与需要关注的国家和地区进行贸易时,出口管制办公室会进行严格的评估和批准,保障合规嵌入关键业务流程。

2. 培训及沟通

合规制度发布以后,应及时采取培训、宣贯、沟通等形式确保员工、合作伙伴充分地理解企业的合规政策和程序以及如何将这些要求运用到他们的工作中,确保合规义务能够得到有效的执行。葛兰素史克(Glaxo Smith Kline Plc.,GSK)案例中,美国证券交易委员会在其内部审计意见中记录:在2010年,一些关于商业活动的新的政策被提出,如捐赠和赞助。这些重大变化,加上人员流动率高,使许多商业和医务人员不了解如何应用政策和这些政策背后的理由。例如,不符合要求的活动被批准、缺乏清晰度的申请如赠款,以及缺乏相应材料以支持咨询委员会和赞助专业医疗人员参加会议的合法意图。因此,在培训与沟通中,企业应关注:“为员工提供了哪些资源渠道,以提供与合规政策有关的指导?公司如何评估其员工是否知道何时寻求建议,以及他们是否愿意这样做?”[①]下述案件中,摩根士丹利就是因对员工进行了充分培训而获得免予起诉,最终执法机构仅对员工进行追责。

案例:摩根士丹利案

2012年摩根士丹利(Morgan Stanley)的一名高管加思·R.彼得

① See Evaluation of Corporate Compliance Programs, U. S. Department of Justice, Accessed Apr. 21, 2022, https://www.justice.gov/criminal-fraud/page/file/937501/download.

森(Garth R. Peterson)实施了违反 FCPA 的贿赂行为,司法部最终决定不对摩根士丹利进行处罚,原因是摩根士丹利内部已建立了有效的合规及内控体系以防止员工的贿赂及腐败行为,除定期更新政策外,摩根士丹利还对员工进行政策及法律的培训。2002 ~ 2008 年,摩根士丹利对亚洲各小组人员进行了 54 次反贿赂政策培训。同一时期,对加思·R. 彼得森进行了 7 次 FCPA 培训,并至少 35 次提醒他遵守 FCPA 的相关规定。公司的合规人员定期监测交易情况,对特定员工、交易和业务部门进行随机审计、测试以识别非法付款。此外,该公司对所有新的合作伙伴进行了广泛的尽职调查,并对付款进行了严格控制。[①] 加思·R. 彼得森私自违背公司意志实施违规行为,因此司法部只追究个人责任,对摩根士丹利不予起诉。

3. 遵从和执行

合规制度被自觉遵从是检验制度有效性的唯一标准。在合规制度建设中,应当从科学和实践出发,考虑相关方对制度的态度和反应,考虑制度在实际执行中可能出现的情况。有的企业追求细密而完善的合规制度体系,意图对企业经营活动中的方方面面都事无巨细地予以管控。这个目标实际上是无法达成的。如果一个制度没有被遵守,很多企业会选择制订另外一个制度来确保前一个制度被遵守,以此类推;但是,如果不解决第一个制度不被遵守的根源问题,制订更多、更严格的制度也不能保证其被遵守。[②]

(四)企业合规制度维护

"有效的合规体系的一个特征是体系可以不断优化和发展。在实践中控制措施的实施必然会暴露出风险领域和潜在的调整需求。一家公司的业务随

---

① See *Former Morgan Stanley Managing Director Pleads Guilty for Role in Evading Internal Controls Required by FCPA*, U. S. Department of Justice, Accessed Apr. 25, 2022, https://www.justice.gov/opa/pr/former-morgan-stanley-managing-director-pleads-guilty-role-evading-internal-controls-re-quired.

② 参见胡国辉:《企业合规概论》,电子工业出版社 2018 年版,第 122 页。

着时间的推移而变化,如其运营环境、客户的性质、受管辖的法律以及所适用的行业标准。因此,检察官应考虑该公司是否尽了很大的努力审查其合规体系有效性并确保其不会过时。”[①]任何一个合规制度成功的关键特征是它需要被合理设计且有效,而不仅仅是“纸上练习”或拥有完美的设计。企业合规制度基于风险制订并需定期审查和维护,这一点至关重要。因此,企业需定期地对其制度进行审查,以确保其制度和管控措施是基于风险的、与其所面临的风险是相称的,并评估是否需要废弃、修订和优化某些制度文件。企业在定期审查制度时,需要关注:

(1)不断更新——公司多久更新一次风险评估并审查其合规政策、流程和操作?

(2)公司是否进行了差距分析,以确定是否有特定风险领域在其政策、控制或培训中没有得到充分管理?

(3)公司采取了哪些措施来确定政策/流程/实践,这些措施对于特定业务部门/子公司是否合理?

(4)公司是否基于在公司自身和/或面临相似风险的其他企业的不当行为中获得的教训,对其合规体系进行审阅和调整?

(5)如有外籍员工,是否做到政策流程的本地化;有没有对政策流程的执行进行监督审计;流程的数字化管控是否配套?

企业可以进一步参照美国 BIS 发布的《出口合规指引:有效出口合规项目的要素》中的审计模型对其出口合规制度进行审阅,以确定合规制度在制订、发布、运行和维护的全流程中是否需要进一步进行改进。[②]

---

① See Evaluation of Corporate Compliance Programs, U. S. Department of Justice, Accessed Apr. 25, 2022, https://www. justice. gov/criminal-fraud/page/file/937501/download.

② See Export Compliance Guidelines, BIS, Accessed Aug. 8, 2022, https://www. bis. doc. gov/index. php/documents/pdfs/1641 – ecp/file.

第三节　防范和应对企业合规风险

一、合规风险管理概述

企业经营总是面临各种不确定性,不确定性中既蕴含机会,也潜藏风险,能否有效评估及应对风险,有时甚至关乎生死存亡。防范和应对企业合规风险是合规管理的核心工作内容。

(一)概念

风险管理是指导和控制企业风险的协调活动,即企业通过风险识别、风险分析、风险评估、风险应对等管理方式对风险实施有效控制和妥善处理损失的过程。风险管理的目的是创造和保护价值并支持企业目标的实现。

(二)相关 ISO 国际标准

ISO 国际标准可参考用于指导合规风险管理的标准、指南和工具包,如表5所示。

表5　相关 ISO 国际标准

名称	发布时间	核心内容简述
《风险管理—术语》(ISO 导则 73:2009)	2009 年 11 月	对风险管理相关术语进行定义以及相关性分类

续表

名称	发布时间	核心内容简述
《风险管理标准实施指导》(ISO/TR 31004)	2013 年 10 月	为如何实施风险管理国际标准提供具体的方法和建议
《风险管理指南》(ISO 31000:2018)	2018 年 2 月	在《风险管理—原则与指南》(ISO 31000:2009)基础上更新了框架,使标准内容更加简洁易懂,更加注重和企业管理活动的融合。突出表达了 ISO 在风险管理方面的核心主张:聚焦帮助企业创造和保护价值、风险管理对决策支持的重要性、将风险管理融入经营活动、强调领导层的角色和作用
《风险管理—风险评估技术》(ISO/IEC 31010:2019)	2019 年 6 月	提供了很多风险评估技术方法和工具。例如,头脑风暴法、结构化/半结构化访谈、情景分析、检查表、结构化假设分析
《合规管理体系　要求及使用指南》(ISO 37301:2021)	2021 年 4 月	就合规风险管理部分而言,与前述通用风险管理标准相比,专门引入了合规义务的识别。该标准取代了 ISO 19600:2014,在使用上将原来的指南类标准转换为适用于认证的要求类管理体系标准

按照《风险管理指南》中的定义,风险是指"不确定性对目标的影响。不确定性可能导致实际结果与预期目标相比出现偏差,这种偏差可能是积极的,消极的或者两者兼而有之。风险通常用风险源、潜在事件、后果及其可能性这三个要素来表示"。

(三)风险管理过程

《风险管理指南》将风险管理过程分为六个子过程:确定范围、环境、准则,风险评估,风险应对,记录与报告,沟通与咨询,监督与检查。其中风险评估和风险应对是风险管理最核心的部分(见图 9)。

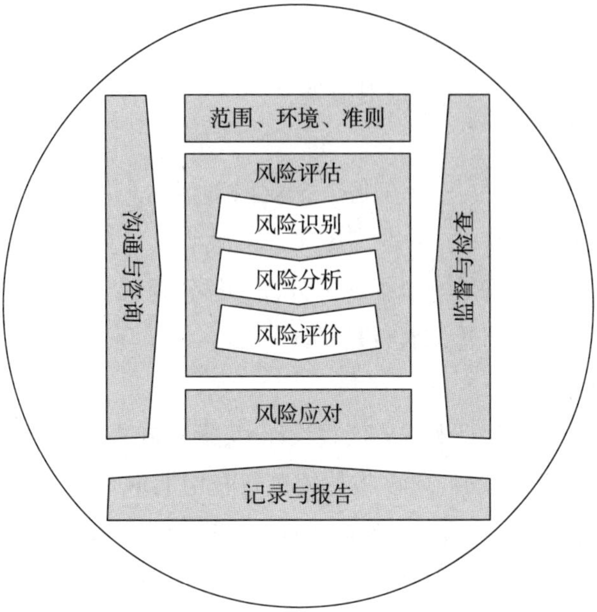

图9　风险管理过程

1. 范围、环境、准则

该子流程是帮助企业有针对性地建立适合的风险管理流程,实现有效的风险评估和采取恰当的风险应对,具体包括:(1)企业先确定风险管理活动的范围、相关目标是否与企业目标一致;(2)企业根据运营内外部情况来理解与确定哪些风险管理活动是适用的;(3)为达到目标,企业需要确定可以承担风险的数量和类型,确定如何评估风险重要性水平和支持决策过程的准则。

2. 风险评估

该子流程包含风险识别、风险分析与风险评价。风险识别是为了发现、识别和描述可能妨碍企业实现目标的风险;风险分析是为了理解风险的性质和特征,如风险等级;风险评价是为了支持决策,涉及将风险分析的结果与预定风险准则进行比较,以决定需要采取何种应对措施。

3. 风险应对

该子流程是为了选择和实施应对风险的方案。风险应对体现为以下反复优化的过程:(1)制订和选择风险应对方案;(2)计划和实施风险应对方案;(3)评估风险应对方案的有效性;(4)确定剩余风险是否可接受;(5)如果不能接受,应该采取哪些进一步的应对措施。

4. 记录与报告

记录与报告的目的:(1)在整个企业内部传达风险管理的活动和成果;(2)为决策提供信息输入;(3)改进风险管理活动;(4)协助与利益相关方进行互动。报告是企业治理的一个组成部分,应提高与利益相关方的沟通质量,并支持高级管理层和监督机构履行其职责。

5. 监督与检查

该子流程是为了保证和提升流程设计、实施和结果的质量和有效性。在最开始规划风险管理流程时,应该将持续监督和定期审查作为其中的一部分内容,明确界定其职责。流程的所有阶段都应该进行监督和审查。监督和审查的结果应纳入整个企业绩效的管理、评估和报告等活动中。

6. 沟通与咨询

该子流程是为了协助利益相关方理解风险、明确作出决策的依据以及需要采取特定行动的原因。沟通是为了促进对风险的认识和理解,而咨询涉及获取反馈和信息,以便支持决策。两者之间的密切协调应该促进真实、及时、相关、准确和可理解的信息交换,并在风险管理流程的所有步骤和整个流程中进行。

(四)合规义务与合规风险管理

合规义务描述合规的需求或期望,合规就是企业履行其全部合规义务。企业识别合规风险首先需要确认一项特定的合规义务将涉及哪些活动、产品、服务和运营及其相关方面。换言之,合规风险一定与某些特定的合规义务具有对应性。合规风险控制的实质就是管理合规义务及其对应的合规风险,从而实现预期目标的过程。因此,合规风险评估与风险控制活动都是围绕着合规义务这个核心来展开的。

二、合规义务的识别

（一）合规义务的来源

合规义务源于合规要求与合规承诺。

合规要求包括但不限于：法律和法规；许可、执照或其他形式的授权；监管机构发布的命令、条例或指南；法院判决或行政决定；条约、公约和协议。[①]

合规承诺包括但不限于：与社会团体或非政府组织签订的协议；与公共权力机构和客户签订的协议；企业内部要求，如政策和流程；自愿性标志或环境承诺；签署合同产生的义务；行业标准等。[②]

企业应该采用适合的方式记录、维护与更新和自己相关的合规义务清单。

（二）合规义务的维护

企业应该建立适当的流程来识别新增的和变更的法律、法规、准则，以及企业与外部签订合同、对外承诺、行业标准中涉及的其他合规义务，以确保持续合规。具体内容包括：

（1）收集与企业相关的新法律法规、监管政策并进行解读与研判，收集案例与最佳实践。合规管理部门可以：指定专人与各监管机构对接会晤，成为行业团队的成员；积极参与相关法律法规和行业团体的论坛、研讨、听证或意见反馈、合规试点等工作；监视监管部门网站、订阅相关信息服务；定期与外部法律顾问洽商，获得新法律法规解读及合规策略建议。

（2）监视企业相关的监管声明和法院判决，以及在合同、协议、行业规则或协会章程中企业承诺履行的合规承诺。在企业内部监视这些合规义务，通常有两种方式：一种是将合规评审嵌入每类不同业务活动的决策审批流程中，合规

---

① 参见国家市场监督管理总局、国家标准化管理委员会《合规管理体系 要求及使用指南》（GB/T 35770—2022）第4.5条“合规义务”。

② 同上。

管理部门负责汇总及更新;另一种是对每类不同的业务部门进行培训、提供自查工具,由业务部门负责识别合规承诺并上报合规管理部门,同时合规管理部门也定期通过沟通、访谈方式,进一步确认是否存在遗漏。

(3)对收集到的合规义务进行分析、整理、分类与排序,评估合规义务与企业经营管理活动的相关性,以确定各项合规义务对本企业的影响范围及层次,向所涉及的相关职能部门发出合规风险提示及合规建议。企业要考虑新制度、新流程、新产品、新业务,重大合同或决策事项等变动给合规义务与企业经营管理活动的相关性评估带来的影响,可能两者先前并不相关,但是因为引入了新的业务活动而变成具有相关性。

(4)维护、动态更新与企业相关的合规义务清单,并按照专项合规、业务领域、部门,以及涉及哪些业务活动、产品、服务和运营流程进行分类。通常专项合规有反腐败合规、反垄断合规、数据合规、出口管制合规、环保合规、人力资源合规等。

三、合规风险评估

合规风险评估构成了合规管理体系实施的基础,也是分配适当和充足的资源和过程,以便对已识别的合规风险进行管理的基础。[①] 合规风险评估流程包括合规风险识别、合规风险分析与合规风险评价 3 个子流程。

合规风险识别就是识别不履行合规义务的风险;风险分析涉及对不确定性、情景、事件、风险源、后果、可能性、控制及其有效性的详细考虑;风险评价确定需要采取何种应对措施。

(一)合规风险的识别与分析

合规风险识别与分析的直接工作目标是确定不可接受风险并将其列入风

---

① 参见国家市场监督管理总局、国家标准化管理委员会《合规管理体系 要求及使用指南》(GB/T 35770—2022),第 4.6 条“合规风险评估”。

险清单,它为风险评价、决定风险是否需要应对以及为最适当的应对策略和方法提供信息支持。这个过程也是对风险进行全面调研和深入认识的过程。合规风险识别与分析的工作内容包括:将合规义务和与之密切相关的企业活动、产品、服务和运行的相关方面联系起来,识别存在潜在合规风险的情景及事件,并详细分析这些情景及事件对应的风险源、后果及其可能性。

1. 合规风险识别工作应从企业的合规义务开始着手。不同合规专项类别的合规义务通常与企业特定业务领域有着紧密的联系,如反腐败合规与销售和采购领域、反垄断合规与投资领域、环保合规与生产领域。通过将每项合规义务与关键业务领域联系起来,再进一步审视该业务领域涉及的活动、产品、服务和运行中可能发生不合规的情景。

2. 针对业务领域可能发生不合规的情景,通过头脑风暴法、结构化或半结构化访谈、情景分析、结构化假设分析等风险评估技术,罗列可能不合规的风险清单,逐条分析其风险源、风险事件、后果及其可能性。(1)风险源是产生或诱发风险的条件或潜在原因,用以确定风险控制的针对性措施;(2)风险事件是产生后果的偶发事件,用以确定风险管控策略、控制方式及预警方案;(3)风险后果及其可能性是不合规事件导致的偏差或损失以及偏差或损失发生的可能性,后果及其可能性评价用以确定哪些列入风险管控清单,并进行必要的排序。

合规风险识别与分析过程中的特别关注点:

第一,合规风险识别与分析应特别关注与合规义务紧密关联的企业运营系统、产品和服务流程以及管理活动等方面,因为合规义务融入企业日常运营管理体系之中,才能得以持续落实。

第二,合规风险识别与分析应特别关注与第三方相关的合规风险。因为这些方面可能因为超出企业范围,管控力衰减而产生额外的合规风险。

第三,合规风险评估启动情形。合规风险因素是不断变化的,企业外部的经营环境及内部的经营管理活动也是不断变化的,因此合规风险识别与分析需要持续进行,如定期进行全面评估(一般是一年一次),或者由特定情况变动触发评估,当环境或企业背景发生重大变化时重新识别和分析。

第四,合规风险识别和分析记录应形成文件化信息予以保留,包括评估结果信息和防控措施信息。

（二）合规风险评价

合规风险评价涉及将企业合规风险分析过程中发现的合规风险等级与企业能够并愿意接受的合规风险水平进行比较，基于这个比较设定优先级，将其作为确定需要实施合规控制的基础，有助于企业集中主要注意力和资源优先处理更高级别风险。当然，这样做并不意味着企业接受低风险情况下的不合规，所有已识别的合规风险都应该受到监视、纠正。①

风险评价方法可以是定性的，半定量、定量或以上方法的组合。定量分析可以估计出风险后果及其发生可能性的实际数值，定性分析则应该对使用的术语和概念进行清晰的说明，并记录所有风险准则的设定基础。②

在某些情况下，风险是一系列事件叠加产生的结果，风险评估的重点是分析风险各组成部分的重要性和薄弱环节。如果后果很不重要，或发生的可能性极小，则依据单项参数估计就足以进行决策。③

风险等级的定量分析，可以估计出风险后果及其发生可能性的实际数值，并产生风险等级的数值。在定量分析中，由于受到信息不够全面、缺乏数据、人为因素影响等，应该认识到此时计算获得的风险等级是估计值，谨慎地确保其精确度不会与所使用的原始数据及分析方法的精确度存在偏差。④

1. 风险后果发生可能性

风险后果发生可能性，是指风险后果发生的概率或必然程度。这里需要注意风险后果发生可能性与风险事件发生可能性是不同概念，因为风险事件并不必然造成后果发生。为了进行定量分析，可以将风险后果发生可能性分为基本确定、很可能、有可能、不太可能、极小可能 5 个级别，分别对应从 1 ~ 5 的 5 个

---

① 参见原国家质量监督检验检疫总局、国家标准化管理委员会《合规管理体系　指南》（GB/T 35770—2017）第 3.6 条“合规风险的识别、分析和评价”。

② 参见原国家质量监督检验检疫总局、国家标准化管理委员会《风险管理　风险评估技术》（GB/T 27921—2011）第 5.3.1 条“概述”。

③ 同上。

④ 同上。

分值。风险后果发生可能性可运用可能性、发生概率、损失程度/事件类型、日常运营中发生等角度进行评估，如表6所提供的评估方案。

表6　风险后果发生可能性的量化

分值	可能性	发生概率r	针对重大事件类	针对日常运营
5	基本确定	$r>95\%$	1年内至少发生1次	经常发生
4	很可能	$50\%<r\leq95\%$	1年内可能发生1次	较多情况下发生
3	有可能	$30\%<r\leq50\%$	2~5年可能发生1次	某些情况下发生
2	不太可能	$5\%<r\leq30\%$	5~10年可能发生1次	极少情况下才发生
1	极小可能	$r\leq5\%$	10年内发生可能少于1次	一般情况下不会发生

2. 风险后果影响程度

风险后果影响程度可以从对法律责任、企业声誉、资产或财务损失、安全与环境、运营等方面的影响程度进行评估。大多数风险后果可能影响多个方面，所以需要通过累加各个方面得到综合影响结果，由此将影响程度分为极高、高、中、低、极低5个级别，分别对应5~1的5个分值。

(1)法律责任：可以从承担刑事责任、行政处罚，对社会与经济造成的影响，伴随诉讼与处罚的程度来定量/定性分析。

(2)企业声誉：可以定性描述，按照造成负面影响的范围与程度来确定分级标准，如限于企业内部，已造成社会影响，限于某个网站或论坛，该媒体本身的影响力及覆盖范围，甚至引起政府的重视。

(3)资产或财务损失：可以按照货币金额进行定量分析。

(4)安全与环境：可以从安全事故对人员、环境造成的损失数量、损害程度，以及是否可以补救等方面来分析。

(5)运营：可以从对企业正常经营造成的影响程度来分析，例如，生死存亡、经营瘫痪、经营中断、失去部分业务能力、受到部分影响可以较小代价恢复等。

在此基础上，按照下述计算公式计算风险等级分值，进行风险排序：

“风险等级分值 = 风险后果发生可能性(分值) × 风险后果影响程度

(分值)”

在这些分析基础上,可以进一步通过风险矩阵法(见图10),从两个维度可视化评估风险的大小,将风险划分为高、中、低3个等级,当风险等级分值超过13时为高风险;分值为5~13时为中风险;分值低于5时为低风险。

风险后果发生可能性	风险后果影响程度				
	5	4	3	2	1
5	25	20	15	10	5
4	20	16	12	8	4
3	15	12	9	6	3
2	10	8	6	4	2
1	5	4	3	2	1

■ 高风险
■ 中风险
■ 低风险

图10 风险矩阵法划分风险等级

3. 风险评价与决策

风险评价时可以依据企业对风险的容许程度,将风险划分为3个区域:(1)高风险区域。该区域属于不可接受的风险区域,必须不惜代价进行风险应对。(2)中风险区域。对该区域内风险的应对需要考虑实施应对措施的成本与收益,并权衡机遇与潜在后果。(3)低风险区域。该区域属于可接受区域,其中的风险等级微不足道,或者风险很小,暂时可以不采取任何风险应对措施。①

风险评价的结果用以确定需要采取何种应对措施。风险评价利用风险分析过程中所获得对风险的认识,对未来的行动进行决策。决策包括:(1)是否需要将某个风险纳入控制范围;(2)需要优先控制哪些风险;(3)是否维持现有控制措施;(4)考虑风险应对的不同方案;(5)重新调整目标;(6)需要进一步风险分析以更好地理解风险。风险评价的结果应该在企业内部按照适当的策略进行记录、传达和验证。

---

① 参见原国家质量监督检验检疫总局、国家标准化管理委员会《风险管理 风险评估技术》(GB/T 27921—2011)第5.4条“风险评价”。

（三）合规风险评估技术

在《风险管理 风险评估技术》(GB/T 27921—2023)中一共罗列了近40种风险评估技术。从技术原理角度分析其大致包括以下几种：

(1)激发团队讨论。此类方法的本质是通过一套有效方法，组织来自各个专业领域或具有不同特质、能够互补的成员或专家参加问题讨论，通过聚焦问题，激发讨论兴趣、思维碰撞、启发、借鉴与引导，完成风险评估工作。例如，头脑风暴法、德尔菲法。此类方法充分利用群体的经验与综合分析能力，因而快速高效。同时，为了聚焦问题避免讨论陷入漫无目的境况，在分析或讨论之前，通常可以预设场景，设定单一场景或单一因素，引导分析与讨论向期望方向发展。例如，情景分析、结构化假设分析(SWIFT)、人因可靠性分析(聚焦人为因素)、以可靠性为中心的维修(聚焦可靠性)、压力测试(假设最不利的情形)。

(2)因果或相关分析。此类方法的本质是针对特定的X(源参数)与Y(目标参数)，然后采用各种方法与手段来分析两者之间的因果或关联关系。此类方法应用较广，32种风险评估技术中有10种可归为此类。各类方法的不同点体现在选择了不同的X－Y对，以及分析两者关联关系的方法不同，如表7所示。

表7 归为因果或相关分析的风险评估技术

风险评估技术	方法简述	X－Y对	X与Y关联关系的分析方法
失效模式和效应(FMEA)	识别潜在的失效模式、机制及其影响	失效模式—影响	量化X、Y、相关性，进行主观判断并给X－Y相关性矩阵打分
危险与可操作性分析(HAZOP)	综合性风险识别过程，用于明确可能偏离预期绩效的偏差，并可评估偏离的危害度，使用了一种基于引导词的系统	过程偏差—绩效	

续表

风险评估技术	方法简述	X－Y 对	X 与 Y 关联关系的分析方法
危害分析与关键控制点(HACCP)	系统的、前瞻性及预防性的技术,通过测量并监控那些应处于规定限值内的具体特征来确保产品质量、可靠性以及过程的安全性	特征—安全性	
保护层分析法	障碍分析,可以对控制措施及其效果进行评价	事故事件—后果	定义保护层,定量分析各保护层对后果的减轻作用
业务影响分析	分析重要风险影响组织运营的方式,同时明确如何对这些风险进行管理	风险—对运营的影响	
事件树分析	运用归纳推理方法将各类初始事件的可能性转化成可能发生的结果	初始事件—结果	归纳与推理,各种初始事件转化为各种结果的路径与可能性
因果分析	综合运用故障树、事件树分析,并允许时间延误,初始事件的原因和后果都要予以考虑	原因—后果	
根原因分析	对单项损失进行分析,以理解造成损失的原因	原因—单项损失	
决策树分析	决策问题的细节提供了一种清楚的图解说明	决策方案—收益	图形(树)方法,不同决策方案的收益

续表

风险评估技术	方法简述	X－Y 对	X 与 Y 关联关系的分析方法
蝶形图法	图形描述方式,分析风险从危险发展到后果的各类路径	危险—后果	图形描述方式,分析从危险发展到后果的各类路径

(3)统计与定量分析。此类方法的本质是先选择或全新定义一个表征特定现实意义的属性参数或者图形结构,再通过数学工具来定量计算该属性参数或生成图形,给出具有现实意义的结论。此类方法应用也较广,32 种风险评估技术中有 9 种可归为此类(见表 8)。

表 8　归为统计与定量分析的风险评估技术

风险评估技术	方法简述	表征参数	作用/解决的问题
风险矩阵	将后果分析与风险可能性相结合的方式	矩阵图形:危险发生可能性、后果严重程度	将参数分级后形成二维图表,直观地表示风险层次
风险指数	有效划分风险等级的工具	风险指数:代表风险等级	综合各种风险因素,量化为一个指数来衡量风险的大小
在险值(VaR)法	基于统计分析的风险度量技术	在险值:代表风险条件下的估值	给存在风险的资产进行估值
均值—方差模型	将收益和风险相平衡	二维曲线图形:收益(预期收益率均值)、风险(预期收益率方差)	给出预定收益下最低风险(最小方差)的投资组合

续表

风险评估技术	方法简述	表征参数	作用/解决的问题
资本资产定价模型	清晰地阐明了资产市场中风险与收益的关系	β系数：用于衡量某项风险投资的不可分散风险	计算风险投资的预期回报率
FN 曲线	通过区域块来表示风险，并可进行风险比较	二维曲线图形：特定危害的人数、累积频率	比较两类风险（后果严重但发生概率低，以及后果轻但发生概率高）
马尔可夫分析法	通常用于对那些存在多种状态的可维修复杂系统进行分析	状态转移矩阵（图表）	用于评估系统可用性及备件需求计划
蒙特卡罗模拟法	用于确定系统内综合变化，该变化产生于多个输入数据的变化	多维图形	通过大量随机样本结果对（X_{1-m}，Y_{1-n}）来分析输入综合变化对结果的影响
贝叶斯分布	统计程序，利用先验分布数据来评估结果的可能性	后果发生的可能性	认识因果关系，以便了解风险，预测管控措施的结果

四、合规风险应对

合规风险应对的目的是选择和实施应对合规风险的方案。

（一）合规风险应对流程

风险应对体现为以下反复优化的过程：（1）制订风险应对方案；（2）计划和实施；（3）评估实施的有效性；（4）确定剩余风险是否可接受，如果不能接受，应进一步采取的应对措施。[①] 这个过程构成了 PDCA 循环。

1. 制订和选择风险应对方案

在选择合规风险应对方案时需要考虑:(1)不仅限于经济方面的考虑,还应考虑企业所有合规义务之间的协调,以及企业整体的合规目标、风险标准和现有资源;(2)利益相关各方更容易接受的方案;(3)方案可能无法达到预期结果,甚至产生意外的后果或新的风险;(4)意识到按方案处理后剩余风险的性质和程度,并将其记录在案,接受监测与审查;(5)如果没有可用的应对方案或方案无法充分降低风险,则应记录该风险并进行持续监测。

选择最优的风险应对方案,需要权衡应对方案实施带来的潜在收益,与实施产生的成本或不利因素。通常针对特定风险的应对措施包括(也可能是多项组合):(1)决定停止/暂停有风险的相关业务活动;(2)同意承担风险以追求业务机会;(3)消除风险源;(4)降低风险发生概率;(5)降低风险后果的影响程度;(6)转移或分担风险后果(如通过合同,购买保险来转移风险);(7)不采取任何措施。[②]

风险控制活动的目的在于采取必要的行动来处置风险,以便实现预期的目标,均体现为一种内部控制,是对企业成员行为的规范及约束。根据特定的控制目标可以将风险控制活动分为预防性控制、发现性控制,人工控制、自动控制和管理控制等方式。合规风险控制的基本手段包括:

(1)授权审批控制。企业通过设定常规授权和特别授权制度及各自适用场景,可以明确合规人员在不同业务事项中的审批权限、基本流程和对应责任,来实现对合规风险的控制。常规授权是日常经营活动中的经常性授权,而特别授权是针对特殊情况或特定条件发生时的临时性授权。对于合规相关的重大的业务和事项,应增加合规专业人员的会签、首席法务官和更高层级业务领导参与决策的制度。

(2)权力或利益制衡,即对权力履行和利益获取进行必要的限制和约束,

---

① 参见《风险管理标准》(ISO 31000:2018)第 6.5.1 条“概述”。

② 参见《风险管理指南》(ISO 31000:2018)第 6.5.2 条“选择风险应对备选方案”。

以此控制合规风险。例如,将不相容岗位权责进行分离(典型如出纳与会计),多人操作,使其相互监督,形成相互制约的工作机制;有利益冲突时进行回避;关联交易的申报与公示;等等。

(3)财务控制。企业通过财务控制与管理控制合规风险。财务控制包括严格执行国家统一的会计准则、制度,加强会计基础工作,明确会计凭证、会计账簿和财务会计报告的处理程序,保证会计资料真实、完整,充分发挥会计系统对企业经济活动反映、记录和监督的作用。财务控制还包括全面预算管理制度,企业通过明确各责任单位在预算管理中的职责权限,规范预算的编制和执行等程序,强化预算约束机制。①

(4)资产保护控制。企业可以建立资产日常管理制度和定期盘点制度,确保资产安全,具体包括资产清单、出入记录,实物保管,定期盘点,账实核对等措施。

(5)信息保护控制。企业通过信息分类分级、信息访问权限设置、人员访问权限设置、最小必要范围限制等手段隔离保护信息资产,限制不必要的访问,使企业信息处于"有效保护与合法利用"状态及保障持续安全。

(6)运营控制。企业通过定期对运营状况进行分析,发现问题并及时改进,控制合规风险。具体包括建立运营情况分析制度,多渠道采集生产、购销、投资、财务等方面的信息,并采取因素分析、对比分析、趋势分析等手段进行综合分析。

(7)激励约束机制。企业通过构建合规奖惩机制,帮助全员树立合规的经营理念。企业通过建立和实施与合规相关的合规考评、合规举报、违规调查、违规处理等制度,对内部各责任单位和全体员工的合规情况进行考核和客观评价,对违规事件进行调查,将合规与违规情况作为员工绩效以及职务调动的依据。

(8)应急处理。企业通过建立重大合规风险预警和突发事件应急处理制

---

① 参见中国国际贸易促进委员会商业行业分会《合规风险 识别、评价与控制指引(征求意见稿)》(T/CCPITCSC XX—2018)第9.2条"内部控制措施"。

度与流程,避免风险事件发生后因未有效处理而造成不必要的损失和失控的严重后果。具体包括明确风险预警标准、制订应急预案、明确责任人员、规范处置程序,从而提升应急处理能力并及时妥善解决突发事件。

(9)记录保存。对业务关键活动进行记录、保存,可以在事后复现当时情景或审查核心信息真相,以支持事后审计与违规调查。例如,会计原始凭证保存,合规评审记录,各业务领域活动的过程记录、输出文档,IT 系统中的操作记录,等等。

2. 计划和实施风险应对方案

风险应对计划①的目的是具体说明如何实施所选择的处理方案,以便有关人员了解安排,并监测计划的进展情况。应对计划应明确确定实施风险应对方案的顺序。应与适当的利益相关方协商,将应对计划纳入企业的管理计划和流程中。应对计划应包含以下信息:(1)选择应对计划的理由,包括可获得的预期收益;(2)负责批准和实施计划的人员;(3)拟议的行动;(4)所需资源,包括意外情况;(5)结果的计量;(6)限制;(7)所需的报告和监测;(8)何时采取行动并完成。

3. 评估应对的有效性

评估应对的有效性,是指对合规风险应对方案实际执行的完整性、准确性进行验证、测试和评价。对不同等级的合规风险应对,在评估时应分配不同的评估资源。对于重大合规风险,须对控制措施的启动,执行及效果进行持续跟踪与监督,直至合规风险消除或降低至可接受范围。评估风险应对是否有效,可以从完整性、准确性两个方面进行评估。

完整性,是指控制措施执行无缺漏。完整性方面常见潜在失效问题包括:(1)有些情景应控制但实际执行中未被控制;(2)同一个情景的有些业务活动未被控制;(3)有些业务活动中管控要求未被完整执行;(4)未按要求升级到合规部门决策;(5)没有按照决策结论在后续业务活动中执行;(6)合规控制的相关记录没有被完整地保存。

---

① 参见《风险管理指南》(ISO 31000:2018)第 6.5.3 条“准备和实施风险应对计划”。

准确性,是指对控制要求的理解与执行没有偏差。准确性方面常见潜在失效问题包括:(1)对合规风险识别的理解有偏差;(2)对用于风险识别的信息要求理解及填写有偏差;(3)对控制要求的理解有偏差;(4)控制动作的执行有偏差;(5)对升级条件与决策结果的理解有偏差;(6)对记录保存要求的理解与执行有偏差。

4. 确定剩余风险是否可接受

对于采取应对措施之后的剩余风险,需要进一步确认是否在可接受的范围,如果不能接受就有必要启动新的控制流程。

风险源于不确定性,根据风险原因可以将不确定性大致分为两类:(1)因为对风险未加防范或者执行不到位带来行为与结果的不确定性,这种不确定性可以通过加强管理,增强主观意识来消除;(2)无法主观消除或者无能力、难以消除的不确定性,这类不确定性具有客观、偶然、相对等特征。

因此,总是存在无法通过加强管理而完全消除的风险,也就是说,剩余风险总是存在的。对于这部分无法规避的风险只能通过尽早发现,避免后果与影响的扩大,及时采取控制措施来减轻其影响;或者通过分担风险进行转移,提取风险准备金接受风险等。

(二)将控制嵌入业务流程

企业应将完善相应业务活动的内部流程和规范作为最重要的手段,因为这是一种基础的、系统的、高效且可持续的合规控制方式。将相关合规控制措施嵌入相关业务领域的流程与规范中,通过电子化信息系统来实现,不仅更加高效,而且可以最大限度地减少人为因素的影响,保障风险应对方案的有效实施。

1. 识别关键控制点

为了识别业务活动中的能实现合规控制目标的关键控制点(critical control point,CCP),合规专业人员可以与业务流程的制定与管理单位一起,按照下述步骤回答4个基本问题,以此逐一考察各业务领域流程的每一个活动,如图11所示。

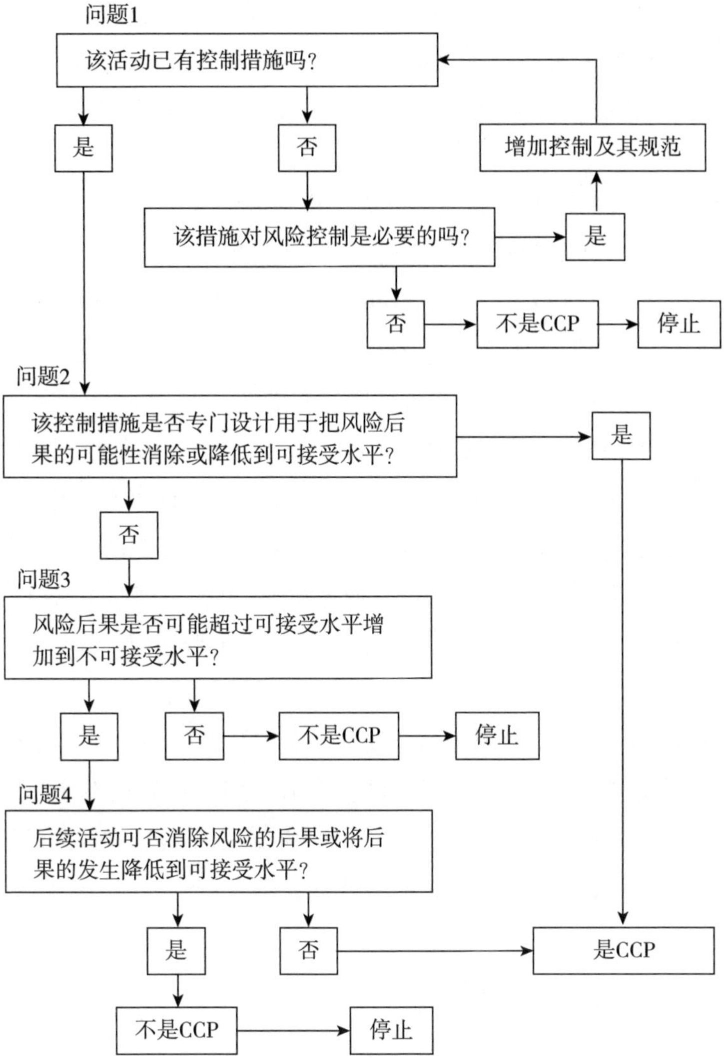

图 11　CCP 的判断树

资料来源:原国家质量监督检验检疫总局、国家标准化管理委员会《危害分析与关键控制点(HACCP)体系　食品生产企业通用要求》(GB/T 27341—2009)附录 A。

2. 将控制嵌入关键控制点

在已识别业务活动中的关键控制点基础上，企业通过在关键控制点活动中增加合规控制活动来实现合规风险控制。企业应对新制度、新流程、新产品、新业务，重大合同或决策事项加以特别的关注。这些情形通常容易发生系统性或重大的合规风险。

常见的合规风险控制措施是将合规评审强制纳入关键控制点活动的决策审批流程，以识别、评估和严控合规风险。其主要程序如下：

（1）立项发起与评审。立项发起单位除立项基本要求和常规文件外，还要提交立项风险清单、合规风险自我评估结论。属于中风险以上活动的应提交防控预案；低风险的可自行制定经济性风险控制措施。

（2）合规专业评审。应将合规专业人员加入此类活动的立项评审过程，形式主要有专人书面评审或共同的会议评审，以出具合规评审专业意见。

（3）审批决策。对于各方面意见不完全一致，或方案进行了较大修改的审批项目，决策层应要求重新进行合规专业评审，或再次专门听取合规专业人员的更详细意见。对于重大的决策事项，决策层应要求合规部门提交专项合规评估报告。

（4）跟踪评估。无类似先例的全新业务、产品、流程、制度，一般应先试行3～6个月。合规专业人员在试行期间需密切关注试行情况，对于出现的紧急情况的处置及时提供合规专业支持。试行期满，发起单位根据收集的试行反馈情况和问题，对原方案进行修订调整，并再次要求合规管理部门进行合规评审。

五、完善合规风险管理体系

合规风险管理体系建立以后，剩余合规风险的识别与评估，是最贴近日常管理实际的经常性合规管理工作。企业通过对合规风险管理体系存在的问题进行持续的监测、发现、识别、上报、评审与维护、问题跟踪与闭环处理，不断完善企业的合规风险管理体系，使合规风险管理工作易于被业务单位接受以融入日常业务管理活动的方方面面。

合规管理人员在合规风险管理体系完善过程中要善于寻找管理体系改进的切入点和合适的职责日常履行方式,需要通过有效并且高效的方式找到合适的途径、收集到有用的信息、识别到改进机会、形成日常的工作机制与问题闭环处理机制。以下是几种在实践中总结得到的获得有待改进问题点的有效途径:

(1)监管与行政处罚信息。可以从外部监管与行政机关对企业的处罚信息中分析与发现问题点。这些处罚直接反映出企业在合规风险管理过程中存在重大缺陷。

(2)审计报告与损失统计。可以从内部或外部的监察审计报告,以及内部审计或财务部门的各种损失数据统计分析中发现问题,如案件与诉讼、内审案件、外部审计报告、各类风险事件造成的损失数据。

(3)内外部违规举报线索。企业应建立起内外部违规举报管理制度,并将其作为合规待改进问题点的重要获得途径。应向企业内外部公开宣传违规举报途径,接收来自外部供应商、客户、合作伙伴的举报信息。

(4)合规风险上报。企业应建立内部的合规风险上报、升级处理的制度,并将其作为合规部门与业务部门识别合规风险的一个重要信息来源。合规专业人员在合规相关事务处理过程中,以及业务人员在日常业务活动过程中,发现任何合规风险或风险信号,都应该按照上报制度逐级升级到合规管理部门或首席合规官,由合规管理部门牵头进行跟踪处理。

(5)经营异常与变动。企业应协助合规管理部门获得最高层面及业务领域层面的经营工作会议信息,将日常经营异常、战略实施中发现的问题、新产品与新市场拓展、未来重要的经营举措等重要信息推送给合规管理部门。因为这些信息中可能涉及需要合规风险管理改进或与之配套的需求,或者相关异常与变动将影响现有业务流程和管理规则中合规控制措施的有效性。除了企业经营例会,日常经营发现的异常情况还包括各业务领域一些关键业务数据的修改申请、各项业务运营问题/故障记录等,其中也可能隐含风险的信息和数据来源。

(6)外部舆论。对企业声誉的影响是合规风险造成的重要后果之一,因此企业应由专门的部门或人员负责收集网络及其他媒体关于企业的热点新闻、网络事件、监管问询、用户投诉与诉讼等对企业存在负面评价的信息。

(7)风险应急处理与危机应对。企业应建立突发的紧急事项或危机事件的快速上报与处理管理制度,提前设置应急授权和处置预案,制订统一的风险评估标准来区分紧急风险事项的具体等级和处理流程,并通过日常演练来验证这一机制的有效性。

针对通过以上途径发现的可能需要进行改进的问题点,企业应该由合规管理部门牵头,与业务单位一道,先识别该问题是属于系统性合规风险,还是风险管控措施实际执行不到位造成的。对于实际执行不到位的情况,还需要区分是否属于缺少内部监管与检查而且比较容易发现的。执行不到位的,应追究相关责任人的责任。对于属于系统性的合规风险,应该对所涉及的合规政策、业务流程、合规风险清单、风险控制方案进行合规评审与维护。合规评审与维护的过程包括:(1)组织业务单位对相关风险源(风险原因)进行深入调查与分析;(2)识别制度、机制、流程和控制等缺陷;(3)对缺陷及其同类问题进行分析、改进与跟踪落实;(4)改进完成之后由内部监察审计和合规管理部门进行审核确认并关闭该事项;(5)在后续工作中验证问题整改措施的有效性,对后续重复发现的同类问题进行责任追究。

第四节　建设和完善企业合规文化

一、企业合规文化概述

（一）企业合规文化的概念

企业合规文化，是指在企业成员相互作用的过程中形成的，为大多数成员所认同，并且用来教育新成员的一套合规价值体系，包括共同意识、价值观念、职业道德、行为规范和准则等。[①] 在企业合规管理领域，所谓"文化"，是指一个团队实质上倾向、推崇的做事方式、做事理念。它代表了企业自上而下致力于法规遵从性的概念，并将其包装到每个计划、决策和项目中，让每一位员工，无论身在何处或在任何业务线，都知道合规的基本要求是什么。

与道德规范不同，合规是标准化的、可预测的、明确定义的，即在同一行业内运营的组织努力遵守相同的规则和法规。公司合规文化由许多因素决定，包括领导力、市场条件、竞争压力——任何对业务决策有重大影响的因素。

合规文化始于忠实于其使命和核心价值观的组织，它的形成是一个由许多人指导和支持的过程，其以创造一个人人都能说和做正确事情的环境为导向。

企业合规文化存在于企业治理、运营、管理等各个领域的各个环节，需要通过合规管理活动实现其意义，因此合规文化是一个管理命题，其工作本身就是企业的合规管理活动。企业合规文化管理是合规管理的最高境界。企业合规

① 参见田学敏：《在华韩资企业文化本土化建设研究》，中国海洋大学 2010 年硕士学位论文，第 3 页。

文化的力量不是来自标语口号等外在形式，而是源于人内心的信念，也扎根于人的行为。企业合规文化特别体现于在没有具体指令和规则时，企业员工会如何决策和管理自己的行为。良好的企业合规文化能减少内部管控成本，实现员工自我管理和自我监督，并使合规管理变得简单高效。

企业合规管理的核心职能之一，是制订和落实企业合规制度。制度源于人，又作用于人。在企业落实制度的过程中，组织会产生超越个体能动性的力量和影响，在持续性制度化的作用下，企业成员可以明晰正确行为模式的类型和适用条件。同时，企业在制度化管理过程中形成的管理特色和丰富经验，也构成了企业的合规文化。

企业合规管理的目标是管控合规风险，它要求基于风险评估制定与业务相契合的管理流程。因此，合规制度建设不是制度霸权主义建设，科学的、与业务相契合的合规制度化，才是合规文化的活力源泉。

（二）企业合规文化的重要性

培育企业合规文化、强化企业合规经营是对现代化企业经营管理的必然要求。随着中国加入世界贸易组织，中国企业的发展进入了新阶段，但错综复杂的国际政治经济形势与全球化格局的演变，对企业合规经营、合规管理提出了越来越高的要求。企业一旦因不合规行为产生问题，就可能遭受巨大的经济损失并引发社会不良影响。企业要实现安全可持续的经营发展，就必须提升合规文化建设意识，将合规文化放在企业管控治理的突出地位，采取实质性措施，才能形成企业特色合规文化并取得突破性进展。

培育合规文化、强化合规经营也将促进企业安全经营。企业发展壮大的过程必须具有科学性、稳健性、持续性，这意味着企业的发展必然是恪守依法合规要求的。现今，国内外监管环境日益严格，这对企业合规经营提出了更高的要求，企业迫切需要建立一套合理、高效、覆盖范围广的行为规范和制度规章，从而形成契合企业实际需求的合规管理体系，并使企业的经营决策都能够合法合规、有规可依、有章可循。这有赖于企业构建契合实际发展的合规文化体系，将合规文化融入企业发展经营的血液，并嵌入员工的日常决策活动中，从而真正有效提升风险管理水平和合规经营管理能力。[①]

培育合规文化是预防合规风险的根本举措。预防合规风险，关键是切实保障合规制度得到高效落实，提升企业员工的合规意识，使其在潜移默化中形成依规办事、合规决策的良好习惯，从而保证将合规意识和观念深深植根于企业干部员工的思想中，将践行企业合规文化融入全体员工的内在素质和自觉行为中。[②]

企业必须认真对待合规的最直接原因是，如果他们不这样做，就会面临监管和法律处罚风险。通常，不合规可能对雇主或雇员的声誉造成损害，代价同样高昂。投资者越来越关注公司的环境、社会和治理状况，这本身也表明，认真履行合规义务的公司对投资者而言更具吸引力。此外，一家因合规问题而享有负面声誉的企业可能难以吸引和留住优秀人才，拥有健康和合规工作场所文化的企业可能更容易吸引和留住优秀人才。

（三）什么是良好的企业合规文化

在良好的企业合规文化中，合规是管理的重点，也是公司运营不可或缺的一部分。具有强大合规文化的企业对合规经营以及与不合规的相关风险具有普遍认识。

良好的企业合规文化通过正向鼓励倡导良好行为，或者将其作为晋升的先决条件，以提醒员工以及商业伙伴，合规对企业很重要，并且是取得成功所必需的。但是，企业合规文化不仅是遵循适当的合规程序、接受培训或举报可疑违规行为。强大的企业合规文化是将做正确的事情融入公司企业文化中。

那么企业合规文化是什么样的呢？首先，企业需要为合规管理职能配备适当的人员和结构。例如，期望一个人为大型企业运行强大的合规计划是不现实的。合规是一项非常专业而复杂的工作，需要专业人员和一定程度的专业知

---

① 参见王彦：《合规文化建设是银行合规经营的重要保障》，载《金融理论与实践》2012 年第 6 期。

② 参见《加强我市农村信用社"内控与合规"之我见》，载豆丁网 2015 年 12 月 1 日，https://www.docin.com/p-1377011196.html。

识,与企业的规模和业务复杂度相配的合规专业团队是企业合规文化必不可少的组成部分。其次,企业要有相应的预算合规工具来确保合规相关任务的有效执行。合规规则和监管环境总是在不断变化中,需要企业保持警惕,以采取适当的合规动作来防范风险。将公司文化转变为以合规为重点,需要随着时间的推移不断努力和深化投入,而这必须以合规专业人员和工具的正确组合为基础。总之,企业管理层必须投入足够的资源,才能确保企业合规文化的良好运行。最后,管理者必须严肃认真地处理违规行为,明确指定违规行为的处罚规则。根据违规的严重程度设置分层级的处罚措施,通过对违规行为的处理,维护企业合规的文化氛围。

二、企业合规文化的参与者

企业要深化合规实践、避免风险发生,就需要公开鼓励合规、惩处违规,营造“以合规为荣、以违规为耻”的合规文化氛围,通过合规文化,让每一位员工知道什么可以做、什么不能做。

企业合规文化建设与管理,是指以构建完善的企业合规文化体系为导向的合规管理实践模式。在合规文化建设与管理中,高层管理者、合规专业团队、中层管理者、企业员工,都是合规文化的重要参与者和影响者。

(一)企业高层管理者

企业文化是自上而下传播的,因此企业高级管理层需要定下基调并采取相应行动,以展示组织在合规方面的价值观。领导层应直接参与并监督组织合规计划的实施,以确保其有效履行监管义务。

一个好的企业合规文化意味着公司从上到下的员工都了解他们在合规方面必须扮演的角色,并认真对待这一角色。嵌入合规文化必须从高层开始。企业强调对合规重视程度的有效方法之一是确保将合规责任明确分配给企业高层管理者,在适当的情况下将合规管理作为企业高层管理者一个独特的管理责任。这既是建立合规文化的关键步骤,也能确保在最顶层讨论和解决合规问题时,有根本性的保障作用。为维护合规文化的有效性,公司的所有高层管理者都必须透明且始终如一地制订和维护高标准的行为准则,以供公司其他成员遵循。确保监控和评估员工对合规态度的一种方法是让高级管理人员设置涵盖合规的考核指标,并制订绩效评估表格和流程。

公司的企业文化建设必须定位为"一把手工程",企业高层管理者是企业文化的决策者、践行者、维护者、监督者,是企业文化的直接代表。高层管理者表现出来的行为,设定了将渗透公司其他部门的标准。如果员工经常看到高层管理者偷工减料,不惜一切代价鼓励业绩增长,并违反规则,那么他们也将采取同样的行为方式。相反,高层管理者强调道德,呼吁良好行为,并且不容忍违反规则,那么各级组织也都将采用类似的做法。

企业高层管理者对企业合规文化的形成和维系发挥着不可替代的重要作用。第一,高层管理者是企业经营的决策者、领导者,也是企业文化管理的直接负责人,高层管理者要综合其对本企业经营状况和潜在风险的整体把握,统筹企业合规文化的建设目标和基本方向,并在此基础上提出企业合规文化建设的具体规划和要求。第二,高层管理者也应当成为企业文化的第一践行者,需要在管理层面强化对合规文化建设领域的各项投入,并做到身体力行,亲自强调、展示和遵从企业合规文化,成为企业合规文化践行者标杆,以此来带动下级干部员工践行企业合规文化,形成企业合规文化氛围。第三,高管层也应该做企业文化的坚定维护者、监督落实者,要制订公开透明、科学合理的监督和奖惩制度,及时制止违反企业文化的错误行为,明确处罚违反企业文化的各类行为,从而对企业合规文化建设起到监督作用。第四,高层管理者应该结合外部合规环境、业务环境的变化,适时对企业文化进行修正和完善,以便企业的合规管理、合规文化能够不断地进化,做到与风险相适应。第五,企业高层管理者应当就公司价值观、合规举措定期进行内部和外部沟通,将促进合规文化建设作为一项关键业务战略。

良好的合规计划具有适应性,应随着不断变化的监管、法律和社会环境及时优化。企业识别和理解相关变化的速度越快,就越能快速有效地修改合规计划以降低风险。因此,企业高层管理者还必须确保企业有足够的系统和资源,及时了解所应遵守的规则的变化,并做出调整。

(二)企业合规团队

企业合规团队承担了合规管理的核心工作,推动合规文化建设,是企业合规师责无旁贷的分内之事。对于企业合规文化的理念,企业合规师必须先知先觉、率先垂范;对于企业合规制度及合规流程,企业合规师要熟练掌握,否则无法对业务行为作出有效评判;对于企业的业务特征,企业合规师要睹始知终,这样在解决问题时才能抓住要害和关键;对于企业的风险情况,企业合规师要见微知萌,保持对风险的敏感度。总之,企业合规师要在面对各种复杂情景时"定倾扶危",充当起企业合规文化的"定海神针"。企业合规师既是企业合规文化的启动器,也是企业合规文化的助推器。

企业合规文化是一种集体印象,其讲述合规在企业中的意义,让员工知道在企业中如何遵循合规要求能获得奖励或避免惩罚。每个员工都会根据他所感受的氛围来强化这个集体印象。企业合规文化是员工必须应对的规则压力,企业合规团队的职责是影响这些压力。

企业合规团队应该推动企业建立明确的制度,确保员工积极举报潜在违规行为,并通过对举报者的切实保护、对打击报复举报现象的处罚,鼓励员工报告所有可疑的违规行为,让员工真正感觉到举报是安全的。企业合规团队建立起清晰、保密和受保护的报告渠道至关重要,企业合规团队应公开、明确地鼓励员工举报潜在违规行为。

企业合规团队还应当建立有效机制,确保员工可以免费、轻松地获得与合规相关的详细信息,并且应该定期对该机制进行审视和优化,以确保它将合规相关的规则变化及时地、清楚地传达给公司全员。

企业合规团队在需要时应及时介入,但应尽量不要过于密切地参与运营问题。如果企业合规团队被要求解决的运营问题是企业合规团队出于审计原因应该监控的问题,那么企业合规团队可能遇到利益冲突。通过提出正确的问题,企业合规团队可以确保运营人员知道他们需要做什么,并让他们弄清楚怎么做。运营团队应该为自己找出最佳解决方案。这是企业合规团队决策的底线。

将稳健的合规成果整合到中层管理者以及员工的绩效管理中,将有助于确保每个人都了解合规的重要性,并确保每个人都对"做正确的事情"负责。

(三)中层管理者

如果企业中层管理者被认为优先考虑其他绩效指标而不是合规指标,那么其该种行为将在团队成员中复制,从而形成合规不是优先事项的基调。中层管理者对企业和组织有着实质性的影响,因此也深刻地影响着自身的企业文化。中层管理者践行合规文化的情况,也影响甚至决定着员工对合规文化的态度。榜样的力量是无穷的,要为员工树立榜样,管理者自己就是最佳人选。中高层管理者承担着对合规文化的指引责任。如果管理者无视企业合规制度或合规流程,甚至肆意破坏合规规则,就会引起下级员工对合规的松懈甚至是排斥。

(四)员工

员工是企业组织中的最基本细胞,员工对企业合规文化的感知是最直接、最敏感的。因此,员工对企业合规文化的影响也是最广泛的。如果员工不能承载和践行合规文化,或者对企业合规文化产生排斥心理,那么企业合规文化就无法立足,就会溃败。除了践行合规文化外,员工本身也对合规文化产生正面或负面的影响。因此,企业合规文化的建立者和完善者需要充分重视员工对企业文化的重要性,为员工树立榜样,引导员工悉心呵护、主动践行合规文化,以此不断强化企业合规文化的生命力和影响力。

在合理的范围内,公司的所有员工都应该接受量身定制的合规培训,以明确每位员工在其岗位上可能面临的合规风险,以及员工对这些风险保持警惕的重要性。

三、如何进行企业合规文化建设

建立企业合规文化始于组织的使命、愿景和价值观。这些是公司的支柱,也是每位员工都应遵守的标准。文化不是有形的,而是植根于组织内部并由高层管理者维护的无形物。通过如下一些步骤,可以有效培养重视合规的企业文化。

(一)通过合规培训激活合规文化

人非生而知之者,广大干部员工不会天生就懂合规,尤其是在出口管制、反腐败或反洗钱等复杂领域。合规培训不仅教会员工他们需要知道的事情,以确保公司和彼此的安全,而且让他们热衷于学习和接受他们所承担的合规责任。

合规培训是企业合规文化建设的重要一环,关系到企业合规文化建设的方方面面,因此,合规培训是企业文化建设的重要内涵,也是企业合规文化建设最重要的组成部分。员工通过合规培训,可以了解合规对他们的直接影响,可以将他们学到的知识应用到日常工作中。合规培训也能够使员工形成一种条件反射和肌肉记忆,帮助员工识别潜在的合规风险并采取正确的行动。在培训中,员工可以通过对合规相关指引和案例的学习,了解最新的工作流程及合规要求。

合规培训可以促进企业合规文化的建设和传播,也影响着合规文化建设的实际效果。合规培训的重要作用主要体现在两个方面:一是可以传播企业合规经营和决策所需遵从的基本要求和行为规范,如合规基础知识和技能等;二是促使每个员工接受最基本的价值观念,主要体现为企业合规文化。

完善企业合规文化建设机制,能为合规培训的更好开展打牢基础。在优秀合规文化指导下的合规培训,把员工利益和企业安全经营的长远利益紧密地联系起来,合规培训得到领导和员工的普遍重视,员工既有参加合规培训的欲望,又有参加合规培训的动力,也能享受合规培训带来的满足感。

在合规培训中,应当遵守密切联系实际的原则,从实际出发,企业合规文化才有切实锚点。另外,不同岗位的合规风险不一样,合规管控机制和管控流程不一样,组织合规培训时,应充分注意到不同岗位的差异,照顾到不同岗位的独特性,采取因岗制宜的培训原则。还有,合规的外部环境和内部规则是在频繁变化着的,因此合规培训也不能一成不变,而应当与时俱进,适应新的合规外部形势、内部业务要求。

在合规培训中,尤其要关注新员工这一特殊队伍。由于价值性观念具有先入为主的特点,所以对新员工而言,在其入职培训中嵌入合规培训至关重要。具体而言,可以在新员工培训期间引入企业合规文化的宣贯,注重新员工合规文化理念的塑造,这可以起到事半功倍的效果,也更有利于把新员工培养成企业合规文化的践行者和主力军。

(二)通过考核引导企业合规文化

企业的绩效管理、考核评估、薪酬福利都是利益分配机制的组成部分。同时,企业的绩效管理体系、薪酬福利体系也能形成一种合规文化导向。企业合规文化的核心内涵是绩效薪酬体系的原始驱动力,而企业的绩效薪酬体系与企业文化之间也是互相调和而成的。

因此,考核和绩效管理就需要基于合规管理目标、基于组织和人员对企业合规管理的价值创造,引导企业合规文化,用文化的导向去实现企业的合规经营。

通过考核引导企业合规文化,应该尤其注意考核的责任导向。就绩效管理体系而言,在制订考核指标时,应当针对员工、部门、管理层匹配明确的对应责任。同时,应当注意为不同合规风险确定唯一的责任人,而且该责任人应当承担100%的责任,这能够有效避免“一个和尚挑水吃,两个和尚抬水吃,三个和尚没水吃”的不良现象。同时,要切实解决责任缺失问题,树立责任导向意识,坚持“业务谁主管,合规谁负责”的管理办法。对企业来讲,这种管理办法也需要与流程分工和利益机制结合才能实现高效。①

(三)通过合规举报、违规处罚与问责巩固合规文化

制定有效的违规处罚与问责机制,并为所有员工提供明确指引,让员工清

---

① 参见《企业绩效管理的5个文化导向!》,载个人图书馆网,http://www.360doc.com/content/16/0109/21/15915000_526702722.shtml,最后访问日期:2022年9月26日。

楚在发生违规事件时的处罚和问责措施,是良性的企业合规文化的重要组成部分。有效的违规处罚与问责机制包括:被管理层所支持的疑似违规行为的举报程序;科学、独立的内部调查流程;对违规行为的有效处罚与问责。

在有效的违规处罚与问责机制中,高级管理层的支持至关重要。只有让员工真切地感到组织各级管理层真正致力于合规文化建设、重视违规处罚与问责,企业合规文化才能有效建立起来。因此,高级管理层必须经常、广泛、有效地强调违规处罚与问责机制。除了鼓励员工积极举报涉嫌违规的行为外,也有必要让员工知道管理层将举报涉嫌违规行为视为合规文化建设的组成部分,有必要让员工知道举报违规行为是每位员工应尽的责任和义务。

企业管理层可以做的最重要的事情是在员工内部培养合规文化,以身作则。对此,至关重要的是,需要让员工清楚地知道,真诚地提出有关合规的问题、疑虑或举报,不会受到任何打击报复。如果每位员工都对举报没有顾虑、对违规处罚和问责有充分的信心,就能形成群众监督氛围。企业内部一旦形成鼓励监督、鼓励举报的文化氛围,企业的合规经营和商业安全就有了充分的保障。

第四章

企业合规官的危机应对职能

企业合规官需充分发挥其合规危机应对职能，建立监测、报告、处理、落地整改、调整和更新机制的全生命周期合规危机应对机制，将合规危机管理有效地融入业务流程中去，及时识别和处理合规危机事件，督促合规危机管理工作持续改进，从而提升企业合规管理水平。

本章将从企业合规危机出发，分 4 节详细介绍企业合规危机管理体系，包括发现和报告企业合规危机事件、处理企业合规危机事件及管控风险、落地危机整改要求，以及调整和更新危机应对机制。

第一节　发现和报告企业合规危机事件

及时有效地发现和报告企业合规危机事件是企业合规危机应对的前提和基础。本节就企业合规危机事件的概念和常见类型、产生的内外部因素,以及企业合规危机事件的监测和预警、报告和沟通机制进行介绍。

一、企业合规危机事件的概念和常见类型

(一)合规危机事件的概念

企业在面临合规风险时,如不加以控制或管控不当,风险就有可能积聚为危机,从而演变为对企业效益、市场和声誉造成实质破坏的合规危机事件。基于此,本书将合规危机事件的概念作如下解释:

合规危机事件,是指企业违反法律法规要求或未履行某项合规义务而受到相关监管处罚,阻碍企业正常生产经营活动,造成企业重大经济或声誉损失及其他负面影响的危机事件。

(二)合规危机事件的常见类型

1. 出口管制合规危机

出口管制,是指对两用物项、军品、核以及其他与维护国家安全和利益、履行防扩散等国际义务相关的货物、技术、服务等物项出口,采取禁止或者限制性措施。当今世界各国普遍高度重视并积极推进出口管制工作,不断加大出口管制相关立法与执法力度,这也加大了企业在国际业务中诱发出口管制合规危机

事件的可能性。

2. 反商业贿赂合规危机

反商业贿赂合规在世界范围内受到广泛关注,针对其的执法力度也在不断增强。例如,企业因违反美国 FCPA 的罚款总额 1977 ~ 2021 年高达 270 亿美元;埃及为遏制国内腐败,在 2014 ~ 2018 年实施了“国家反腐败战略”(National Anti - Corruption Strategy, NACS);我国陆续发布《反不正当竞争法》等法律。随着我国经贸投资活动的快速推进,在国际层面企业合规监管审查日趋严格,为企业反商业贿赂合规带来挑战。

3. 数据保护合规危机

随着 2018 年欧盟 GDPR 正式生效,全球范围内展开了关于数据保护立法、执法、企业合规、国际合作等的广泛讨论和深刻变革。我国陆续发布了《中华人民共和国数据安全法》(以下简称《数据安全法》)、《个人信息保护法》等法律法规。大数据时代的到来,促进了数据保护领域的监管执法力度不断加强,企业触发数据保护合规危机事件的可能性大大提高。

4. 反垄断合规危机

我国近两年反垄断领域的立法工作较为积极和活跃,陆续发布了《中华人民共和国反垄断法》(以下简称《反垄断法》)、《经营者反垄断合规指南》等,同时为了促进市场经济健康发展,反垄断相关执法力度也不断加强,企业若不关注相关法律法规要求并采取适当的管控措施,可能会因为违反反垄断相关规定而遭遇监管处罚等导致合规危机。

5. 反洗钱合规危机

20 世纪 90 年代之后全世界相继发生了多起大型洗钱案和重大操作风险案件,使世界各国都意识到加强金融机构管理的重要性,反洗钱合规管理由此应运而生。随着洗钱隐蔽性的增强,企业相关合规管理可能存在漏洞进而导致合规危机。

6. 劳动用工合规危机

企业可能在劳动合同签订、履行、变更和解除等环节违反法律法规、侵犯劳动者合法权益而引发合规危机。

7. 财务税收合规危机

企业可能因为违反财务税收法律法规，因财务内部控制体系缺陷、财务事项操作和审批流程漏洞、偷税漏税等引发企业合规危机。

（三）合规危机事件的等级划分

企业对合规危机事件进行等级划分对于合规危机事件管控而言是十分有必要的。合规危机事件的等级划分需根据公司业务类型、量级等确定，在确定合规危机事件等级划分标准时，可从以下方面考虑：

1. 企业生产经营活动的影响程度；
2. 造成或可能造成的财产损失金额；
3. 对公司形象、声誉、股价和经营秩序等产生的影响程度；
4. 高层和客户的感知度和关注程度。

二、企业合规危机事件产生的因素

企业应联系自身生产经营、产品服务等相关方面的情况，认识企业所处的监管环境，识别可能发生不合规的场景。合规危机产生的原因通常包括外部因素和内部因素。

（一）外部因素

1. 法治成熟度。不同国家立法完备程度和执法力度有较大差别。例如，美国证券市场实行严格的信息披露规则，不同企业使用不同的信息披露规则，违反信息披露规则的，不仅将承担高额罚金，而且会面临律师事务所发起集体诉讼或股东代表诉讼，要求公司或董事会成员承担民事赔偿责任；欧盟发布GDPR，对企业的个人数据保护提出更多合规义务，基于GDPR的监管执法力度不断增强，企业如不遵守相关合规义务将遭遇高额的监管处罚，企业的合规风险极高。

2. 行业业务模式。不同行业具有不同的业务模式和行业特点，导致行业影响力和风险程度不同,面临的监管强度也不同。例如,一家金融机构发生的风险所带来的后果可能对整个金融体系的稳健运行构成威胁,从而导致社会经济秩序混乱,甚至引发严重的政治危机,因此金融行业作为"强监管"行业,企业面临的合规义务较多,发生合规危机事件的可能性较大。

3. 市场竞争情况。在市场经济条件下,企业面临不同的市场竞争格局。例如,随着移动互联网支付行业的崛起,第三方支付行业利润降低,竞争越发激烈,支付机构布局多样化业务以谋求高利润可能会触及法律法规的底线。

4. 企业在产业链中的位置和定位。企业所处产业链的位置不同、实现价值的方式也不同。例如,销售型企业和生产型(代工型)企业所面临的合规义务偏向和数量就不同;金融作为产业链发展的支撑,涉及行业多且复杂,当一个行业出现问题时金融机构易受到波及。

5. 企业主要的外部利益相关方及其遵从法律、合同、道德操守等的情况。一些跨国企业在东道国可能遇到合作企业要求提供商业回扣或礼物宴请等情况,这可能导致企业违规,甚至涉嫌商业贿赂。[①]

(二)内部因素

1. 企业的经营模式。企业的经营模式和盈利方式使企业面临不同的潜在合规危机。例如,近年来随着 App 的广泛应用,国家有关部门在全国范围内组织开展 App 违法违规收集使用个人信息专项治理活动,对于依赖 App 开展业务的互联网公司而言,其合规危机发生的可能性急剧上升。

2. 企业高层重视程度。公司管理层对合规的重视和支持程度决定了企业合规体系是否能够有效落地实施,确保合规资源的投入、合规文化的培养,从而影响合规危机事件处置的有效性和解决效率。

3. 企业合规组织架构。企业是否建立专业的、清晰的合规组织架构,决定了合规危机事件发生时是否有合规部门给出专业的合规意见和判断依据,能够有效降低合规事件的危害影响。

---

① 参见李明燕、洪麒:《企业大合规》,中国经济出版社 2021 年版,第 56 页。

4. 企业合规规则和流程的成熟度。企业若未建立成熟的合规规则和流程，可能导致在合规危机事件发生时，各部门不能明确自身职责和合规管控要求，也不能快速运转和处置危机事件。

5. 企业合规风险治理情况。风险评估和治理是企业合规管理体系实施的关键环节，有利于企业针对高风险合规领域投入资源进行风险防控，从而影响合规危机事件发生的可能性。

6. 企业合规文化建设情况。企业若轻视合规文化建设，合规理念和规则无法深入人心，合规危机事件的应对机制也如无源之水，无法有效运转。

7. 企业合规监督检查机制。企业通过自查、审查高风险领域潜在的不合规事项并建立相应的处理机制，可降低合规危机事件发生的可能性。

三、企业合规危机事件监测和预警

合规危机事件监测，是指对可能引起合规危机的各项因素进行观察、记录、评价等活动。合规危机事件预警，是指对潜在的合规危机信号或已发生的合规危机进行危机预警或危机申报。企业建立有效的合规危机事件监测和预警机制，有助于企业及时识别合规危机事件发生信号，积极做好预防工作及应对准备，对减轻或消除危机具有重大意义。

案例：西门子公司因及时识别员工不当行为减免企业责任

西门子公司在2008年因其在多国的贿赂行为与美国达成和解协议，并接受为期4年的独立合规监察官对其合规体系的监督，在监督期间（2011年），西门子公司在科威特的3名员工拟通过第三方中介行贿，以帮助西门子公司获取合同。西门子公司通过外部知晓了这一贿赂计划后，立即启动内部调查阻止了贿赂款项的支付。此后不久，西门子公司解雇了涉案的3名员工，并就该事件通知美国当局和德国慕尼黑的检察官，后者立即着手对3名解雇员工展开调查。西门子公司通过该事件的处理向美国检查方表明了其合规体系可以迅速识别贿赂行为并作出正确应对,是实际有效的。因此,从实际效果来看,最终西门子公司并未因监管期内员工的不当行为被起诉,顺利结束了4年的监管期。西门子公司的合规体系建设及危机事件的快速应对和解决成果彰显了一个有效的合规体系对于风险的防范、监控和应对的直观收益和价值。

合规危机的监测预警机制应贯穿企业经营的全流程,并针对高风险领域重点关注。在日常工作中,企业各部门应梳理自身潜在危机发生的可能性,提前做好监测和预警,避免升级为合规危机。

(一)合规危机事件监测和预警

为保证合规危机监测的全面性、准确性和系统性,企业应全面、系统地梳理经营管理活动中潜在的合规危机,对危机发生的可能性、影响程度、潜在后果等进行系统分析,构建符合自身经营管理需求的合规危机监测体系。各单位可按照"谁主管,谁负责"的原则,对本单位可能存在的合规危机组织开展监测工作。

企业应基于监测获得的先兆性信息进一步研判,根据预测指标及其变化对危机的发展趋势进行科学合理的估测,结合实际情况向决策者发出相应级别的危机预警信号,促使企业结合现状采取合理有效的应对策略,预留应对事件,降低企业损失。

企业首先需要确定警源,根据自身业务特征选择以下合适的监测预警角度组合:

1. 主要生产经营活动,如产品研发、生产活动、市场营销、供应链管理、运营管理、战略投资、人事管理、财务管理等;

2. 相关法律法规,明确企业须遵守的监管要求和合规义务;

3. 高风险业务领域,以风险为导向明确监测重点;

4. 利益相关方,如股东、客户、供应商、员工、政府等;

5. 过往案例经验,对行业、企业过往合规危机案例的研究和关注,有助于企业明确合规管控要点，具有借鉴意义。

监测预警的信号来源主要包括以下几种渠道：

1. 日常监控——业务单位根据业务主体目标制订危机监控操作手册、检查表，对危机发生信息进行持续日常监控，识别各类预警信号；

2. 研究分析——企业合规官通过对外部监管环境和典型案例进行专题分析，识别潜在预警信号；

3. 外部渠道——关注外部公开信息来源，通过网络、电视、报纸、新闻媒体等渠道识别各类预警信号。

案例：某企业出口管制合规领域危机监测和预警机制

某企业在出口管制合规领域建设了完善的危机监测和预警机制。其首先对公司业务领域业务活动中可能面临的合规风险进行梳理，提取其中业务领域常见的危险信号，并对危险信号后的处理方式提出原则性要求，直观明确地指导业务单位识别业务中的危险以及对应的管控措施：

危险信号示例：

1. 收到已知曾在或曾与“受制裁国家/地区”有业务往来的中间商的订单；

2. 客户为未知方，身份不明确，并可以隐瞒，或其介绍信无法令人信服；

3. 产品或技术能力与买方的业务线不相符，或该产品或技术已不再作商业用途；

4. 客户对产品的性能特点并不了解，但仍想购买该产品；

5. 收到超出买方国家需求或该国科技能力或不满足该国科技能力的订单；

6. 收到订单，但买方国家或目的地无法支持该产品；

7. 交易牵涉了异常的中间商或过多的中间商；

8. 客户拒绝提供有关产品计划的最终用途的信息；

9. 当被问及对于所购产品或技术服务适用于国内使用、出口或再出口时，买方逃避回答或回答含糊；

10. 最终用途、最终用户的相关资料似乎不合法，或资料不一致、不完整或整体可疑；

11. 经销商拒绝在协议中包含出口管制合规条款。

（二）合规危机监测和预警机制的注意点

企业建立合规危机监测和预警机制固然重要，但更重要的是，企业需确保危机监测和预警机制的有效性，及时识别并正视危机预警过程中存在的问题，让合规危机监测和预警机制发挥正常功效，才能有效预防合规危机的发生或将危机的影响减至最小。

1. 持续维护合规危机监测和预警机制

如企业合规危机监测和预警机制失灵或反应迟钝将无法及时识别合规危机事件，从而难以发挥其及时响应和消减影响的作用。企业应建立合规危机监测和预警机制的维护机制，定期或不定期重审合规危机的监测维度、预警信号来源、阈值设置、资源配置等方面的必要性、合理性和管理成本，以确保机制和流程符合企业当前管理水平与业务特征。

2. 提升企业合规危机监测和预警意识

企业在危机预警机制建立后，往往忽视对危机预警机制的宣贯和意识培养，使得员工和关键岗位人员的合规危机认识不足，观念不够积极，从而使企业自身容易屏蔽自我，自我感觉良好。企业合规危机预警观念需自上而下融会贯通于企业的每一位员工。企业合规危机预警文化的构建和意识培养，需要企业从理念上、机制上和制度上 3 个层面进行，由企业最高领导者带头树立积极的企业合规危机观念，机制上设立合理科学的奖惩办法，以提高员工工作的积极性和创造性，从而提高危机预警机制的运行效率。

四、企业合规危机事件的报告和沟通

信息传递是合规危机管控的重要环节，要实现合规危机事件应对机制的有效运行，必须建立良好的信息沟通与传递机制，企业建立合规危机事件报告和沟通机制应考虑企业内部以及与外部利益相关方的报告和沟通机制。

（一）企业内部报告和沟通机制

建立企业合规危机事件的内部报告和沟通机制，促进在发现或发生危机时信息的及时上报，以使相关部门做好危机预防和应对准备，尽可能地减轻和消除危机。

1. 内部报告和沟通机制的原则

（1）职责明确：企业应厘清在合规危机事件应对的过程中，公司内各相关部门和岗位的责任和相互关系，以使在发现或发生危机时，各相关部门或岗位能明确自身责任和定位、协同配合、快速响应。

（2）路径清晰：企业应制定清晰、合理的报告路径，保障有效、通畅的内部危机上报和沟通渠道。

（3）分类分级：企业应根据合规危机事件的类型和级别区分报告的层级、沟通的频率等。

（4）及时有效：企业应根据合规危机事件的类型和级别，基于监管要求分别设置危机报告和沟通反馈的时间要求，并制订危机报告模板，保证报告信息的有效性和信息传递的效率。

2. 内部报告和沟通机制建立的有效方法

（1）明确危机报告和沟通方式并持续优化。企业合规危机报告和沟通管理机制应当从报告渠道、报告内容、报告时效、沟通频率、沟通范围等多方面入手，提升机制的有效性。企业也应考虑与公司现行报告沟通机制相融合，实现资源整合。同时，企业要不断优化报告机制、创新和开拓多元化的沟通渠道，既要保障内部自上而下和自下而上的报告渠道更加畅通，也要确保沟通内容的灵活性。

(2)验证危机报告和沟通机制的有效性。企业应积极组织合规危机事件的应急演练,通过应急演练检验危机报告和沟通方式的有效性,发现并及时修改报告和沟通机制中存在的缺欠和不足,从而进一步完善合规危机事件报告和沟通机制。同时,通过合规危机事件的应急演练,也增强相关责任部门或人员应对突发合规危机事件的意识和应急处置的熟练程度。

(3)强化危机报告和沟通机制的意识。企业合规危机报告和沟通效率不仅有赖于完善的机制和管理制度,更取决于企业人员的危机应对意识和能力,这就要求相关人员不仅能够正确认识自身岗位在危机应对过程中的角色和责任,还需要清晰了解危机报告和沟通的方法和渠道。

(4)辅以合规危机事件举报。企业违法违规事件的及时发现有赖于奋战在业务一线员工的参与。合规举报作为企业合规体系的重要一环,也是合规危机事件监测预警的补充手段,能够有效识别违规问题和合规漏洞,从而及时避免合规危机事件发生。

(二)外部利益相关方的报告与沟通机制

1. 外部利益相关方报告与沟通的必要性与形式

企业通常面临复杂的监管和外部利益关系,为了符合法律法规和公司利益需要,确保与外部利益相关方保持有效的信息同步,使外部利益相关方树立对企业的信心。当发现或发生企业合规危机事件时,企业应当及时向利益相关方进行报告并与之沟通,特别需要根据相关监管要求报告监管机构。近年来,多起失败的合规危机处理案例表明,沟通不及时或不沟通对企业造成的损害是巨大的。

案例:阿里云因未及时报告安全漏洞被工信部重罚

2021年12月22日,中华人民共和国工业和信息化部(以下简称工信部)网络安全管理局通报称,阿里云计算有限公司发现严重安全漏洞隐患后,未及时向电信主管部门报告,未有效支撑工信部开展网络安全威胁和漏洞管理，被暂停作为工信部网络安全威胁信息共享平台合作单位6个月。[①]

外部利益相关方包括但不限于监管机构、客户、投资方、承包商、供应商、非政府组织等。企业在面临合规危机事件的情况下，与外部利益相关方的报告和沟通可以分为两类：

（1）与监管机构的报告和沟通。及时向监管机构报告合规危机事件的发生以及处置进展，是企业获取合规要求、满足监管报送要求，从而降低危机事件影响及有效处置危机事件的重要途径。

（2）与业务伙伴（客户、投资方、供应商等）的沟通。企业如发生合规危机事件，可能会影响业务伙伴的正常业务开展，损害企业的商业信誉和品牌形象，及时有效的沟通和信息同步能够减缓这些影响，有利于危机的处置和联动。同时，业务伙伴的不合规行为也很可能牵连本企业，所以双向沟通渠道的建立有利于企业及时获取有效信息。

2. 外部利益相关方报告与沟通的基本原则

（1）责任到岗：企业应针对岗位设定报告的准则和义务，确保各责任人了解报告的范围、内容、形式、时间点等信息。向监管机构报告的人员需确保监管报告渠道的畅通，报告时间点、报告信息的准确性和完整性等。

（2）及时快速：企业应梳理监管要求中对各类合规危机报送的时效要求，在规定期限内及时上报合规危机事件。

（3）格式规范：企业应按照法律法规中规定的报告方式和报告填写模板报告合规危机事件，保证报告的有效性，降低危机事件的影响。

（4）记录保存：企业应保存与外部利益相关方沟通的记录，特别是向监管机构报告合规危机事件的记录，并注重记录保存的完整性。

① 参见《工信部暂停阿里云合作单位资格6个月》，载北京日报客户端2021年12月22日，https://baijiahao.baidu.com/s?id=1719838762529658396&wfr=spider&for=pc。

第二节　处理企业合规危机事件及管控风险

机会总是与风险相辅相成，对于企业而言，一旦合规危机爆发，就需要及时拉响警报并进行妥善处置。在机制未搭建、准备不充分的情况下，企业已经完全来不及对合规危机事件进行快速响应，更毋论对事实、价值、利益等做出基础判断，再撰写外部回应声明了。那么，如何管控及处理企业合规危机事件？① 本节就危机应对的基本原则、管控及处理方法进行介绍，辅以相关案例说明，以求为企业对潜在合规危机事件进行及时响应、保证高效协同、实现风险管控和完整闭环提供有益借鉴和参考思路。

一、基本原则

（一）最高优先级原则

为了对危机事件进行及时响应、保证高效协同、实现风险管控和完整闭环，企业应保证在第一时间上报危机事件并确保其在业务处理过程中的最高优先级。危机应对目的在于尽最大可能控制事态的恶化和蔓延，把因危机造成的损失减少到最低程度，事件发生后，相关人员要迅速做出反应，果断进行处理，赢得了时间就等于赢得了更多对风险处置的机会。

从某种程度来说，企业合规部门应当是“超脱”于其他业务单位且为企业经营存续保驾护航的部门。从职能角度来看，从政策制定到流程执行，都需要

① 参见李国威：《跑赢危机》，载《商学院》2021 年第 11 期。

较高的管理权限以及汇报层级,如涉及内部调查时,更需要"尚方宝剑"在手,否则将很难推动和执行。

(二)信息同步原则

参与事件处理的危机事件应对小组团队与团队、团队成员之间应当明确信息同步机制,以确保信息的高效流转、及时共享互通。

在事件处理过程中,同样需要控制危机事件的参与人数及知悉范围,基于公司信息安全规定明确向接触危机事件的亲历者、经办者、协助参与者、记录者及其他事件支撑人员强调保密性要求,包括但不限于履行签订《保密协议书》义务、过程性记录保存权限/密级设置、邮件范围限缩等。

(三)记录保存原则

国资委《央企合规管理办法》的原则适用对象虽为中央企业,而且发文说明为了"推动中央企业加强合规管理,切实防控风险,有力保障深化改革与高质量发展",但是其给出的方法也具有一定普适性,对其他企业的全面合规危机管理具有指导意义。其中,《央企合规管理办法》第 33 条规定,"中央企业应当加强合规管理信息化建设,结合实际将合规制度、典型案例、合规培训、违规行为记录等纳入信息系统",在所有企业的合规危机管理过程中同样适用。具体而言,记录保存的范围上应包括从疑似危机事件发生到得到最终处理结果的所有关键性过程记录,而形式上应明确记录保存的具体位置。

二、管控及处理方法

合规危机事件的管控及处理是指企业针对合规危机事件采取相应措施,将事件后果控制在企业可承受的范围内。《央企合规管理办法》第 22 条要求:"中央企业发生合规风险,相关业务及职能部门应当及时采取应对措施,并按照规定向合规管理部门报告。中央企业因违规行为引发重大法律纠纷案件、重大行政处罚、刑事案件,或者被国际组织制裁等重大合规风险事件,造成或者可能造成企业重大资产损失或者严重不良影响的，应当由首席合规官牵头，合规管理部门统筹协调，相关部门协同配合，及时采取措施妥善应对。”

“没有规矩不成方圆。”合规危机事件的管控及处理需要一个有效的合规管理体系，包括事件触发、事件处理、事件闭环3个应对环节，辅以相关组织职能、资源配置、信息沟通传递机制等配套措施，而本节将基于此尝试探索并形成指引与最佳实践的结合。

（一）事件触发

在确立重点合规领域和做好风险预警的基础上，建立起包含业务部门、合规部门及审计部门等在内的合规管理防线，全过程控制合规风险对于企业来说是大有裨益的。整体而言，业务部门应按照专业领域识别和评估合规风险，将合规管控融入业务流程，及时向合规部门报告风险事件；合规部门需做好专业支持，提出合规风险事件处理建议，帮助优化改进业务合规管控方案；审计、内控等部门则要做好监督检查工作，对重大违规事项按照企业管理制度要求进行违规追责。具体来说，在事件触发时，应关注以下几点。

1. 接收信息及上报

识别合规危机及环境是合规管理部门的责任，但由于环境复杂性、范围广泛性及可能涉及不同业务领域等多种因素的作用，需要业务部门的参与，尤其需要来自不同业务背景的人员共同介入识别。

一般来说，现代企业需要通过以下几个方面进行合规风险的识别和判断：(1)明确需要加强合规管理的部门及岗位范围，并进行合规环境的动态监控；(2)确定企业合规目标，在此基础之上，进一步拟定合规危机识别的工作方案，识别范围包括工作岗位、工作机构、识别角度及方法、需要完成的工作事项和要求4个方面；(3)通过员工岗位职责说明书等内容明确各岗位在触发合规危机事件时的权责界限划分，并运用合规风险识别的常用工具，如企业基于流程或者岗位制订的合规风险识别评估矩阵图等进行识别；(4)评估事件后果及实际发生的可能性,并通过等级排列进行风险初评价。[①]

基于此,第一信息接收人员在发现或者接触到疑似危机事件的相关信息时应立即进行初步判断,如个人无法判断,可上报至事件责任部门进一步确定。事件责任部门对疑似危机事件的初步判定结果应该做好记录,如部门判断确属危机事件,应将事件立即上报至上级领导知悉。

2. 梳理事件基本信息

基本信息梳理应包含但不限于下述所列的相关信息,相关企业可以基于危机事件的具体情况,对如下基本信息梳理模块结合企业自身情况进行调整:第一,信息发送方及接收人员。说明信息的发送人、内部第一信息接收人员及后续进行事件性质初步判定的人员范围及其对应岗位权限。第二,接收时间。说明事件发生的业务场景及具体时间。第三,接收方式。说明信息的接收途径,如电子邮件、纸质函件、公开报道等方式。第四,原因及目的。说明信息发送方所传递的对公司合规领域潜在违法、违规、违反协议的担忧或与之相关的其他诉求等内容。第五,整理要点内容并检索相关信息。对现有相关信息要点进行归纳总结,同时附上对必要关联信息的检索结果或补充说明。第六,说明潜在风险点及提请关注项。说明从接收信息归纳得出的潜在风险点,以及需要上报至上级领导进行特别关注的事项。

3. 初步处置及紧急应对

(1)初步处置

在合规危机的初步处置阶段,事件责任部门需要告知第一信息接收人员及其他知悉人员,在未收到进一步指示前,不要对相关内容进行内外部披露或采取未经事件责任部门认可的行动。在此基础之上,通过需求拆解、内部沟通及确认,初步确定与事件相关联的内部利益相关方,包括但不限于基于岗位职责说明应直接或间接参与并处理合规危机事件的内部团队及个人。在内部相关团队讨论的基础上,通过对事件的复杂程度、重要性以及是否需要独立第三方参与等因素进行评估以判断外部第三方,如专业顾问、独立第三方审计等机构

① 参见李明燕、洪麒:《企业大合规》,中国经济出版社 2021 年版,第 38 页。

介入的必要性,如确属必要,需进一步明确外部顾问的参与角色和职责。

(2)紧急应对

内外部团队应在短时间内完成充分沟通和交流,结合当下所能获取的全部材料形成较为完整的基础信息梳理及风险分析材料。具体而言,基础信息梳理应包含前述内容,风险分析材料应包括:第一,所涉领域。具体说明涉及的合规或其他专业领域类型,如出口管制、反商业贿赂、数据保护、反垄断、反洗钱、劳动用工、财务税收等合规领域或是其他法律事务、知识产权等专业领域危机。第二,所涉事项背景及性质。根据《合规管理体系　要求及使用指南》的规定,企业应当系统识别其合规义务所属性质,而合规义务来源可能包括各种外部规则及内部规则的强制要求或自愿承诺。具体来说,在事件触发时,应说明该危机事件发生的背景,同时明确相关事件的义务来源属性,如法律法规,许可或其他形式的授权,监管机构发布的命令、条例或指南,法院判决或行政决定,条约、惯例或协议,抑或内部政策等其他情况。第三,潜在立场差异。需对公司与相关方立场的差异性完成分析,包含所持立场依据分析。第四,潜在影响范围。对潜在影响辐射范围的确定,如公司级、项目级、部门级等,会对整个事件应对策略的判断起到关键性作用。第五,潜在后果。包括但不限于需将如下内容纳入考量:后果的类型,如财产类损失和/或非财产类损失。后者包括诸如公司商誉损失在内的影响,如国际、单一国家或地区媒体广泛的负面新闻报道以及大量或有限的客户问询。后果的严重程度,如财产类损失的金额大小以及非财产类损失的影响范围等。后者包括商业经营受到影响,如公司关停或长时间停摆以及有限时间业务中断或公司局部范围经营资格被剥夺(如应标资格)等。

4. 危机事件上报

经事件责任部门领导审核通过后,根据评估结果,合规部门应当向管理层提交与事件相关的尽可能完整的基础信息梳理及风险分析材料。在基础信息梳理及风险分析的基础上,进一步明确焦点信息,具体包括但不限于事项紧急程度、核心争议点、内外部利益相关方沟通情况和所持立场分析以及待决策内容和建议方案等。基于上级领导指示,进一步按照要求完成事项汇报。具体模板见表9。

表9 危机事件上报参考模板

危机线索来源	□监测 □申报		
危机发生日期			
危机申报人/部门（若来源为申报）		危机申报日期（若来源为申报）	
受理申报的执行组			
危机事件等级	□重大 □一般		
危机事件类型	□出口管制合规危机 □反商业贿赂合规危机 □数据保护合规危机 □反垄断合规危机 □反洗钱合规危机 □劳动用工合规危机 □财务税收合规危机 □其他		
是否申请转移	□是 □否		
拟移交接收执行组			
事件描述及评估			

（二）事件处理

合规危机事件发生后，应在事件触发、及时预警的基础上进一步完成合规风险的应对策略选择。合规风险应对策略主要包括规避、控制、转移、接受风险和其他策略等内容。根据企业所选择的风险策略和现状评价，应当进一步制订和实施事件处理计划。处理计划一般包括如下内容。

1. 组建团队

(1)确定事件关联角色

在事项汇报的基础上，由汇报部门提出建议、上级领导最终指定事件应对的牵头部门和支撑部门。明确关联部门后，由各部门领导进一步指定参与该事件处理的部门成员及其分工。

(2)成立危机应对小组

组织各关联部门参与处理该事件的人员进行会议沟通,说明事件的背景信息及危机应对小组成立的背景和目标。

(3)明确职责分工

明确合规部门的定位并与其他监管职能协调统一。目前,从组织架构来看,部分国内企业尚未建立合规管理委员会来统筹规划合规管理工作,同时在实际管理中也未设立统筹合规管理工作的独立或牵头部门,合规职能常分散于法务、内控、纪检等部门,给合规管理造成了一定的机制建设重叠但职能“真空”的问题。在公司组织架构上,合规管理部门的设置应与公司规模、业务性质相适配。通常,企业会在董事会成立合规管理委员会,或将其作为企业合规管理的最高决策部门。此外,建立独立于业务和其他管理支持部门的合规部门保障企业合规运行。在此基础上,做好合规管理和其他监管职能的协调统一,明确划分职责边界,建立起正式和非正式的信息交流渠道和沟通机制,避免“各自为政”造成的资源浪费和内部消耗,才能发挥和强化各部门合规管理职责,形成合规管理合力。危机应对小组构成情况见表10。

表10　危机应对小组构成情况说明

序号	角色	职责	备注
1	指委会	1)资源保障; 2)要事决策	
2	策略组	1)矛盾仲裁; 2)形势分析和应对策略,包括根据实际情况对风险等级以及应对策略的调整	
3	工作组	1)收集事件处理的记录材料; 2)处理危机事件应对的具体工作; 3)输出利益相关方(监管方/执法部门/客户)问询的答复口径; 4)完成对外递交报告或材料; 5)协同公司公关部门处理媒体报道; 6)其他危机应对工作计划里程碑的具体执行	

续表

序号	角色	职责	备注
4	协调组	为职能活动提供会议支持、物资保障等	
5	调查组	1)负责危机事件的根因调查; 2)对潜在违规行为提出处理建议	
6	项目管理经理	1)跟进内部各工作组的进展,发布定期通报; 2)监控事态发展,紧急上报需求或问题; 3)管理紧急事项处理进度	上级领导指定/牵头及支撑部门部长指定
7	外部顾问	1)支撑策略组输出事件的处置策略; 2)从第三人视角识别需关注问题; 3)提供具体法律问题的咨询意见; 4)协助完成对外正式说明/文件材料的递交	

(4)确立工作机制

工作机制的确立包括但不限于如下内容:通过公司常用工作平台/工作群组等途径,保障信息沟通畅通;各子项目自行确定子项目运作机制,备案到项目管理经理处。公司常用工作平台搭建应包括但不限于如下要素:项目成员清单、职责及运作机制;事件背景信息梳理;任务时间轴及里程碑以及其他按照事件应对顺序确定的项目关键性进展等。工作群组应分别建立决策组和工作群组。决策组包含指委会、策略组以及项目管理经理,以便就工作群组出现的问题进行及时升级和决策。工作群组包含策略组、工作组、协调组、调查组及项目管理经理。除此之外,可视情况设置各子项目群组。

在确定的工作平台建立任务时间轴及里程碑并完成定期同步。子项目任务跟踪进展按备案频次定期同步到项目管理经理。在完成定期进展通报的过程中,形式上,可以考虑通过工作平台、即时通信工具通报等方式进行同步;频次上,根据项目执行阶段确定频次要求,如实时进展汇报和/或通过日报、周报等定期同步进展。

针对执行层面无法解决的事项设立争议解决及上升机制,具体包括逐级上报和集体决策场景两类。前者适用于一个部门下多个团队在职责分工、任务拆解等过程中存在争议或无法解决的场景，可将事项上报至本部门领导进行最终决策；后者适用于跨多个部门协同配合的场景，如在过程中存在争议或无法解决的事项，须经策略组上报指委会进行判断，由指委会确定是否继续上升决策。如无上升必要，可以直接由策略组进行最终决策；如确有必要，最终可通过公司的合规管理委员会等决策机构进行决策。

2. 制定及明确策略

(1)策略制定目标

在启动危机事件应对之前，如前所述，首先需要明确应对策略，也就是说，策略组需要明确高层意志、统一内部底线目标。在明确什么是底线、什么是必须做到、什么是不能更改、什么是不能延迟的策略的情况下，执行组才能在诸多重大问题中有决策依据；在执行过程中，如遇到影响完成期限，或者是对外策略需要决策的事项，可以在识别基础上快速升级至策略组，向策略组提供决策点的背景说明，需决策的事项内容和执行组的建议方案，得到决策意见后继续实施，确保整个团队的高效轮转。

(2)策略组关键角色定位

策略组应发挥主观能动性，不能完全或极大依赖外部顾问或内部执行团队。例如，在危机事件的应对中，外部顾问团队的确是一个重要角色，能够在对外沟通、整体策略推演、关键问题分析时提供顾问价值，但是其对于本企业内部的事务、流程、实际情况，往往不甚清楚。如果过于依赖外部顾问，会在一定程度上降低沟通的有效性，也会对外部给予的意见和输出的材料失去内部的独立判断。鉴于此，应当结合外部的理解，在不违反法律底线要求的情况下，对于一些存在解释空间的弹性问题，综合多方意见形成内部的独立判断。

具体来说，在组织策略制定会议之前，工作组需要结合危机应对小组的职责分工、工作机制和基础信息及风险分析材料，进行核心问题识别及归纳。除了上述所罗列的事件基本信息及风险分析材料之外，工作组也应明确梳理包括事件解决的潜在路径、推荐理由、对应场景推演及结果走向评估等。在此基础之上，由策略组结合相关材料对事件完成初步危机诊断，组织内部相关团队共同讨论。在内部讨论推演路径的基础上，由策略组进一步与外部顾问讨论沟通，结合不同的路径选择共同出具详细的应对方案后供公司决策。

(3)方案制订及上报

详细方案包括但不限于事件概要、背景信息、相关方立场说明、潜在应对策略分析、相应行动计划说明及推荐理由和准备外部利益相关方(客户/执法部门/监管机构等)问询的潜在答复口径等。根据公司自身经营特点及危机事件发生的特定场景等，可以对策略方案关注要点进行"量体裁衣"。

在形成完整应对分析的基础上，须经策略组上报指委会进行判断，由指委会确定是否继续上升决策。如无上升必要，可以直接由策略组进行最终决策；如确有必要，最终可通过公司的危机应对会议等决策机构进行决策。

3. 正式启动

(1)启动会议的必要性

在应对初期，面对宽泛的要求和繁重的收集任务，执行组在组织应对的时候缺乏对可能出现的需要决策问题的预判，导致在临近提交的时候出现突发情况使决策变得较为紧迫。因此，通过启动会议的召开，能够确保相关参与人员理解的初步一致以及明确后续事件应对的协同机制。

(2)组织方式

需要强调的是，在人员参与方面，主要包括公司有关领导、经内外部讨论确定的事件相关人员及项目管理经理。公司领导的确定主要考虑如下因素：项目所需资源的支持、公司内横向协同的范围以及上级领导指示等内容。管理层是首要控制点，没有管理层的支持，合规危机事件处理就无法完全发挥作用。

除此之外，在明确各个岗位责任的基础上，需要强调对危机管控和处理要求的有效执行，否则再好的机制设置也只能被束之高阁。

4. 执行策略

(1)明确预期目标和短期计划

基于已确定的应对策略，明确实施项目所要达到的期望结果，即项目最终能交付或实现的最终目标。如项目无法在短期内完成，可以在确定项目最终目标的基础上，明确短期内计划达到的目标和阶段性成果。

(2)制订关键步骤并执行

按照已确定的预期目标和短期计划,设置工作任务及里程碑要求,交付相关团队执行。在开始之前,需为执行工作计划进行提前准备,重点关注人员参与、事项安排及对应的职责分工。

在此基础上,按照已制订的工作计划"按部就班"地推动进度,如过程中发生紧急突发情况,需要调整先前设置的里程碑,可由工作组撰写包含背景概要、待决策内容、建议解决方案在内的情况说明并提交至策略组完成形势分析和工作计划变更。如突发情况会严重影响原先已确定的整体策略,须提交至策略组判断是否上升至指委会进行要事决策。

通过工作平台状态说明及内外部任务进展通报,由项目管理经理密切关注过程偏差并及时进行风险预警。定期进展汇报层级见表11。

表11 定期进展汇报层级

风险等级	视危机事件的具体情况确定公司内部介入层级	内部汇报频率	外部报告[1]频率
公司级	董事会+合规管理委员会	每日通报	每1~2周报告
项目级	首席合规官	隔日通报	每3~4周报告
部门级	部门领导	每周通报	调查完成后报告

〔1〕外部报告建议频率适用于需要应对客户、执法部门、监管机构等外部利益相关方问询,并及时对相关方问询作出及时响应、迅速回复的场景。

(3)交付任务执行情况

在明确任务里程碑的基础上,由各子任务自行确定里程碑完成规划、任务拆分并进行进展同步。如存在任务超期或可预见无法按时完成,任务进展缓慢或者存在无法完成的风险时,应及时将具体任务进展情况、原因说明、建议解决方案备案至项目管理经理处,并由项目管理经理进一步提请策略组关注。

5.应对利害关系人问询

在新媒体环境下,不可预测、复杂的网络舆情不仅会提高企业形象危机防范、处理和应对难度，而且可能使企业在危机应对中陷入疲于奔命、难以应对的困境。危机应对策略如果有误，将会直接损害企业的良好形象，甚至会进一步影响商业经营。

塑造和维持良好的企业形象，对企业在危机管理中有效化解各种风险有着至关重要的作用。随着我国经济转型和社会变革的加速发展，长期积累的社会矛盾和新问题不断交织在一起，再加上传统的危机应对策略具有刻板性、被动性和随意性等缺陷，导致企业难以及时、合理地满足并正确应对监管机构、合作伙伴、大众等主体对信息沟通的需求和复杂多元的舆情危机情景，以致出现了某些发布会上的“雷人雷语”、“挤牙膏”式或姗姗来迟的被动信息通报，先否认后坐实或者欲隐瞒真相及严防管控等危机事件。这些问题不仅大大降低了上述利益相关方对企业的满意度和信任感，还使企业形象处于负面评价或不断恶化的危机之中，更使企业陷入“塔西佗陷阱”。[①] 因此，针对可能发生的各种类型的外部舆情事件，制订详尽的判断标准和预警方案，包括但不限于潜在利害关系人、场景、可能的问询内容及素材，显得尤为重要。

与此同时，企业需要协同内部团队和外部顾问保持第一时间知悉事态发展，加强监测力度。建立和运用信息沟通机制，视情况完成主动公告、披露或者被动答复口径准备，及时对外传递关键信息。主动公告、披露内容需涵盖事件基本信息、潜在影响范围以及公司的积极举措。以新闻界沟通举例，主动与新闻界取得联系，向新闻界提供事实真相和相关信息，并表明自己的态度，争取新闻界的合作。公开宣布发布新闻的时间，并按照规定的时间发布新闻，在部分事实结果没有明朗之前，不盲目加以评论。充分利用新闻媒介与公众沟通，引导和控制舆论局势。如果有关危机的新闻报道与事实不符，应及时与相关方沟通予以指出并要求更正，保持冷静和理性的态度，及时对新闻界的合作表示感谢。而被动答复口径需要考虑基于风险判定结果，进行潜在影响分析，在明确应对策略之后进一步确定口径要点。

---

① 参见郑丽花、王彬：《新媒体环境下政府形象危机情境与应对策略——以情境危机传播理论为视角》，载《科技传播》2021 年第 19 期。

6. 对外正式沟通

及时请示汇报并及时报告事态发展状态，以获得上级部门的指导。面对外部利益相关方的问询，在对外回答敏感问题之前，须向上级部门请示报告，严格按照统一的内部制定口径对外发布信息。具体来说，在对外发布信息之前，需要就以下内容进行确认：（1）明确沟通对象：内部与外部顾问核实对外直接沟通对象、联系方式是否妥当。（2）确定沟通形式：内外部团队可以在考虑与接受信息形式对等性的基础上，最终确定沟通形式，包括但不限于直接沟通，使用媒介渠道报道，通过正式函件沟通，如电子邮件、纸质信函等。（3）内外部确认内容基调及准确性：外部顾问协同内部团队进行说明内容、递交材料的撰写，内部相关方对正式发布内容的准确性负责。如递交内容是正式向政府相关机构和监管方发送的材料，须经相对应层级的公司领导签字或审批确认。（4）内部审批：由事件责任部门按照流程管理统一规定在授权外部顾问或内部相关方对外递交材料之前完成公司内部逐级审批，具体需包含对审批材料的上传及说明，以及对相关方参与的确认。（5）对外递交：在涉及相关政府机构和监管方的递交材料时，考虑因外部相关机构人员变动频繁，需要关注在正式对外发布前对相关发送对象、收件信息进行再次核实。（6）跟进后续进展：对正式递交材料对外发送文本进行记录保存。与此同时，需高度重视材料发布时间并协同外部顾问完成后续的舆情监控，密切关注对外发声后相关方的反应趋势，确保第一时间识别问题，提前进行应对策略和路径方案推演。

（三）事件闭环

1. 输出复盘报告

在认定事件基本事实的基础上确定事件性质。对事件事实的确认，要收集多方面的材料，包括利害关系人陈述、资料查找、外部咨询等，然后要根据材料的客观性、关联性、真实性来认定案件事实。截至复盘时间节点，对已经完成的项目阶段性进展进行全面梳理。

在此基础上，进一步对项目运行过程中所采取的措施进行合理性和有效性分析复盘。合理性分析是指针对所处特定场景，可以说明采取措施必要性的理由。有效性分析是重要的支持条件,可以说明采取措施是否对达成目标效果起到促进作用。同时,可以同步收集内外部利益相关方意见,梳理应对过程中的待优化点。内部意见可包括第三方员工感知、项目团队成员意见等,外部意见包括但不限于媒体、律所、监管方等的反馈收集。

在对事件定性、当前进展复盘、已采取措施的合理性和有效性分析、内外部利益相关方意见收集的基础上,汇总形成事件应对流程的待优化项。基于待优化项汇总,逐条制订整改计划并在规定时间内完成执行。同时,将应对经验以书面形式沉淀在事件应对标准化指导书内。

2. 记录检查及归档

在复盘过程中,检查事件应对过程中的记录并进行归档,以确保过程中阶段性关键里程碑记录的完整性和准确性。

第三节　落地危机整改要求

企业合规是围绕合规风险治理而展开的，合规风险识别、防范和管控是合规治理中的主动事前手段。合规风险治理应该是企业合规常态化工作的核心内容。但是，如果不确定合规风险或其未得到有效控制甚至是失控，则合规风险一旦现实化，诱发合规危机，就需要事中处置的危机应对机制发挥作用，控制合规危机的负面影响。合规危机最终还要以完成危机应对整改要求的落地作为闭环，从而从事件触发型被动应对回归到常态化的以合规风险治理为核心的合规治理体系的改进、完善和进步中。

有效的合规计划要求在违规行为发生后，或者由违规行为引发的危机出现后，企业能够及时展开内部合规调查，对违规行为进行及时披露，对违规责任人进行及时惩戒。同时，对于企业存在的合规管理制度漏洞和缺陷，应及时加以弥补，进行必要的整改工作。落地危机整改措施是合规危机事件的终点，更是合规治理体系优化的起点。

在合规风险的语境下，动作往往是防范、中和、治理，而在合规危机的场景下，与之相应的动作则是补救或整改。作为一名企业的合规官，通过以上用词应该能体会到两种情境下需要采取动作的差异。

在合规危机整改下，企业通过采取体系化的纠错、补救和修复措施，找到企业在商业模式和经营方式上的违法因素或违规内因，堵塞漏洞，消除隐患。通过合规整改，企业要建立或改进与引发此次合规危机的违规行为有关的合规管理制度。因此，合规危机整改不仅要在微观个案层面识别、处置和防止危机诱因，还要将危机作为契机，在宏观的有效合规计划和合规治理体系的框架下，变革企业业务开展的行为习惯,通过合规危机应对与整改措施落地,将合规危机转化为企业新的生机。虽然合规危机影响程度有大有小,但是危机整改要求的落地要达到“变革”的程度,哪怕只是在发生违规行为的狭窄领域。

一、合规危机补救措施

企业合规官处置危机并进行总结的过程,通常由以下几个部分组成(见图12)。

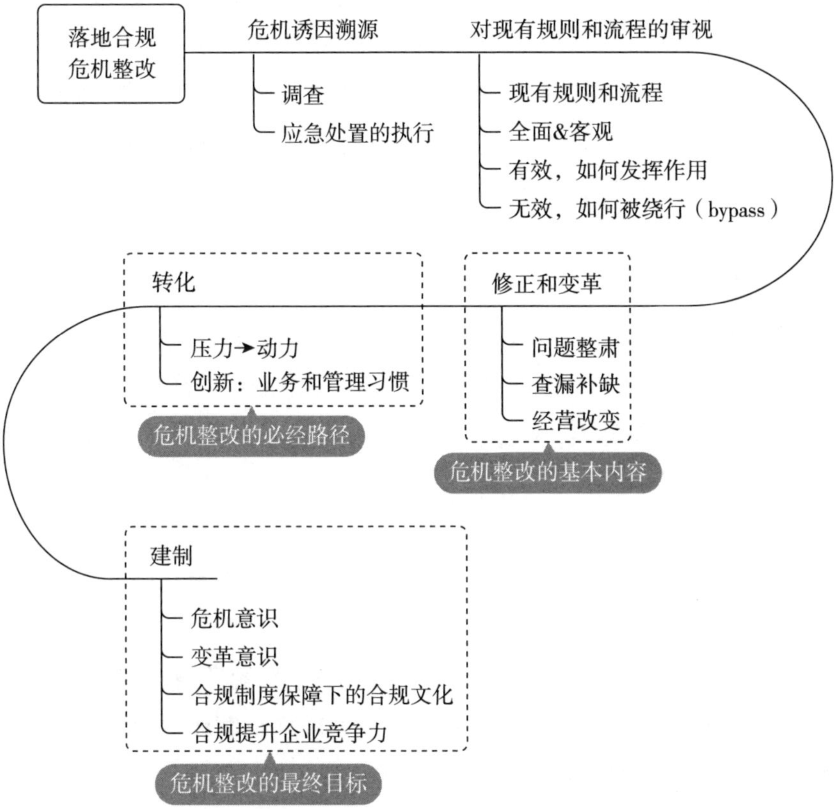

图12　落地合规危机整改的5个部分

第一,危机诱因溯源。企业应根据对危机根源的调查、应急处理措施的执行情况做一个系统的调查分析。

第二,对现有规则和流程的审视。全面客观地评价企业现行的风险防范政策和危机应对机制是否有效,以及此次危机发生时这些政策、机制是否发挥了作用,发挥了多大的作用,发挥的作用如何,对下一步提出危机整改和变更提供重要参考。

第三,修正和变革。对危机产生的根源、风险防范、危机应对政策和运行过程的全方面各节点中存在的问题进行整肃,完善公司管理内容,以防危机再次发生,并借此改进甚至改变企业的经营模式。

第四,转化。如何使危机转化为生机,将危机产生的沉重压力转化为强大的动力,要善于利用危机创新企业管理经营模式,实现企业快速发展。

第五,建制。建立成文的危机管理制度、有效的组织管理机制、成熟的危机管理培训制度是提升企业核心竞争力的途径,能有效增强企业的变革意识,逐步提升危机管理快速反应能力。

(一)企业内部

对于具体合规危机的补救机制至少包含以下3个要素:一是独立客观的合规调查;二是根据企业的合规漏洞和制度缺陷,采取必要的修复措施;三是对合规危机诱发负有责任的人,应当采取调离岗位、免除职务等处置并适当予以公示。

1. 制度保障的基础

有针对性的合规危机整改必须以查明合规危机诱因为基础。合规危机一旦发生,展开企业内部调查是合规危机应对的开始,也是制定合规整改措施的前提。对企业合规危机的追根溯源,应更多地集中在管理漏洞、制度隐患和公司治理结构上的缺陷等方面。唯有在这些方面准确全面地识别合规危机的发生原因,才能为企业提出有针对性的合规整改措施奠定基础,创造必要条件。

为了避免各部门、负责人相互推卸责任或刻意规避问题,以及出现权力相对集中造成调查被过多主观因素所左右的现象,企业合规官可以建议引入第三方专业团队的客观视角,目的在于真正准确地识别合规危机源头和成因,并基于此有针对性地建立、修复或完善管理制度。

通过对合规危机发生的主观和客观原因的调查和分析，实现对违规行为本质的认识，以此为基础才能针对合规危机发生原因采取补救措施，以预防企业再次出现类似的合规危机。

2. 合规整改措施的高度

合规危机的发生，表明合规风险已经现实化，已经存在的违规行为被暴露。针对查明的违规行为本身的纠错，很多场合下没有现实可能性（没有可以被纠正的内容），或者纠正的意义不大，因为违规行为造成的损害已发生，此时只能限缩或控制损失。而合规整改的意义更多在于避免类型化的违规行为再次发生，是一种"有针对性"的合规制度层面的重建活动。

企业要展开有效的合规危机整改，应将针对性制度纠错和管理修复作为整改措施的第一步。"制度纠错"和"管理修复"是一个"破"和"立"的过程。前者是指对存在漏洞和缺陷的治理结构和管理模式作出废除和撤销的活动，目的在于终止有缺陷的制度安排，阻断合规危机发生的因果链条；后者则是指在消除制度隐患的前提下展开制度重建活动，目的则在于引入新的制度元素，推动企业引入新的治理结构和管理模式，改造企业的经营理念和商业模式。

合规危机整改应当坚持"先破后立"的思路，撤销和改造容易导致合规危机发生的经营方式和商业模式，消除企业的管理漏洞和治理缺陷，然后才能建立一些具有针对性、可行性的合规管理体系，发挥合规整改的整体和长远的合规危机预防效力。制度纠错和管理修复，是从规则的高度"针对漏洞打补丁"，可以"对症下药"，消除合规危机发生的制度原因，也为建立、更新、改良体系化的合规管理机制奠定新的制度基础。

只要企业在治理结构、经营管理、财务管理、法务管理、第三方管理等方面存在缺陷和漏洞，就需要作出纠正和修补。对于有针对性的制度纠错和管理修复，可以提炼出以下若干项要素：

· 对公司治理结构的改造；

· 撤销或改造存在隐患的业务、产品、经营方式、商业模式；

· 对企业经营管理模式的改造；

· 对财务管理机制的改造；

· 改变对员工、第三方和被并购企业放任自流的管理模式；

· 打破企业封闭和集权的管理模式，引入外部独立的专业机构。

3. 阶段性结论

合规危机调查报告是对引发合规危机的违规行为事实上定性的结论性文件，其中需要包含谁（Who）在什么时间（When）在什么地方（Where）以什么方式（How）出于何种目的（Why）实施了以什么为内容（What）的违规行为（"5W 1H"）。合规危机调查报告的发布，一方面，标志着本次合规危机事件告一段落，企业可以将管理重心转回到日常的经营活动中；另一方面，也以违规行为的公示告诫企业内部各方，促使企业员工和管理人员痛定思痛，引以为戒。

对导致合规危机发生的直接责任人、负有管理责任的主管、负有监督责任的部门，应采取必要的惩戒措施。责任人、责任单位的确定和处置，是企业内部追究责任的动作。对责任人的惩罚，既可以是调离工作岗位、免除职务，也可以是追究行政责任、刑事责任。及时处置责任人，才能保证合规整改具备基本的人事基础，避免新的合规管理制度被掌握在那些实施违规行为的管理人员手中。

上升到合规危机级别的事件，往往在公司内外都有广泛的影响，调查结果和责任人处理的公示不仅给员工一个交代，还能给员工传递企业坚持合规经营的政策、理念和信心，从而使企业能够从合规危机中恢复，在合规的轨道上实现经营提升。企业应该避免合规危机悬而不决或者不了了之，合规危机本身就是不确定合规风险的确定结果，合规危机的结果也需要具有确定性，否则会造成人人自危而难以重启正常经营活动的情况。当然，根据合规危机影响的范围、合规危机的原因以及违规行为的性质等因素，企业可以选取必要且合适的公示范围，这样一方面做出了应有的通报，另一方面也将通报的负面影响控制在合适的范围内。

4. 具体危机整改措施项目化

合规危机事件的应对过程中，在危机刚刚出现的阶段，企业合规官可能将更多的精力放在调查以及解决迫在眉睫的外部压力上。但最迟在危机事件中期,外部压力在一定程度上得到缓解,引发合规危机的原因已经有迹可循的基础上,企业合规官要将精力逐渐调整转向具体的危机整改落地上。这个时间点对于企业合规体系的全面更新,也许还不具备条件,但是"打补丁式"的修复则是必需的,这些"补丁"既是解决眼下合规危机的外部要求,又是短时间内防范同样危机触发情形的内部所需。以下聚焦在这个关键且承上启下的阶段为企业合规官提供几个工作思路。

(1)PDCA

企业合规官可以采取 PDCA["Plan"(计划)、"Do"(执行)、"Check"(检查)和"Act"(处理)]循环的方法论具体落地实施,即作出计划、计划实施、检查实施效果,然后将成功的纳入标准,不成功的留待下一循环去解决。4 个过程并非运行一次就结束,而是周而复始地进行,一个循环完了,解决一些问题,未解决的问题进入下一个循环,持续阶梯式上升。

PDCA 这一工作方法是质量管理的基本方法,也是企业管理各项工作的一般规律。而且针对合规危机的整改,第一次循环需要解决的问题非常关键,决定了整改的效力和成本以及进一步循环轮次的提升空间。企业合规官在第一轮次的循环中需要完成以上整改要素的设计、执行、验证,进而将合规整改模式下的动作固化到日常合规治理的实践中。

企业内部应对合规危机和进行整改时一般建议成立专门的危机应对工作组和会议机制,以保证整个合规危机应对和整改期能将 PDCA 循环中的各项整改要素任务责任到人并完成闭环。

此处需要特别说明的是,合规危机整改的循环是指向常态化的合规风险治理工作的,或者说循环到合规风险治理的 PDCA 循环中。最终将 PDCA 转化为合理的规则—有效的贯彻—坚决的落地—有力的稽查这一闭环管理,形成合规业务和管理的双循环。企业内部合规危机整改的宏观目标是通过某种因地制宜的机制或制度体系,有效地防止合规风险现实化为合规危机事件。毕竟作为企业合规官,无论是在理智还是情感上,都不希望发生下一起合规危机事件,即使是发生在完全不同和意想不到的地方。

遭遇过合规危机的企业,一般只披露其违规情况、调查过程、违规原因以及在合规危机之后搭建的合规体系，很少会提供完成危机整改的具体步骤、动作和过程，如上文提到的西门子公司的案例，公开渠道获得的信息大体如下：

> 2006 年 11 月 15 日，因涉嫌商业贿赂，德国当局搜查了西门子公司位于慕尼黑和埃尔兰根的办公室。检查人员没收了大量文件和电子数据，并逮捕了相关涉案人员。为了避免最坏的后果发生，西门子公司决定针对指控进行深入调查，并与美、德两国的调查机关开展合作，同时聘请美国德普律师事务所进行了长达 2 年的内部独立调查。2008 年 12 月，腐败案官司了结，西门子公司在创纪录的短短 18 个月时间内与美德两国当局达成了协议。西门子公司凭借着庞大的合规重建工作浴火重生，也收获了世界上最完善的合规体系。[①]

作为企业合规官，或者说合规团队的成员，在危机整改阶段以及之后的合规体系改进阶段，应该更关注如何进行合规重建，当然对于部分企业来说应该是新建，特别是如何具体组织实施整改要求，最终让我们所在的企业能"浴火重生"。中兴通讯官网有该企业首席出口管制合规官致业务合作伙伴的季度通讯稿[②]，定期向合作伙伴通告中兴通讯在出口管制领域合规体系的建设过程。其中，频繁地提到中兴公司及其子公司发布了受美国出口管制限制的中兴公司产品的 ECCN，以确保公司供应链和分销渠道的出口合规。

中兴公司在 ECCN 这一具体整改措施落地的多轮次 PDCA 循环如图 13 所示。

---

① 参见温丹阳：《企业合规典型案例：西门子合规体系》，载微信公众号"北大法宝智慧法务研究院"2020 年 6 月 16 日，https://mp.weixin.qq.com/s/nhdcwNXUHr_VplJuEwbPg。

② 2018 年中兴通讯发布给合作伙伴的公开信命名为《××××年××月致业务合作伙伴的出口合规函》，2019 年第二季度更名为《首席出口管制合规官致业务合作伙伴的季度通讯稿》。

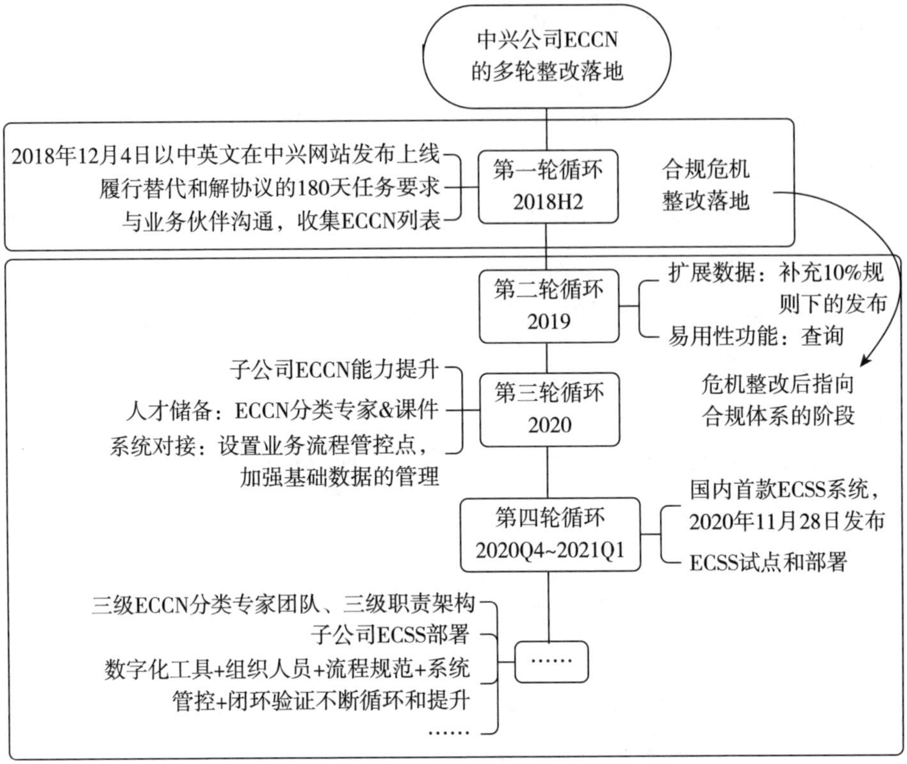

图13 中兴公司 ECCN 整改的多轮次 PDCA 循环

(2)具体整改落地团队组建

本章第二节对应对合规危机阶段的团队组建进行了介绍。由于危机整改可以视作相对独立的阶段,甚至可以当作一个或多个独立的项目来运作,而且合规危机整改落地本身相较于危机事件应对,有自己的特点,因此需要组建与该阶段相适应的项目化整改措施落地团队。

整改措施落地团队之所以优先建议采取项目型组织形式,主要出于以下几点考虑:

①虽然该阶段的具体整改措施并不一定会上升到整个企业的合规体系修复,但是即使是具体问题的整改往往也关系企业内部多个利益相关方(业务单位),项目化的团队可以突破职能性组织各部门之间的壁垒,也可以避免矩阵

型组织的多头领导,促使各方凝聚成一股力量朝着统一的方向步调一致地前进;

②项目组作为独立运行的单位拥有专用的项目资源,能够被项目经理直接调配并充分利用;

③项目经理需要对项目的结果承担责任,在责任的驱动和独立自主的职权下,能够最大限度地发挥个人带动团队的作用,最终实现项目目标。

当然,具体采取什么样的组织形式来执行危机整改措施,企业合规官还要综合考虑危机根因、企业组织形式和整改涉及的业务范围等因素向公司管理层提出建议。

结合合规危机整改的具体特点,笔者建议项目化运作的整改团队按照图14所示的组织架构搭建。

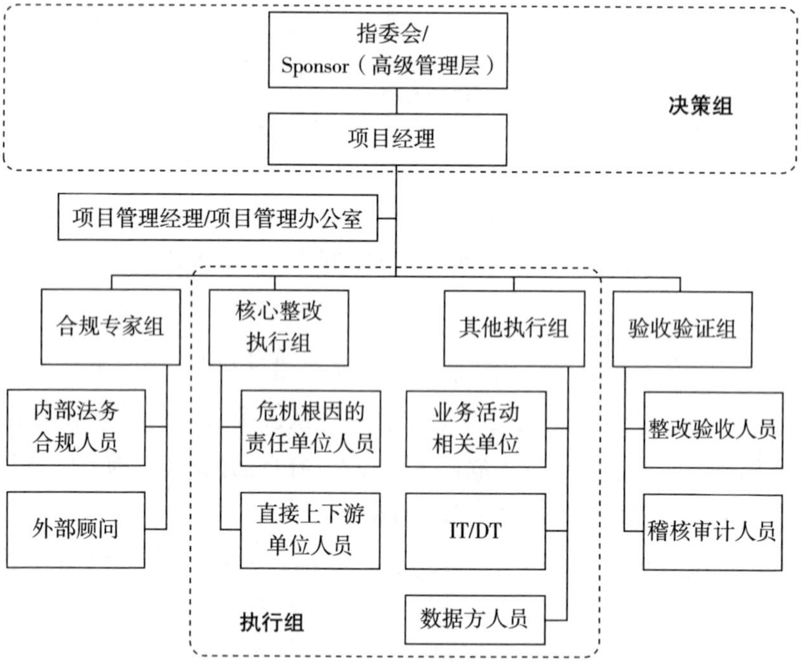

图14 项目化合规危机整改团队架构

危机整改落地团队的执行组团队将是项目主要资源,而且可以根据整改项目涉及的范围,组建多个子团队。如果是继承原危机应对团队的人员,原策略组织可以纳入合规专家组,调查组可以纳入验收验证组。各小组的职责定位也可以继承危机应对工作组的安排,工作重心按照执行整改进行调整。下文简要说明几个重要岗位的人员设置。

①项目经理

合规危机整改阶段,主要以执行为核心,而真正进行合规流程变革、执行新合规要求的业务流程的,往往是其他业务部门。因此,对于合规危机整改阶段的项目团队,企业合规官可以建议由业务部门选任项目经理,或者由业务部门人员和合规部门人员一起,采双项目经理机制。除非仅涉及合规内部的规则、流程、工具的整改,但是如果仅因合规内部问题,很少会发生合规危机级别的事件。委任业务部门人员为项目经理,或以业务人员为主,能够真正实现业务部门改变存在合规危机隐患的行为习惯的目的。

②项目管理办公室(project management office,PMO)

如果合规危机整改涉及的业务范围较大,仅仅设置一名项目管理经理(project management manager, PMM)往往不够支持合规危机整改项目全生命的监控、协调和管理支撑工作。这时企业合规管控可以考虑建议设置 PMO。

合规危机整改项目 PMO 是将与整改项目相关的治理过程进行标准化,并促进资源、方法论、工具和技术共享的一种组织结构。PMO 的职责范围可大可小,从提供项目管理支持服务,到直接管理一至多个项目或子项目。

PMO 有几种不同类型,它们对项目的控制和影响程度各不相同,例如:

·支持型:支持型 PMO 担当顾问的角色,向项目提供模板、最佳实践、培训、信息通道,以及来自其他项目的经验教训。这种类型的 PMO 其实就是一个项目资源库,对项目的控制程度很低。

·控制型:控制型 PMO 不仅给项目提供支持,而且通过各种手段要求项目服从,这种类型的 PMO 对项目的控制程度属于中等。它可能要求项目采用项目管理框架或方法论,使用特定的模板、格式和工具以及遵从治理框架。

·指令型:指令型 PMO 直接管理和控制项目。项目经理由 PMO 指定并向其报告。这种类型的 PMO 对项目的控制程度很高。

结合合规危机整改项目的特点,支持型 PMO 其实可以由合规专家组承担，指令型 PMO 更加适用于与企业经营业务直接关系的项目，控制型 PMO 可能更加适用于合规危机整改项目。而企业合规官可以作为 PMO 的重要成员甚至主要成员。

PMO 的一个主要职能是通过各种方式向项目经理提供支持，这些方式包括但不限于：对 PMO 所辖的项目资源进行统筹管理；识别和制订项目管理方法、最佳实践和标准；指导、辅导、培训和监督；通过项目审计，监督对项目管理标准、政策、程序和模板的遵守程度；制定和管理项目政策、程序、模板和其他共享文件（组织过程资产）；对跨职能部门、组织层级的沟通进行协调。

③验收验证组

合规危机整改项目以执行变革为核心。变革是否真正完成，改变后的业务流程的合规治理是否有效，必须要进行验证，合规危机整改项目的第一次循环才能验收关闭。因此，合规危机整改项目必须设置验收验证组，以检查、验证、稽核、审计人员为主，以确定合规危机整改项目的成功与阶段性结束。

（3）合规危机整改项目化运作阶段

图 15 所示是项目管理的五大流程组或过程组，合规危机整改项目亦是如此。

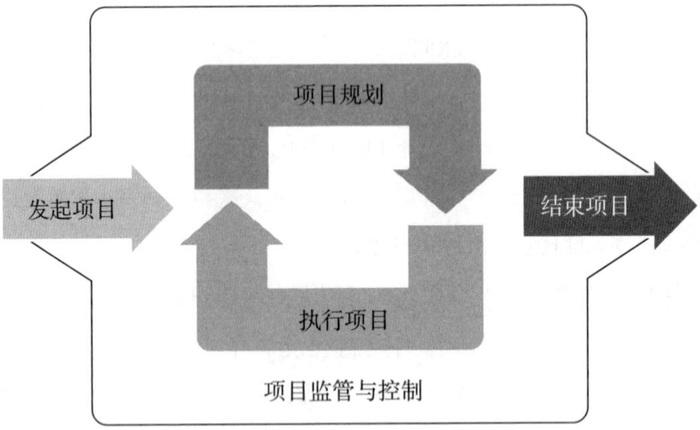

图 15　项目管理五大流程组

发起项目，使项目得到正式授权，即师出有名，名正言顺。将预期量化，让团队成员达成共识。合规危机整改项目的授权可以来自公司管理层,也可以来自有管理层授权的合规危机应对工作组,并和合规整改涉及的利益相关单位达成认识上的一致。

项目规划,定义和修正目标。运筹帷幄,决胜千里。要设计清晰的路线图,确保作出明智的决定。合规危机整改的目标在第一次循环阶段尤为重要,本章节此前对这个阶段的定位已经进行了说明,可以作为描述项目目标的重要考虑因素,如以上引述的中兴公司 ECCN 合规建设,第一循环阶段的项目目标就非常明确:在 180 天内完成 ECCN 中英文的发布上线。在确定清晰的合规整改目标后,还要做好项目任务分解、里程碑设置,描绘出清晰的路线图。这里可以参考项目管理中常用的工具目标拆分架构(Work Breakdown Structure, WBS),WBS 是以目标为方向,将项目构成进行分组,这决定并构成了整个项目的范围。

执行项目,协调人员和资源来执行规划。依计而行,行必结果。确保团队发挥最高水平,全力以赴完成任务。合规危机整改项目团队重点就在于执行团队成员,整个合规危机整改项目的关键路径也在于此。

项目监管与控制,保证目标能够实现。审时度势,沉着应变。及时了解项目进展,以应对不确定的因素和变化。合规危机整改往往涉及多个业务部门,面对纷繁复杂的业务活动,合规危机整改项目的过程监控需要 PMM 或 PMO 发挥控制力,确保项目按时、按量、按质运转在规划的轨道上。可采用定期报告、汇报,辅以正负(物质或精神)应用的方法来进行调控。

结束项目,让大家认可项目的成果。慎终如始,好戏杀青。衡量成功,持续改进。合规危机整改项目的收尾,也是验收验证组的主场。通过检查、测试、稽核、审计等各方法,探究合规整改是否有效、是否成功,为合规危机整改画上一个确定的句号,并将体系级的合规改造提上日程。

以上结合项目管理的基本知识,给企业合规官提供在企业内部通过项目化运作落地合规整改要求的一点思路。如不少实务界和学术界人士认可的分类,合规岗位更偏向管理学领域。因此,作为企业合规官,在很多时候要掌握项目管理的工具和方法论,才能更好地为企业合规服务。

（二）企业外部

如前文所述，在合规危机级别事件的影响中，企业外部负面影响往往具有更大的破坏力，因此在合规危机整改中也要对此进行补救和挽回。合规危机整改，本身也有涉及厘清和改善外部合作关系的内容，特别是在涉及加强合作伙伴管理、合作业务管理、商务模式变更等的情形下。

1. 经济性商誉减损的挽回

商誉是指能在未来为企业经营带来超额利润的潜在经济价值，或一家企业预期的获利能力超过可辨认资产正常获利能力（如社会平均投资回报率）的资本化价值。商誉是企业整体价值的组成部分，是一种企业资源。按照无形资源观，商誉由优越的地理位置、良好的企业声誉、广泛的社会关系、卓越的管理团队和优秀的员工等构成。合规经营的形象、合规治理体系有效运作等无疑可以构成经济学意义上商誉的组成部分，是企业正面的无形资源。

合规危机造成的企业声誉的损害、合作关系的破坏、潜在交易机会的流失以及管理团队的更迭，均会带来减损商誉的负面影响。在合规整改措施中，需要考虑如何通过有效的纠错、补救、补偿措施，重塑合规经营的企业形象。通过积极配合行政监管机构的问询、调查表明企业的合规立场和整改决心，取得政府部门对整改的信心，还可以争取一定程度和范围的“宽大”处理结果，如减免或暂缓罚金以及保持特定市场参与者或特定商业活动的资质等。重新审视客户关系和其他商业合作伙伴，对于涉及合规危机诱发原因的合作伙伴，做好商业上的评估，在确保合规的前提下，考虑第三方退出机制；对于合规经营的合作伙伴，加深和扩大合作深度和范围，共建企业所在行业的合规生态。总之，合规危机整改的范围，应不限于企业内部的纠错，也要考虑外部环境，在解决合规危机事件的同时，坚持商业可持续发展。

此处引入了一个经济领域的概念，目的在于提示读者，企业合规官是以营利为目的企业中的一分子，除了关注危机应对中比较容易看到（有形的或可直观量化的）的资源损耗和经济损失，如罚款、赔款、交易机会丧失等，也不要忽视有上述具有经济属性的无形资源的修复。比如，在考虑声誉挽回的方式和时机上,企业合规官一方面要坚持合规合法,另一方面要建议企业决策者以提升商誉为目标。不需要仅仅为了挽回声誉而发声或行动,若于提升无形的商誉无益——站在企业合规官的立场,就是重塑企业合规经营形象从而提升合作伙伴的信任度,则不如先不行动。

2. 公共关系和舆情的治理

发生合规危机时,尤其当某事件经由突发新闻报道曝光引发公众对企业运营的质疑时,企业合规官需要有效妥善地处理,控制负面舆情对企业业务和声誉的冲击。一般情况下,这不是合规危机整改项下的事务,但是,在这个阶段企业合规官仍要考虑两个方面:

一方面,合规危机整改本身是危机应对的一个有实质而具体动作的阶段,整改的态度、方案、效率和效果都体现企业经营管理的能力。整改事务中内含的公示,如合规危机原因和责任人的惩处,在事实层面可以有选择性地作为对外发布的素材,对冲合规危机的负面影响。而且,企业正面、诚挚、及时又适时地回应,勇于承担应当承担的责任,列出后续具体的整改计划和改善措施,其实表明企业在作为一个整体进行合规危机整改,以此树立和加强正面的有责任的企业形象。

另一方面,需要特别在合规危机及整改中关注竞争对手的动作。任何的回应、责任承担、改进举措的公布,都要谋定而后动。最大限度地基于查明和确认的事实,不逃避、不狡辩,避免被竞争对手利用将舆情向更加危险的方向引导。用词上也需要特别谨慎,勇于承担责任不是对违规事实的承认,进行整改也可以只是表明企业为不断改进而进行的努力。对于不可避免的某些竞争对手的“落井下石”也要适时通过事实陈述、技术分析等方法予以回应,不要在合规危机尚未告一段落时陷入“口水战”。这个阶段企业真诚地表明立场,诚挚地拿出整改方案,也是对竞争对手隔岸观火的间接回应。

3. 合规“增信”

如果认为合规本身就是对企业具有商誉经济价值的无形资源,那在合规危机级别的事件之后,合规整改措施的效果和成果也有产品化运作的价值,可以为企业带来直接的可见的经济价值。这也是合规整改在控制和减少合规危机造成的损失基础上效用的延伸，是企业对外输出价值，承担社会责任的一种表现。并且，企业在对社会公示合规危机的前因后果时，往往因为商业秘密、企业形象等各种顾虑，只能做选择性的披露。而对合规整改的实施，则进行较为全面的展示，这样就可以被广泛参考和应用，促进行业合规生态甚至全社会的遵法守规。企业合规官可以把合规“增信”作为将合规危机转化为生机的优选方案，而且是一种相对确定增值的方案。

二、合规危机整改承前更要启后

在合规危机整改中构建专项合规体系。合规危机整改不应仅仅止步于有针对性的制度纠错和管理修复，企业合规官还应引入、建立有针对性的合规管理体系或有针对性地优化现有合规治理体系，以求更进一步扩大和提升制度纠错和管理修复效果，最大限度地降低风险现实化为合规危机的概率。

（一）重新审视和优化合规管理体系

合规管理是一个动态的过程，积极地看待合规危机，将是重新审视和优化合规管理体系的重要契机。在完成合规危机整改应对第一轮次的 PDCA 循环后，需要进入不断完善合规风险管理体系阶段，不能止步于与本次合规危机相关的纠错和补救。合规危机应对专门工作组需要回归以风险为本，以业务发展为核心，重新审视经过“打补丁”的合规管理体系，将诱发合规危机的违规行为抽象化、类型化，必要时可以类推到其他业务场景进行压力测试。在综合考虑业务运行效率的基础上，整合、分设、撤销或者新设合规管控点，明确规则，理清流程，将有效果的针对性整改措施纳入日常性合规治理范围，实现合规业务协同发展，让合规为业务保驾护航，使业务在合规的轨道上无感化践行，最终达到合规危机转化为企业生机的目标。

（二）优化现有合规风险识别机制和管控方案

合规危机整改的上述步骤，特别将各项纠错、补救措施进行提炼均是对以风险管理为核心合规管理体系的变革和优化。而风险的识别机制和管控方案的优化是其中最重要的部分。在进一步“整改”阶段，除了梳理现有合规风险管理体系，还要在深入探究此次合规危机原因的基础上，针对风险源进行区分处理。如果合规危机是由已经识别到并已经采取管控手段的合规风险引发，优化工作需要注重管控手段的验证和闭环，集中力量解决合规管控有效性问题。而如果合规危机是合规风险管控方案以外尚未纳入风险治理的违规行为引发的，则需要更加注重合规风险识别机制的审视和合规文化、意识的提升，因为企业业务活动行为总是纷繁复杂而且瞬息万变的，不可能有一套现有既成的管控方案能够做到全面覆盖，需要通过优化风险识别机制和提升员工合规意识，防范不确定种类的合规风险现实化为危机。

（三）非违规行为引发的合规危机事件

合规危机一般是由违规行为诱发的，但是否存在不是违规行为引发的合规危机呢？在如今国际竞争（如政治原因）和市场竞争（如恶意竞争）的背景下，企业业务经营不是完全排斥风险的，亦不排除超出企业自身可控范围的因素引发合规危机，我们不必刻意回避这类场景。

如果因此类原因发生合规危机，对于化解危机本身而言往往没有太大空间。此时，所谓合规整改需要以设立防火墙、隔离带为重点，考虑资产剥离、业务区隔方式，将引发合规危机的业务本身和合规危险的负面影响最大限度地限定在一个单独范围。一方面，因为此类业务并没有违规情形，没有完全放弃或中止的商业上的理由；另一方面，更重要的是，为其他的业务创造一个安全的环境以便其不受危机的负面影响。

另外还要看到，突发（非合规，但涉及合规因素）事件引发的重大业务暂停甚至终止已经不是远在天边的小概率事件。虽说经营业务的取舍最终需要由企业的决策机构决策，但是身为企业的合规官，也是不能置身事外的。因为即使是决策退出，企业合规官也需要制定详细的合规风险隔离措施，确保企业既得利益不出现重大损失，在更多情况下，企业更加希望合规官制定出在合规范围内可以继续业务的措施。

第四节　调整和更新危机应对机制

正所谓“亡羊补牢，未为迟也”，在已经爆发危机之后采取行动以预防下次危机的爆发才是将“危机效益”最大化的明智做法。而杜绝同类事件再发生的前提条件则是查明当下危机爆发的根本原因。

一、查明危机爆发的根本原因

温斯顿·丘吉尔曾说过，“不要浪费任何一场危机”。诚然，在企业发展的过程中各方都希望尽量规避危机或尽量减少损失，但当危机不可避免或已然发生之时，如何利用危机来审视现有管控系统的有效性、重建企业的风险控制机制则显得更为务实。

当危机处理已经告一段落后，企业合规官应当组织危机事件应对小组成员及时开展危机的定论调查，以期查明危机爆发的根本原因和管控失效的漏洞所在。虽然在大多数危机处理的过程中，危机事件应对小组就已经连同企业的合规稽查或调查部门开展危机情况的初步调查和原因核实，但受制于危机处理过程中紧张的工作安排和视角局限性，在危机处理已经告一段落的善后期反而更有助于危机事件应对小组以更加全局的视角看待危机爆发成因。“解铃还须系铃人”，查明危机爆发根本原因的第一步就是回访危机源头。

（一）回访危机源头、了解成因细节

在生产管理学中有一个经典理论叫“海恩法则”：每一起严重事故的背后，

必然有 29 次轻微事故和 300 起未遂先兆以及 1000 起事故隐患。危机事件的突然爆发看似是偶然事件,实际上也是相关风险定量积累的结果。同时,再好的合规管控机制、危机管理流程,在实际操作层面也无法取代危机事件相关角色和个人自身的能力素质和责任心。

当危机事件的影响已经逐步减小、人们的关注点离开危机之时,危机事件应对小组的成员总算有时间和精力再次审视过去一段时间让他们精疲力竭的事件本身。这个时候,与危机源头部门和负责人开展一次开诚布公的恳谈会显得尤为重要,它既是危机事件应对小组得以获得更多危机成因细节的良好时机,也是公司对流程瑕疵关注和受影响员工人文关怀的最直接体现。

危机事件应对小组应当会同企业的合规稽查或调查团队对危机爆发部门的负责人员开展人员访谈,此类访谈最好以"面对面"的形式开展,鼓励相关人员自发地叙述与危机爆发有关的一切。不同于危机根因调查,危机源头回访的目的还是以"非归责动机"为导向来务实、客观地了解危机成因。这种"非归责"导向也有助于事件关联方避免陷入一种推脱罪责或掩饰事实的倾向中。

作为危机爆发领域业务最为熟稔的相关人员,危机源头部门对于潜藏在业务流程中的隐患、瑕疵势必比企业经营者或危机事件应对小组成员更加熟悉,对于危机爆发的缘由也认识得更为深刻,甚至往往到不了危机爆发,他们就已然知道如何改善管控现状、如何避免危机爆发。因此,回访危机源头的相关人员应当保持一种空杯心态,就事论事而非归因归责地去了解危机成因。

承担源头回访工作的人员可尝试从如下几个方面开展访谈:

1. 您是在什么时候意识到本次危机事件的?

2. 当危机爆发后您是否知道如何应对以减小危机伤害?

3. 在危机爆发后您和团队采取了哪些灾后处置手段? 取得了哪些成效?

4. 您认为本次危机爆发的根本原因是什么?

5. 您是否认为本次危机应当被认为某种系统/机制管控失效的结果?

6. 如果时间可以倒流,您认为在哪个阶段介入可以避免本次危机的爆发? 哪些阶段采取行动可以减小本次危机的损害?

7. 从危机爆发部门的视角,您认为危机事件应对小组的哪些举措是有效的、哪些是无效的？

（二）开展根因调查、出具调查报告

除对危机源头回访形成危机成因结论外，企业仍然需要进行严肃的根因调查并出具正式报告。事实上，在大多数危机应对过程中，为了对事件处理形成指导方向、路径的策略决策，危机事件应对小组在事件处理早期即会同企业内承担调查职能的合规稽查或调查团队一起开展“根因调查”，此种“根因调查”的工作流程不同于危机事件处理的工作流程，它是以第三方身份默默查明事件原因，并在危机事件处理的特定阶段（如回应外部利益相关方关切或作出纪律处分措施之前）“汇和”的。根因调查的目的在于帮助企业主识别危机爆发的根本原因，并由此采取处分或补救措施。补救措施是指由具体业务单位以及法律合规事件责任部门执行的一种针对违规行为发生原因的优化改进动作，在确定补救措施后，由事件责任部门执行。

合规稽查或调查团队应考虑将危机信息作为调查线索进行立案操作，之后按照合规案件调查的一般流程，结合危机事件应对小组对危机事件的风险定级，并据此匹配相应的资源和人力开展调查活动。如果涉及潜在违法行为，企业合规官还应考虑引进外部律师事务所开展联合甚至独立的调查活动，以确保危机调查在不受干预的情况下开展，并为后续的“自我披露”（Voluntray Self-Disclosure，VSD）做好准备。

不同于传统的合规调查，危机事件处理过程中的“根因调查”有着急迫性、确实性等特征：作为调查对象的危机成因往往已受到内外部的高度关切，且对企业的经营存续或市场形象存在潜在的重大影响，因此需要夜以继日地“抢时间”，各方都急迫地需要在事件恶化之前拨开迷雾。同时，危机作为风险外显化的结果，往往已经对企业造成了现实存在的影响，而不像一般合规调查还处在定性探寻阶段。但是，对于危机事件处理中/后的根因调查，仍然应当遵循一般的合规案件调查步骤。

根据一般的合规案件调查步骤，危机调查小组将采取如图 16 所示的几个步骤开展调查工作。

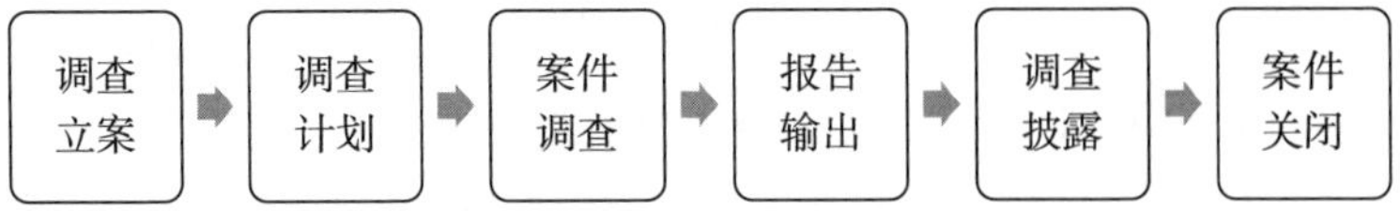

图 16　合规案件标准调查步骤

同时，为了尽可能广泛地获取与危机事件有关的根因相关信息，调查活动还可以如下形式开展工作：访谈（interview）、审查（reivew）、数据分析（analyse）和会议（meeting）。

作为根因调查的直接输出物，危机事件调查报告应至少包含如下几部分内容：

1. 定性调查：问题是否存在；问题的发生原因。

2. 定量调查：问题有多严重；建议的记录处分措施。

3. 补救措施：现存制度/机制缺陷识别；应对方法论；拟采取的补救措施；里程碑计划。

作为对危机事件盖棺定论的关键文档，危机事件调查报告应直接报送公司管理层、企业合规官和与事件相关的各部门，确保调查所发现的事项获得最高级别的关注和及时处理。

在违规处罚方面，对违规行为人做出人事处分建议的时候，应当根据违规的实质内容、性质、情节和对公司所造成的影响等因素，依照企业已制定的有关规定进行处理。违规行为人具有有关规定明文列举的减轻或加重处分情节的，依据规定减轻或加重处分。除此之外，涉及多次违规、主动上报、数种违规行为并罚等情形符合企业相关规定的，一并纳入处罚考量因素。除此之外，当管理者出现企业规定的违规行为时，同样需要依照相应责任追究管理办法规定予以处理。

二、总结危机应对过程中的得失

"前事不忘，后事之师"，从刚过去的危机应对中汲取经验教训有助于下一次更好地处理类似事件。人们常说，"危机危机，转危为机"，好的决策者能够转换危机为企业新的发展机会，通过彻底解决发展桎梏和顽疾，达到“凤凰涅槃”的效果。所以，企业对于危机的善后要更加注重，“不要白白地浪费一场危机”。这要求企业在危机后开展种种复盘活动，包括对危机发生的根因分析，对危机爆发源头的责任认定，对危机事态影响的后续评估，对危机管理工作进行的有效性评价等。要详尽地列出在危机管理过程中存在的漏洞和不足，并将问题细致归类，提出整改意见和措施，逐项落实。

“危机处理复盘”是善后期的必备动作，为了更好地总结经验和教训，复盘应当至少包含4个步骤：回顾目标、评估结果、分析原因、总结规律。危机事件应对小组应当在充分研讨的基础上输出善后/复盘报告，此类报告应当至少包含如下几部分内容：

1. 事件最终定性；

2. 风险的处理结果；

3. 已采取措施的合理性和有效性分析；

4. 监管机构的态度和反应；

5. 公司已/将遭受的影响和后果；

6. 经验和教训。

具体来说，危机事件应对小组可以尝试从如下几个方面分别开展事件处理的总结和复盘。

（一）验证应对流程的符合性

每一个从事风险控制类型工作的从业人员都应当认识到规则的“滞后性”：纵使我们的流程、机制写得再完善，它也无法预测危机应对过程中的每一个细节，每一场危机因其特殊性也无法成为流程化动作的直接作用对象，但即便如此，比对危机应对的实际情况和应对流程的差异性仍然大有裨益。危机应对流程就是“从特殊到一般”的过程，旨在归纳出危机产生中必经的流程和最频发的场景，而验证理论与实践的差异有助于修正这种模型的“不完美性”。

危机事件应对小组可以通过“时间线梳理”的方式开启复盘验证工作，通过对危机事件“全景回放”，重新回顾、审视处理过程中每一项决策的生成、每一个行动项的执行以及每一个结果出现的过程,对时间线进行梳理的优势在于事件发展的状态和演化规律会清晰地呈现在人们眼前,身处危机处理过程中各小组的行为特点也得以凸显,复盘人员也得有机会从全知视角分析不断演化的局面和相互作用的因素对处理结果的影响。

有了清晰的事件发展时间轴后,复盘人员要按照危机应对流程或标准指引上规定的阶段和动作来对照实操过程中是否适用、是否有实际按照标准流程进行处理,复盘人员同时应当分别分析危机发生原因和(采取了标准动作的)潜在收益。

(二)总结危机应对过程中的亮点

在每一场危机应对中,我们都无法避免存在未尽事宜的遗憾,但也几乎在每场危机应对中都有"神来之笔"并在关键时候起到了正向作用,总结危机应对过程中的亮点有助于我们复制经验。

危机处理过程中的正面结果往往是复杂因素综合作用而成,因此在总结应对亮点时应充分考虑彼时行动环境的"天时地利人和",也即正视结果的偶然性。既不应过分夸大事件演化的不确定性,也不应过分推崇正确决策的可复现性。危机事件应对小组应当逐个罗列事件应对过程中的各个决策点、可选择路径和最终的策略选择,然后以全局视角而非执着于特定"小胜"节点审视各个应对动作的正确性。

对于某些时间点"躺赢式"的不确定性我们自然无法抹杀他们的积极作用,但从复盘的视角应当更多着眼于危机事件应对小组能够把握、能够复现的"确定性"。如充分的情势分析、缜密的策略设计、广泛的信息共享、及时的公关回应、坦诚的面对心态等。

(三)总结应当吸取的经验教训

从指引未来行为的角度来说,教训往往比经验更有效,因为它更能帮助我们改善和提升。要时刻检讨自己,总结事件应对过程中需要提升和改进的点。危机事件应对小组可参考使用表 12 的形式开展危机教训总结。

表 12 事件应对检讨

序号	检讨项目	需检讨(Yes/No)	提升与改进建议(前列为 Yes 时填)	责任单位	完成时间
1	危机发生原因、为何发生、何时爆发				
2	为何在风险管理阶段未曾考量				
3	事先防范措施是否缺乏				
4	风险/危机上报系统是否有效、高效				
5	危机处理过程是否满足时效性期待				
6	危机事件应对小组和相关部门的行动是否妥善				
7	外部关系处理是否适当、是否造成了不利局面				
8	危机事件应对小组的人事安排和责任分工是否合适				
9	危机处理的策略选择和步骤安排是否合适				
10	记录保存和经验传递				

这些经验总结记录,不仅有助于从制度层面指导危机应对标准流程的优化活动,而且能从事件应对参与各角色角度明确告知他们的实战表现评价几何。

(四)优化危机应对标准流程

企业现有的机制流程可能存在许多想当然的设置或无法在紧张的危机应对中执行到位的情形,需要结合实战情况进行修正、删减或增补。

与日常性风险控制体系建设不同的是,危机后的流程优化是一种“有针对性”的合规制度重建活动。相关企业要针对自身发生危机的制度原因,提出堵塞制度或风险控制漏洞的方案,以达到预防类似事件再次发生的效果。危机后的制度优化，应当首先进行制度纠错和管理修复，也就是展开通常所说的“危机控制”，避免原有风险状况的重新发生。所谓“制度纠错”和“管理修复”，其实包含一种“破”和“立”的过程。前者是指企业对存在漏洞和缺陷的治理结构和管理模式作出废除和撤销的活动，目的在于终止有缺陷的制度安排，阻断危机发生的因果链条；后者则是指企业在消除制度隐患的前提下展开制度重建活动，目的在于引入新的制度元素，推动企业形成新的治理结构和管理模式，改造企业的经营理念，使其走上稳健经营的轨道。①

危机后流程修复的输出物可以是危机应对指南、危机应对标准流程或其他规范配套文件，旨在兼顾预防和应对两方面，让企业在面对潜伏的风险或现实的危机之时不至于无从下手。

三、完善合规类危机预警系统

人们常说“预测未来最好的方式是从过去找规律”，就企业而言，合规类危机看似偶发实则必然，企业合规官应找到这个事物的发展规律，建设合规类危机预警系统。在重大危机事件发生前，企业合规官或企业内部承担危机预控的相关角色需要结合公司所处行业的特点和业务特色，排查经营过程中的合规风险点和潜在风险事件，按年度制订具体的危机应对预案，并将其作为日常年度经营计划的重要组成部分。除了危机应对预案外，企业的合规类危机预警系统建设还可以从意识培育、政策监控、机制建立、业务连续性计划建设、合规体系建设和危机演练等几个角度开展相关工作。

（一）开展案例教育、培育危机意识

在合规体系搭建中可以发现，好的意识能够预防大部分的合规风险。意识培养作为一种改善人行为的心理植入手段一直受到企业合规官的青睐，它能极大地减小企业的流程、规则宣教成本，使危险通过基层员工的朴素道德或风险

① 参见陈瑞华：《企业有效合规整改的基本思路》，载《政法论坛》2022年第1期。

直觉被扼杀在摇篮里。

“以案说法”是宣教最有效的做法之一，从具体的案例出发能够有效降低员工接受的抵触感或漫不经心感，也能够帮助员工树立起正确的危机意识，起到春风化雨、防微杜渐之功效。

企业作为经济性组织需要在过去成功经验的基础上积累财富，因此大多数公司往往习惯于认真分析市场趋势和统计数据，采取保守稳妥的经验主义思维和长期适用的经营策略开展经营活动，企业主也更为关注客户和潜在消费者过去的消费习惯和行业规律，在制度实施的惯性作用下企业经营较于环境的变化显得滞后和拖沓。事实上企业重大决策大多基于管理者的经验认知和对经典案例的推演，并非充分考虑市场态势现状的科学研判，更缺乏对未来市场趋势变化和危机事件发生可能性相应的风险评估。也就是说，我们对未来没有做好准备。这一点在企业应对危机事件时如此，在全社会应对巨大的不确定性时更是如此。①

身处“VUCA 时代”②，企业经营管理者需要带着忧患意识和风险防范意识对经营环境和业务行为进行风险研判，审慎衡量未来不确定性对企业经营活动的冲击力度，这需要决策层拥有直面困难的勇气，员工具有团结协作的决心。同时，参与到危机预防和事件处理中的各类角色需要以实事求是的态度面对风险和问题，以科学严谨的独立判断应对复杂商业环境中的不确定性。

（二）监控政策异动情况和执法动态

合规作为一项与监管密不可分的学科，本身就肇始于政府监管部门对特定行业或领域的关注和管理。作为企业的“守夜人”，企业合规官和下辖团队要具备灵敏的行业嗅觉，及时关注相应行业中的异动。进入新时代以来，“逆全球化”趋势显著，而且中国企业面临更多来自外国主管机构的“针对性执法”。

---

① 参见赵臻：《基于黑天鹅事件背景下的企业危机管理能力提升》，载《兰州交通大学学报》2020年第4期。

② VUCA 是“Volatility”（易变性）、“Uncertainty”（不确定性）、“Complexity”（复杂性）、“Ambiguity”（模糊性）的缩写，用以描述冷战结束后世界局势呈现的不稳定、不确定、复杂且形势模糊的状态。

因此,对于合规风险高发领域和行业的企业,有必要关注政策的异动情况和执法动态。

以中国国内的反垄断和数据安全领域为例,企业要持续关注主管机关"国家市场监督管理总局(国家反垄断局)"和"国家互联网信息办公室"等机构发布的信息。主管机构往往选择在官方网站、微信公众号等渠道进行"权威发布",而各类传统媒体、自媒体公众号也往往会对该信息进行二次传播和政策分析。

对于已经卷入合规执法行动中的企业,要考虑投入资源采购第三方咨询服务,获得及时且一手的政策和执法动态,咨询集团[如汤森路透公司(Thomson Reuters Corporation)、化险集团(Control Risks)等]、律师事务所等一般都会提供此类服务。

(三)建立部门联动机制和专职人员培养

企业往往不会设置专门的危机应对组织,而是以企业合规官牵头、联动公司内各相关专业线条来共同应对危机。合规类危机主要由法务部或企业合规官领导的合规部门牵头处理,但事件处理往往又离不开人力资源(human resources)、运营管理(operational management)、投资管理(investment management)、行政管理(administrative management)等部门的参与,事件处理效果又往往会直接影响企业的公共关系(public relations)、政府关系(government relations)、投资者关系(investors relations)等部门,因此危机事件处理势必是一个多部门协同的工作。在遭受危机的损害后,企业有必要审视是否具有再次面对潜在危机的勇气和信心,而建立部门联动机制,甚至进行专职人员培养则显得尤为重要。尤其是与大众消费者产生紧密联系的企业,要考虑聘用受过专业训练的公关专家参与到危机处理过程中来。

部门联动机制也可以说是企业的危机应对能力中心,是企业为应对或更好地进行危机管理所成立的一种虚拟组织,一般采取矩阵式管理模式。部门联动机制的设立有助于企业灵活性配置内部资源。

部门联动机制不仅承担危机的日常监测、预警、诊断、评价和控制工作,还需要对生产、服务、销售、品牌、人力资源、投融资等环节进行分门别类的危机分析，并将风险进行分级、分类，制订每一项风险的解决方案，明确责任人和责任完成时间与指标。

企业应该在危机易发领域(如合规)建立并公示危机事件通报联系表，此类表单往往需要包含与危机应对相关的各类型部门/团队。一般而言，危机处理的直接团队可以包括法务部、合规调查部等；危机处理的专业支持部门可以包括人力资源部、运营管理部、投资管理部、行政管理部等；危机处理对外信息联络部门可以包括公共关系部、政府关系部、投资者关系部等。为了确保相应职能部门都能第一时间响应，在危机事件通报联系表上需要同时设置主联系人、副联系人，并填写相应的职务和联系方式，以便在危机爆发初期建立起应对小组的联系网(见表13)。

表13　危机事件通报联系

主管部门	主联系人	职务	联系方式	副联系人	职务	联系方式
公共关系						
政府关系						
投资者关系						
法务部						
合规调查部						
……						

除指定危机爆发期的联系人外，危机各相关部门还应保持危机潜伏期或日常工作中的交流互动关系。同时，企业应当考虑设置相应的工作流程或危机应急处置机制，把相关部门的交流机制和标准工作流程予以固化。上述机制应在各危机相关领域的部门和团队中进行广泛的宣贯，确保员工知悉在危机爆发时应当联系谁。

对于置身严苛监管环境中的企业，还应考虑授权企业合规官聘请、培养专职的危机应对人员，此种职责不一定要以专职的形式存在，但仍应有独立的工作职责划分以便形成相应的管理能力。在合规领域，各合规域结合自身领域的监管环境和执法动态可以制定符合自身情况的危机应对指南，与此同时各合规域还应当安排专职或兼职的危机处理联络人来统筹所辖业务域潜在的危机事件。

（四）制订业务连续性计划增强抗风险能力

风险可以被管理，但无法被完全消除。企业如果缺乏危机预案或业务连续性管理（business continuity management，BCM），将会在重大危机中面临无法挽回的经济损失，甚至导致业务中断、停业等恶性结果。

业务连续性计划（business continuity plan，BCP）旨在帮助企业防止重大业务中断或快速从中断中恢复，有助于增强企业的抗风险和抗危机能力。当企业遭遇来自监管机构的严苛执法行为时，快速地响应并采取措施是避免企业因此关停的法宝。这种响应不应是一种随机行为，而应是事先定义好的行动手册。

对于制造型企业，危机事件应对小组应会同供应链职能的相关同事大胆设想当监管部门释出执法行动后对公司现有的供应链安全可能造成的冲击。任何企业都应具有相当的抗风险能力和“灾后重建能力”，业务连续性计划则是希望在平时就预想到最坏的情况，以防患于未然的心态构建业务上的多种可能性。

目前，业界有多种框架可用于构建有效的业务连续性计划，这些框架大体上覆盖3个重叠阶段：

1. 分析①：在这一阶段，企业需要确定并评估业务及运营中所必需的各种职能（如研发、生产、销售等）。然后，确定危机对这些不同职能的潜在影响。该阶段通常还需要根据不同领域或部门对运营的重要性来确定它们的优先级，这样业务连续性计划才能最终优先确保最关键职能的连续性。业务连续性专业人员通常会在制订新计划之初进行业务影响分析（business impact analysis，BIA）。BIA会就收入损失和其他特定于业务的指标来估算不同危机场景的

---

① See *What Is a Business Continuity Plan(BCP)?*, VMware, Accessed Jan. 18, 2022, https://www.vmware.com/cn/topics/glossary/content/business－continuity－plan.html.

后果。

2. 规划：完成初始分析后，下一阶段需要考虑制订实际计划的方方面面，以确保在危机中继续运营，或者快速从中断状态中恢复。在规划阶段，企业需要完成以下事项：

(1)针对潜在需求(如快速收获客户信心或获取监管部门临时补救措施)制订相应协议。

(2)针对临时人员配备变更或需求制订方案。

(3)实施危机爆发期应对机制以确保决策系统的正常运转。

(4)此阶段的一个关键部分是任命一个由高管和相关人员组成的连续性或危机管理团队，他们将在必要时领导实施计划。

3. 培训和测试：即使是最可靠的 BCP 也必须经过定期测试，以确保在需要时能够正常运作。这包括为员工提供关于他们在这些场景中角色和职责的培训，以及对计划的各个要素进行试验。

BCP 各主体责任部门应该按照 BCP 定义的频度(至少每年 1 次)对计划进行测试，以判断计划的可行性和有效性。测试可采用以下方法进行：(1)对以往发生过的业务中断及恢复措施实例进行讨论分析；(2)组织有关部门进行业务中断及恢复的模拟演练；(3)采用技术手段对系统运行及中断恢复的相关参数进行测量；(4)测试完成后做好应变计划测试记录。①

（五）建设合规体系或项目预防潜在危机

“预防是解决危机的最好方法”，这是英国危机管理专家迈克尔·里杰斯特(Michael Regester)的名言。未雨绸缪、超前预防潜在危机本身就是对其最好的应对。

合规体系已经被广泛认作企业防范合规类风险的有效武器，各领域的主管机关也倾向于把企业已经建立的合规体系或项目作为量刑或处罚时候的从轻、

① 参见华晓怡：《半导体业务连续性计划的制定》，载《集成电路应用》2021 年第 8 期。

减轻因素①,甚至主管机关与违法企业达成的和解协议或类似文本中也往往把“建设合规或道德项目”作为换取监管宽恕的条件之一。应当指出的是,合规体系或项目并不能完全杜绝风险或危机的爆发,但它能够显著降低发生的可能性和潜在违规的恶性程度。有社会责任感和风险意识的企业主仍应当投入一定资源支持企业合规官开展相应的合规体系搭建。

1. 中兴通讯的合规体系

中兴通讯是通信设备制造领域的领先企业,其在反商业贿赂合规、出口管制合规和数据合规领域建立了架构完善的合规体系。中兴通讯认为合规项目是一个内部防控体系主动、系统的建设过程,它要求企业投入一定的内部资源、按照业界认可的体系要素进行政策、规则、机制和流程的搭建。中兴通讯在三大领域合规分别定义了“八要素”(见图 17)。

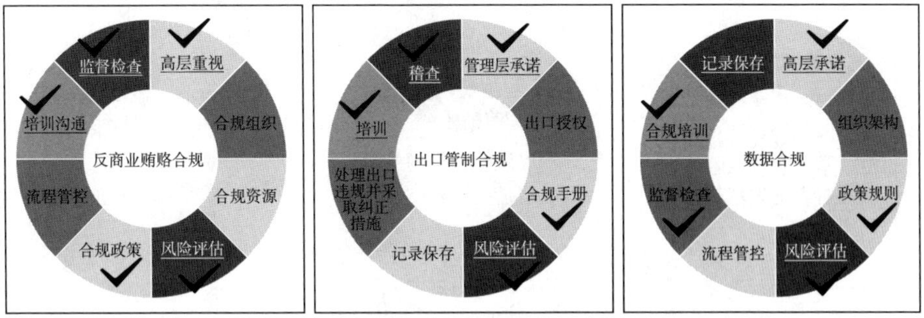

图 17 中兴通讯三大领域合规体系建设“八要素”

总体而言,各领域合规体系大体上可遵循“八要素”的治理逻辑,从高层关

① 美国联邦量刑委员会在原版《联邦量刑指南》第八章增加了专门针对组织(非个人)刑事犯罪的量刑指南,正式将企业合规作为减轻刑罚的考量条件。该指南被称为“企业合规发展的分水岭”。该指南明确强调,对于采取了发现和预防犯罪行为措施的组织,可以减轻刑罚。这一制度设计旨在激励组织加强对合规体系建设的重视和投入。2004 年修订后的《联邦量刑指南》对有效的合规管理体系作了进一步明确,具体包括以下内容:(1)建立预防及发现刑事违法犯罪的标准和程序;(2)组织内部高管重视合规,且承担合规监管责任;(3)确保组织内部高管遵守合规要求;(4)组织内部的合规宣导与培训;(5)审查与监控合规体系的实施情况;(6)通过建立激励与处罚机制持续加强合规体系的有效实施;(7)采取合理的措施,应对并预防违法犯罪行为;(8)周期性评估合规风险,并对合规体系进行改善。整体而言,该指南中有关企业通过合规换取宽大处理的规定为企业构建并实施企业合规计划提供了动力。这对企业尤其是美国企业和从事美国业务的跨国企业开展合规管理体系建设具有重要指导意义。

注、政策规则、风险评估、培训沟通和审计调查等角度开展有针对性的建设和治理。

同时,中兴通讯结合自身实践总结出合规体系建设的"六步法"(见图18),认为"建设规则体系、KCP① 梳理、风险评估、合规培训、常态化检查和独立审计"是确保体系有效运转的最重要因素。

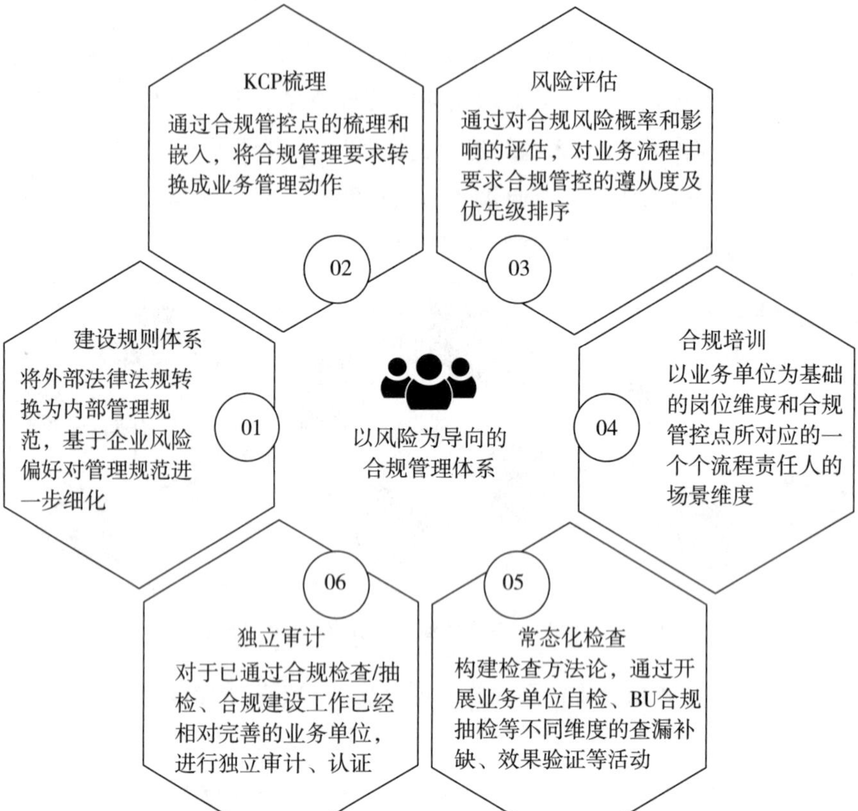
KCP梳理
通过合规管控点的梳理和嵌入，将合规管理要求转换成业务管理动作
02
风险评估
通过对合规风险概率和影响的评估，对业务流程中要求合规管控的遵从度及优先级排序
03
建设规则体系
将外部法律法规转换为内部管理规范，基于企业风险偏好对管理规范进一步细化
01
以风险为导向的合规管理体系
04
合规培训
以业务单位为基础的岗位维度和合规管控点所对应的一个个流程责任人的场景维度
06
独立审计
对于已通过合规检查/抽检、合规建设工作已经相对完善的业务单位，进行独立审计、认证
05
常态化检查
构建检查方法论，通过开展业务单位自检、BU合规抽检等不同维度的查漏补缺、效果验证等活动

图18　中兴通讯合规体系建设"六步法"

① KCP,即关键控制点(Key Control Point),是合规流程管理中需要嵌入管控动作的业务节点或关键活动。

2. 西门子公司的合规体系

西门子公司是商业上取得较大成功的跨国企业集团,其在2008年被美国司法部和证交会实施FCPA执法,最终与美国政府和德国政府达成8亿美元的和解。西门子公司为应对政府执法花费的会计咨询、律师服务等费用高达8.5亿美元,但通过此次事件,西门子公司建立了较完善的合规体系。

西门子公司当前的合规工作主要聚焦四大领域:反腐败、反垄断、数据保护和反洗钱。[①] 西门子公司的合规体系由两部分组成:一是商业行为准则,二是"三大制度"保障。前者被视为合规体系的核心环节,所有员工按照合规体系行事的基本要求,是保证"只有清廉的业务才是西门子公司的业务"的关键要素;后者则由三大支柱组成:防范(prevent)、监察(detect)和应对(respond)。西门子公司认为合规体系的最低构成要素应当包含5个部分(见图19):合规文化、合规组织、合规制度、风险管理和监察整顿。

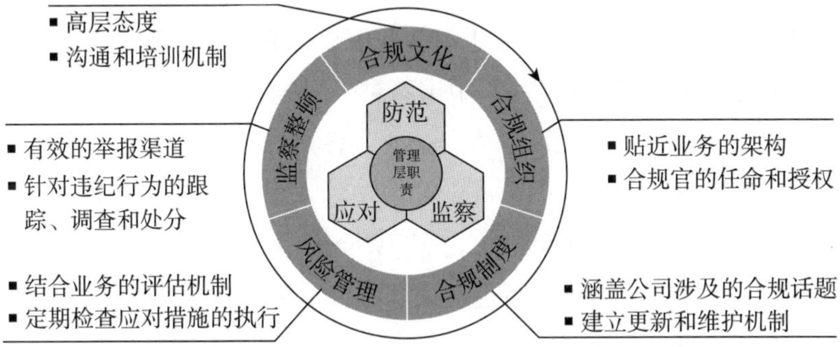

图19　西门子公司合规体系的最低构成要素

3. 湖南建工的合规体系

湖南建工是一家位列中国五百强的大型国有建筑企业,其因"伪造项目竞标材料"而在2013年被世界银行施加2年"附解除条件的取消资格"的制裁措施而不得参与世界银行资助的项目,也不得因世界银行贷款而获得收益。为了挽回行业声誉、避免更大损失、尽早解除制裁,湖南建工在世界银行的监控和指

① 参见陈瑞华:《西门子的合规体系》,载《中国律师》2019年第6期。

导下开始建立有效合规计划的行动。2017 年湖南建工在建设合规体系方面的努力获得世界银行认可，收到了解除制裁通知书。

湖南建工的“诚信合规体系”[①]包含如下基本内容：颁布合规政策和程序；建立合规组织体系；组织合规培训；对商业伙伴加强合规管理；展开合规风险评估；组织合规审计；建立举报制度；全面配合世界银行的合规审查和持续监督。

同时，参照世界银行的《诚信合规指引》，湖南建工创设了一套完整的诚信合规政策和程序：一是禁止行为；二是商业伙伴尽职调查；三是业务活动中的反贿赂和反欺诈防范；四是合同签署后的监督；五是特殊支出；六是人事；七是准确的记录；八是合规委员会和首席合规官；九是评估和审计；十是培训；十一是合规证书；十二是沟通和报告；十三是奖励和惩罚。其中，前 7 项属于该公司针对专门的合规风险，在反贿赂和反欺诈方面确立的合规政策；而后 6 项则属于该公司为实施合规政策确立的合规组织体系和合规实施程序。

4. 中央企业的合规体系建设情况

2016 年 4 月，国资委下发《关于在部分中央企业开展合规管理体系建设试点工作的通知》后，将招商局集团、中国石油、中国移动、东方电气集团和中国中铁 5 家央企列为首批合规管理试点企业。各试点企业形成了符合各自行业特色的合规管理模式。[②]

其后，国资委在 2018 年再次出台了《央企合规管理指引》，中央企业和国有企业据此大力推进了合规体系建设。据有报道称，截至目前所有的中央企业均成立了合规管理委员会，任命了合规管理负责人、牵头部门和一线合规联络员，确保层层有抓手，组织领导持续加强[③]；88 家企业出台了重点领域专项指引，积极推进建章立制及规章制度“立改废”，制度体系不断健全、管理规范性不断提升；合规管理“三道防线”逐步建立，围绕合规风险定期开展识别、预警、

---

① 陈瑞华：《湖南建工的合规体系》，载《中国律师》2019 年第 11 期。

② 参见王玉、李麒：《国有企业合规管理的现实问题与体系构建》，载《中共山西省党委学报》2021 年第 6 期。

③ 参见《宪法宣传周国资委部署中央企业强化合规管理，有力保障央企改革发展任务在法治轨道稳步推进》，载国资委官网 2021 年 12 月 9 日，http://www.sasac.gov.cn/n4470048/n16518962/n20648677/n20648712/c22138993/content.html。

处置活动，运行机制不断完善；通过开展合规承诺、合规宣誓、合规手册制订、合规培训等多种形式的文化建设，初步形成了合规文化；在国资委、中央企业的引领下，各地国有企业和中央企业下级单位积极推动合规体系建设，形成辐射拉动效应。

（六）开展危机应对演习、识别机制漏洞

军人在和平时期除了开展标准化的军事训练外，还会定期开展演习以便检测官兵的实战能力。好的演习能够帮助军队在没有战争的时候以一种零伤亡或低伤亡的方式检验训练成果和战略战术，企业各项风险控制方案或机制也需要获得实战考验。危机处理和紧急应变能力的提升，在于平时心理及实质准备的不断测试和演练，适当的测试与演练能够验证危机处理机制的有效性。危机应对演习要点见表14。

表14　危机应对演习要点

序号	演习项目	需检讨（Yes/No）	提升与改进建议（前列为Yes时填）	责任单位	完成时间
1	危机相关部门是否均列入危机应对流程并参与完成了演习				
2	跨部门/团队协作的事项是否正确传达、承接与衔接				
3	所有演习动作是否均被正确执行				
4	相关关键人员组织与联系表是否定期更新				
5	演习目标设定是否合理，是否存在重大瑕疵				
6	演习过程整体的完整性和合理性				
7	记录保存和经验传递				

危机应对演习可采用“沙盘推演”的形式，以具体的危机爆发场景为例，召

集危机应对相关部门的负责人或指定人员开展工作坊或“头脑风暴”。沙盘推演过程中应有明确的角色划分,各职能应该按照预设的危机处理机制开展相关工作,并充分设想各策略选择或具体动作后潜在的后果或反应。

沙盘推演其实是企业在未遭遇危机情况下对可能情况的完整猜想,也是对现有工作机制的一次大考。相关人员应当把沙盘推演作为丰富完善危机应对机制的系统穿行测试,以识别机制漏洞或场景缺陷作为目标。“以练为战”,对于尚未遇到合规类危机的企业,预防和演练总是最好的预防措施。只有对现有机制不断完善、堵漏建制,才能在充满不确定性的未来中从危局看到新的机会,立于商场的不败之地。

第五章

企业合规官的职业伦理问题

企业合规官是近几年来兴起的概念，我国法律法规尚没有直接使用“合规官”这种表述。如第一章所述，通常“企业合规官”是指为了实现组织经营、执业行为的合规性，全面监督合规工作的管理人员。在我国法律法规中，被赋予“企业合规官”责任的人员常被称为“直接负责的主管人员和其他直接责任人员”[《出口管制法》第 39 条、《中华人民共和国网络安全法》(以下简称《网络安全法》)第 64 条]。在实践中，并非所有公司都会设立合规官职务，公司负责人、高级管理人员、直接负责的主管人员都可能兼任合规官。

为了更全面地展现合规官的职业伦理、声誉风险和违法后果，本章探讨的企业合规官包括公司负责人、高级管理人员、直接负责的主管人员、具体合规事项负责人，他们既可以是首席合规官，也可以是负责合规事务的主管人员。

第一节 企业合规官执业过程中的信义义务

企业合规官在执业过程中产生信义义务的逻辑,源自本质上合规官和企业之间存在"委托—代理"的法律关系。在义务层面,企业合规官承担义务的内容既包括不得故意或有意识地使公司违法违规的消极义务,也包括应当承担的建立有效合规管理体系并在公司范围内执行落地的积极义务。在合规层面,企业合规官的信义义务包括两个层面的遵从,即对公司外部法律法规的遵从和对公司内部合规规范的遵从。因此,企业合规官在执业过程中要承担刑事上的责任和保证人义务,但这些义务和责任并不是无限的,应根据其义务履行范围和履行方式进行责任豁免。

一、信义义务的概念与基本内容

信义义务起源于信托领域,在衡平法上被法院广泛适用,从法律关系的本质上来说,其是法律基于利益平衡的考量对"委托—代理"关系进行的特殊干预和调整。因此,本部分内容对信义义务的起源和概念、基本内容进行了阐述,并对信义义务从商事单行法角度进行规范分析,廓清和厘定信义义务的内涵和基本要求。

(一)信义义务的起源和概念

信义义务起源于信托领域,属于衡平法的重要组成部分,在英美法系中作用突出。从词源上来讲,“fiduciary”源于拉丁语“*fiducia*”[①],其含义与信任(trust confidence,confidence)相近,从语词的性质上来说,其具有形容词和名词两个词性,前者主要意指“受信任的”或“信用的”、“信托的”,后者意指“受托人”。[②] 从制度上来说,信义义务源于英国的用益制度[③],从衡平法的基本理念出发,大法官在用益或信托的法律关系中,利用手中的自由裁量权,为了规制受托人利用自身地位侵吞或损害信托财产的不当行为,会将受托人的某些行为认定为非法,对其课以相应的法律责任。随着信托领域案件的不断积累,法院的判决对受托人的义务表现和行为标准逐渐形成了统一的法律要求,即信义义务的雏形。由于法律关系存在类似性,信义义务逐步扩展到其他类似信托法律关系的领域中。基于法院的大规模司法实践,甚至形成了所谓的“信义法”,信义义务也构成了英美法系中一个“中轴式”的概念。[④]

在公司领域范围内,信义义务也产生了具有管理和决策职责的人员的义务,尽管产生这种义务有“信托关系说”“合同关系说”“代理说”“委任说”等各类学说理论,但究其本质和本源,依然无法逃脱基于合同关系形成的某种委托或具有高度信赖性的信任关系,基于此信息或作为受托的角色和身份,必然针对公司具有相应的信义义务。随着全球合规的要求趋严,各个公司也在不断开展合规建设,企业合规官作为公司高管,在执行业务管理和业务决策中,在避免合规风险和防控风险上势必会被延伸更加严格的信义义务。

(二)信义义务的基本内容

信义义务的内容包括忠实义务和勤勉义务,从法律规定以及信义义务内涵的本质来说是法律关系中融入了“道德”和“利益平衡”的价值链接。基于企业合规官在公司范围内的地位和职责,其承担受托责任,在执业过程中应忠实和

---

① 《柯林斯拉丁语—英语双向词典》,世界图书出版公司 2013 年版,第 88 页。

② 参见薛波主编:《元照英美法词典》,法律出版社 2003 年版,第 549 页。

③ 参见徐化耿:《信托“双重所有权”问题之证伪》,载王保树主编:《商事法论集》第 26 卷,法律出版社 2015 年版,第 29 页。

④ 参见靳羽:《美国控制股东信义义务:本原厘定与移植回应》,载《比较法研究》2021 年第 1 期;徐化耿:《信义义务的一般理论及其在中国法上的展开》,载《中外法学》2020 年第 6 期。

勤勉地履行信义义务要求。

1. 信义义务内容的理论展开

信义义务具有独特的理论构成，前已述及，信义义务发端于信托领域，信义义务起初的要求适用于受托人单方，但鉴于其在衡平法上的普遍适用，信义义务的含义和义务、责任对象也在不断扩张，发展成为在信义关系中统一适用的行为标准，作为法律关系中相关人员的义务、责任或行为标准[①]，主要体现为信义义务基本内容和违反信义义务的法律后果两个方面。

忠实义务是信义义务的核心内容，其主要目的是克服受托人对于受托事务的贪婪和自私行为。因此，"忠实"具有很强的道德属性。在信义关系中，双方当事人地位、掌握的信息与处理能力、素养可能存在严重的不对等，在这种失衡状态下，受托人违信风险极大，受益人的利益迫切需要强力的手段加以保护，忠实义务正是基于如此严苛且道德意味浓厚的情况下产生的义务类型。一般而言，忠实义务包含积极和消极两个方面。就文字本身蕴含的意义上而言，该义务中的"忠实"是不可分割与不可稀释的。从积极方面来看，受托人必须以受益人的利益为唯一利益目标，在此目的之下从事一切受托活动，不可凌驾于受益人利益之上；从消极方面来看，受托人不能将自己放在与受益人利益冲突的位置，两个方面是交织在一起的。换言之，受托人不能利用自己的职权和地位为自己谋取利益。随着理论学说的演进，忠实义务中积极方面"唯一利益"的标准受到了"最佳利益"的挑战。历史上，"唯一利益"标准被严格遵守，即使受托人的自利行为并没有导致受益人受损，甚至后者亦从中获益，受托人仍然违反了忠实义务。美国的卡多佐法官认为它意味着一种不能妥协的严苛。鉴于该规则的简单清晰，其在事实上能起到预防作用，因而它被当作一种预防性规范。在实践中，只要发现存在利益冲突或者获取自我利益的事实，法官便不再深究，直接判定违反忠实义务，受托人就要承担相应的后果，交易行为的效力也会受到影响。

---

① 参见徐化耿：《论私法中的信任机制——基于信义义务与诚实信用的例证分析》，载《法学家》2017 年第 4 期。

在美国法上，信义义务还包括另一种子义务，通常被称为“勤勉义务”、“谨慎义务”或者“注意义务”。英国法也承认受托人需要承担注意义务，并且这种义务也来自衡平法，但是在法官的判例中通常认为其为一种独立的义务类型，不属于信义义务范畴。换言之，注意义务被英国法认为是侵权法在信义义务关系中的具体适用，属于过失侵权的一种表现形式。之所以会出现对注意义务的分歧，主要在于注意义务是否属于信义义务的一部分尚存争议。实务界与理论界并没有就信义义务的范围达成一致意见，即受托人应承担的一切义务是否都可以归入信义义务。换言之，“受托人的所有义务 = 信义义务”“受托人违反任何义务 = 受托人违反信义义务”是否成立，至少有些判例对此持否定态度，部分法律词典也将信义义务限定于忠实义务。因此，对于注意义务的考察和判定主要基于事后审查，因为从信义义务关系的本质出发，注意义务希望达到的目的是克服受托人的懒惰和无责任心。基于英美法系判例形成的注意义务的判断标准主要有两个，即商业判断规则和谨慎投资人规则。商业判断规则适用于公司法领域，意指公司董事、高管与交易相对方无利害或利益关系，应在充分掌握可能的商业信息基础之上，善意地进行决策，并且有理由相信该决策符合股东的最大利益，即使决策并没有给股东带来利益，甚至导致了一定损失，也可以认为其尽到了注意义务①，这是一种事后审查标准。② 谨慎投资人规则适用于金融投资领域，其含义是指受托人应像一名谨慎的投资者处理自身投资事务那样管理受托财产。因此，无论是商业判断规则还是谨慎投资人规则，都是基于事后各种行为、场景、形势等判断才能决定的，无法事前完全预料和规制，因此受托人在整个过程中是否尽到了注意义务和勤勉义务依赖于事后审查。

2. 现有商事单行法上信义义务的规范配置

在商事法领域，信义义务的要求主要集中在《中华人民共和国信托法》（以下简称《信托法》）、《中华人民共和国公司法》（以下简称《公司法》）、《中华人

---

① 亦有学者称为“业务判断规则”，参见邓峰：《业务判断规则的进化和理性》，载《法学》2008 年第 2 期。

② 参见施天涛：《公司法论》（第 3 版），法律出版社 2014 年版，第 419 页以下。

民共和国证券法》(以下简称《证券法》)等法律规范的规定。《信托法》第四章"信托当事人"第二节"受托人"第25条规定:"受托人应当遵守信托文件的规定,为受益人的最大利益处理信托事务。受托人管理信托财产,必须恪尽职守,履行诚实、信用、谨慎、有效管理的义务。"这是对信义义务的总括性规定,根据该条释义,受托人管理信托财产,必须恪尽职守,受托人负有诚实、信用、谨慎、有效管理信托财产的义务。受托人基于委托人信任取得信托财产管理处分权,与此种权利相对等,受托人管理信托财产仅以与处理自己事务同样的技能和注意是不够的,还应当履行诚实、信用、谨慎、有效管理的义务。所谓诚实,就是忠诚老实,不弄虚作假,不搞欺诈;所谓信用,就是信守承诺,遵守约定;所谓谨慎,就是周到严谨,小心慎重;所谓有效,就是可见成效。受托人行使信托财产的管理权,必须做到诚实、信用、谨慎和有效管理,必须恪尽职守地按照信托文件,积极实现信托目的。同时,该条还直接使用了"最大利益"这一表述,表示受益人最大利益原则和诚实、信用、谨慎、有效管理信托财产的义务,是法定的原则和义务,受托人不得违反。如果违反上述原则和义务,受托人就要承担故意或重大过失的责任,对这种责任,当事人不能约定免除。此外,《信托法》第三章"信托财产"第14条第2款规定"受托人因信托财产的管理运用、处分或者其他情形而取得的财产,也归入信托财产",该款通常被认为是在陈述信托财产的同一性,在制度功能上类似于英美法上的拟制信托。

《公司法》对董事、监事、高级管理人员的信义义务进行了规定,主要包括忠实和勤勉两个方面。2023年《公司法》第180条规定:"董事、监事、高级管理人员对公司负有忠实义务,应当采取措施避免自身利益与公司利益冲突,不得利用职权牟取不正当利益。董事、监事、高级管理人员对公司负有勤勉义务,执行职务应当为公司的最大利益尽到管理者通常应有的合理注意。公司的控股股东、实际控制人不担任公司董事但实际执行公司事务的,适用前两款规定。"

《证券法》在涉及主体为保荐人、债券受托管理人、证券服务机构、证券公司及其董事、监事、高级管理人员时作了"勤勉尽责"的原则性规定,未对义务内容进行细化。根据《证券法》《信托法》等法律制定的《中华人民共和国证券投资基金法》第2条,以及第3条第2款"基金管理人、基金托管人依照本法和基金合同的约定,履行受托职责”的规定,与英美法系的共同基金、单位信托的逻辑一致,基金管理人、基金托管人与基金份额持有人之间是一种信义关系,前者需要向后者承担信义义务。同时,《中华人民共和国证券投资基金法》第9条第1款“基金管理人、基金托管人管理、运用基金财产,基金服务机构从事基金服务活动,应当恪尽职守,履行诚实信用、谨慎勤勉的义务”的规定,对基金管理人、基金托管人的信义义务作了一般性规定。

除前已述及的法律,证监会制定的《上市公司章程指引》第98条对上市公司董事的勤勉义务作了更具体的规定,尽管此规定并非法律法规,但作为示范性指引文件,对于如何在实践中适用勤勉义务亦具有重要的参考价值。同时该条注释中也指出公司可以根据具体情况,在章程中增加对本公司董事勤勉义务的要求。其第98条规定:“董事应当遵守法律、行政法规和本章程,对公司负有下列勤勉义务:(一)应谨慎、认真、勤勉地行使公司赋予的权利,以保证公司的商业行为符合国家法律、行政法规以及国家各项经济政策的要求,商业活动不超过营业执照规定的业务范围;(二)应公平对待所有股东;(三)及时了解公司业务经营管理状况;(四)应当对公司定期报告签署书面确认意见。保证公司所披露的信息真实、准确、完整;(五)应当如实向监事会提供有关情况和资料,不得妨碍监事会或者监事行使职权;(六)法律、行政法规、部门规章及本章程规定的其他勤勉义务。”

综上,信义义务本质的内涵包含了将“信任”的道德属性融入具体的法律关系中,这主要源于在高度技术性的商事法领域,基于知识、技能、素养等的差异,一般的受托人或金融消费者相比于专业的机构或从业人员差距明显,导致“委托—代理”关系中存在显著的信息不对称和道德风险。从经济学的理性人假设来看,具有特殊地位的人可能利用信息优势,在执行受托事务中损害委托人的利益,谋取私利。因此,这种信托关系不能仅仅依靠当事人之间的意思自治,还需要法律强制赋予一定义务才能实现利益平衡。在具体的司法实践中,法官也会根据个案适用规范目的的解释对信义义务的内容进行价值补充,将其具体化进而予以适用。目前而言,价值补充的进路一般会有两种:一是从“尺度”出发,即从程度上来确定受托人在具体受托环境与具体受托事项中是否尽到了应尽的注意、勤勉与谨慎义务；二是从“要素”出发，即将需要考量的基本因素或者指标进行细化，继而将受托人的行为纳入由这些要素构成的体系中综合评价。从法学方法论的角度来看，前一种路径可以概括为私法中比例原则的适用，后一种路径可以理解为动态系统论的适用。这种个案判断的方式也是信义义务无法具体明确，以及不断扩张的体现。尽管现有的法律法规以及制度规章未将合规明确纳入，但基于合规官在公司范围内的地位和职责，实际上其承担的也是一种受托责任，应根据这种法律关系而承担执业过程中需要履行的信义义务。

二、企业合规官在执业过程中的信义义务

企业合规官在执业过程中的信义义务是多方面的，既有内在的义务要求也有外部的监管合规要求，因此，基于义务履行方式和程度，企业合规官在责任承担上更加复杂多样。

（一）信义义务产生的逻辑基础

企业合规官在执业过程中的信义义务产生的逻辑基础主要在于现代公司下经营权与所有权的分离，具有管理地位人员的职务行为左右着公司的行为选择，其行为失当是公司违法的主要原因之一，因此其承担相应的信义义务尤其是合规义务是理所当然的。

就规范目的以及利益平衡角度而言，信义义务以及更为偏向内部适用的合规义务与监管资源的有限性相关。“任何监管者都不可能发现并处理其管理范围内的每一项违法行为”①，基于政府有限的监管力量以及各个公司合规建设的差异，如果政府监管采用“一刀切”式的监管和强制推行合规，是不现实的。因此，在统一的外部法律法规要求之下，可通过激励和惩罚相结合的方式

---

① Welsh M., *Civil Penalties and Responsive Regulation: The Gap between Theory and Practice*, 33 Melbourne University Law Review 908, 910 (2009).

来推进公司自我监管和自我规制。

鉴于外部监管和企业内部自我合规监管不同,以及适用的对象不同,在界定实际业务运营中是否存在违反信义义务要求的情况时,应区分信义义务和合规义务。合规义务更倾向于外部规则所转化的内部管控规范,但实际上这种合规意义上的“规”可能是更广泛的,也包括公司内部的规范制度,这些制度的细化和详细程度相较于外部法律法规甚至更严格,因此违反合规义务,会首先受到公司内部的处罚或警告。

一般而言,公司内部在建立合规管理体系的同时,也会在内部建立独立的合规稽查或合规管理委员会对公司内部人员的违规进行调查和问责,如果处于管理地位的人员在受到内部警告或处罚后仍然继续放任甚至参与公司违法违规的行为,或者对合规管理体系存在的重大漏洞和缺陷无动于衷,导致公司违反外部法律法规,则会被视为违反了勤勉、注意义务,需要承担违反信义义务的责任。

对于合规义务如何纳入公司法中,学界存在争议,主要集中于是扩张信义义务的内涵,还是将合规义务作为独立于信义义务之外的义务。[①] 不过,无论合规义务是纳入公司法还是独立于信义义务,都要面临公司内部对具有管理职责人员行为的判断和认定,不适宜完全交由外部法律法规认定。因此,合规官在执业过程中应遵从外部和内部的规范并履行义务。

(二)信义义务的法律规范现状

信义义务在公司法实践中逐步呈现日益扩张的趋势,在传统公司法之外越来越多的公司管控义务开始在全球化以及泛“合规”之下被赋予特定地位,并对具有合规管控职责的人员施以信义义务。之所以出现这种现象,皆在于信义义务对平衡利益关系的制度价值。比如,现代公司法的奠基人之一阿道夫·伯利(Adolf Berle)认为,信义义务存在的目的是监督公司相关管理人员在公司法

---

① 参见汪青松、宋朗:《合规义务进入董事义务体系的公司法路径》,载《北方法学》2021 年第 4 期。

下享有的广泛权力的行使，管理者的权力为了公司股东现实的或可以预估的潜在利益在任何时候都是可运用的。但是，阿道夫・伯利同时强调指出："公司的行为必须经过两类规则的检验：第一，与权力的存在和适当行使有关的技术性规则；第二，与信托规则有些类似的公平性规则，使受托人行使使其成为受托人的文书广泛赋予他的权力。"①从伯利这种区分可以看出，其将关于公司权力适当行使的"技术性规则"与信义义务所体现的"公平性规则"进行了区分，认为它们属于不同的类型，针对不同的目标，相较于"公平性规则"，"技术性规则"的范围更广泛，包括企业应遵守的一系列法律法规、行业惯例和商业道德，而"公平性规则"则主要是管理者作为公司受托人所应遵守的忠诚、勤勉的行为规范。为了保障企业的长久稳健运行，会设置一定的满足"合法合规"要求的规则，在遵守法律法规之外，为了防控和治理风险，就要依赖于一系列合规管控和合规管控规则来促进企业内部对合规的自觉和诚实遵从，以避免违法违规行为的发生。

在合规义务规定以及合规管理建设上，目前尚无法律法规层面的统一规定和标准，但一些特定行业或特定类型公司监管机构的规范性文件，对此内容进行了一些指引性或者指导性的规定，这属于通过行政监管的行为约束和压力倒逼促进公司内部自我治理和自我规制。比如，《央企合规管理办法》《合规管理体系　要求及使用指南》《商业银行合规风险管理指引》《保险公司合规管理办法》《证券公司和证券投资基金管理公司合规管理办法》，这些文件均有要求公司建立合规管理体系的明确要求或指引。特别地，商务部在 2021 年 4 月 28 日发布了《关于两用物项出口经营者建立出口管制内部合规机制的指导意见》，建议企业在出口管制方面要具备拟定政策声明、建立组织机构、全面风险评估、确立审查程序、制定应急措施、开展教育培训、完善合规审计、保留资料档案、编制管理手册 9 个要素，并附带《两用物项出口管制内部合规指南》供企业参考使用。

---

① A. A. Berle, Jr., *Corporate Powers as Powers in Trust*, 44 Harvard Law Review 1049, 1049 - 1050 (1931).

对于公司而言,建立纸面上的合规管理体系并不难,难的是如何有效执行并在执行中不断优化和自我完善,但无论如何,无论是从无到有,还是迈向合规有效管控的"最后一公里",公司管理层在这个过程中都起到最重要最关键的作用。比如,《两用物项出口管制内部合规指南》指出"企业主要负责人是出口管制合规第一责任人。企业主要负责人签署政策声明,并通过公开讲话宣贯、向全体员工发送邮件、网站发布声明、组织录制相关视频等多种方式公开承诺支持合规政策,遵守合规制度,保证出口管制合规的资源投入。企业的中高层管理人员应带头践行合规政策"。因此,管理层作为企业运行的"大脑",决定了合规"血液"是否可以真正根植和融入企业的各个"躯干"。管理层的合规声音和合规指示可以自上而下地统一全公司范围的合规认知,推动合规资源投入和体系有效协同,并持续通过合规规则阐释和合规政策理念传达减少合规执行的衰减,进而实现有效合规管理运作体系下的商业可持续。也正因如此,不少公司设置了"合规管理委员会"或者"合规经营会"等,专门统领和决策公司运营过程中的合规建设和合规执行落地。

综上,对于企业合规官的信义义务内容,从目前的指引规定以及公司合规内部治理和管理的现状来看,至少包含两重含义:一是所有公司管理者都应当承担的,不得故意或有意识地使公司违法违规的消极义务,这也是合规官信义义务的题中应有之义;二是公司特定管理者应当承担的建立有效合规管理体系并在公司范围内执行落地的积极义务,这是合规官在义务层面的行为标准。此外,以合规的"规"为标准进行分类,合规官的信义义务也包括两个层面的遵从,即对公司外部法律法规的遵从和对公司内部合规规范的遵从。

三、企业合规官在执业过程中的义务展开

合规管理体系建设的初衷是帮助企业防控风险,但合规体系是否有效,尤其是是否有效执行取决于企业内部自我合规文化构建和自我合规意识培养效果。从功利主义角度来讲,企业自身没有自我"革命"或者自我"合规"的原动力,因此,需要激励来触发企业的动力。

（一）刑事上的责任

企业合规官作为企业管理者的一部分，对公司的决策和方向具有相当程度的控制权和指挥权，在企业内部职责分工上，处于不同岗位或地位的管理者在合规义务上因职责和管理范围的不同而有所差异。前已述及，合规义务更多从属于公司在遵从外部法律法规之外承担的自我合规责任，这意味着合规义务处于刑法的前置领域，违反合规义务并不一定承担刑事责任。如果企业内部发生了犯罪行为，管理者包括企业合规官承担刑事责任的类型包括：(1)管理者在职责和业务管理范围内，以积极作为的方式，亲身参与或授权公司员工实施特定行为而构成故意犯罪；(2)针对企业内部员工的业务行为、客户和第三方行为，管理者未履行相应的监督管理义务，以至于发生有侵害结果的不作为犯罪和过失犯罪。古罗马法格言有云："法人不能犯罪。"相较于自然人犯罪，单位犯罪的入罪门槛更高，处罚更轻。因此，对于第一种情形，需要明确具体案件中是纯粹的自然人犯罪还是组织犯罪。根据组织意志模式，组织犯罪不仅需要考虑是否存在企业代表机构/人或全体组织成员的集体意志，而且要考虑企业自身的目标、议事规则、监督机制、合规文化等，尤其是企业的监督机制，不可将犯罪简单归咎于企业管理者的决定。当然，如果存在企业管理者和企业混同的情形，应借鉴间接正犯理论在具体案件中否定企业的独立人格，追究背后直接决定和操作者的刑事责任。对于第二种情况，则应考察企业内部的组织分工和权力分配情况，分析处于不同职责和地位的管理者在具体个案中应当履行的监管或监督义务。不同于公司最高管理者承担的全面的组织性和控制性义务，作为企业合规官必须制定合规管理体系或计划，将其融入组织的业务之中设置风险预防的"防火墙"，并且持续监督和监管员工积极执行和履行合规要求，确保其行为完全合法合规。

在过失犯罪中，企业合规计划的制订和遵从与"违反必要的注意义务"这种主观要素的判断相关联。这主要是两个方面的原因：一是企业及其管理者具有组织企业资源、控制企业内部风险的注意义务，而有效的合规管理体系制度在某种程度上是企业及其管理者履行或实施上述义务的体现；二是企业为了建立有效的合规体系而将预防违法犯罪的行为标准内化为实践中具象化的注意义务,但这种情形也不免使企业陷入"双重困境"。因此,有学者指出在这个角度上,合规计划将会对企业的激励效果产生影响,认为合规计划的实施会引发一种"起诉困境","合规计划的信息最终将被政府或民事诉讼用于攻击企业",这可能导致企业不再采用任何合规计划。[①] 不过,有学者对此指出,在刑事诉讼中,出现这种困境的可能性较小,主要在于合规计划的内容只是判断企业是否履行了必要注意义务的参考,是否违反注意义务,以及是否履行了必要的管理、监督义务,这与合规计划本身并不是完全等同的。同时指出,判断过失犯罪中的必要注意义务还必须考虑以下问题[②]:(1)犯罪行为与企业的相关性。企业及其管理者应当履行的必要注意义务的内容不能超出与企业或业务相关的侵害行为,因为对于危险源的监督和控制必须在自己的职责范围内,且因为其保证人地位才具有履行义务的责任,不能对超出与业务有关范围之外的犯罪行为追究刑法上的责任,即使其在企业及管理者的能力范围之内。尤其是,合规计划或措施中包含了有重要法律意义的内容和不具有法律意义的内容,而有重要法律意义的内容,还可细分为与(防止)企业犯罪密切相关的部分和与企业犯罪无关的部分,后者主要依托于行政规制乃至民事规制。这就有必要审查被违反的合规计划中的那部分规定是否与刑法所保护的法益相关,是否为了防止企业内部发生犯罪,只有那些能够预防企业犯罪的项目在刑法上才有意义。(2)注意义务履行的适格性和必要性。适格性需要考虑员工实施犯罪行为产生不利后果的盖然性、不利后果造成的损失大小、合规计划或监督措施避免犯罪的盖然性,以及采取合规计划或监督措施带来不利后果的盖然性和范围。必要性在于要考虑企业自身特性,不能超出一般和同类情形下的要求附加义务,尤其是针对新产生的风险和新认知,必要性应基于平均谨慎程度进行判断。(3)注意义务履行的可能性。对于合规管理制度构建和执行落地到哪一种程

---

① 参见[美]菲利普·韦勒:《有效的合规计划与企业刑事诉讼》,万方译,载《财经法学》2018 年第 3 期。

② 参见蔡仙:《论企业合规的刑法激励制度》,载《法律科学(西北政法大学学报)》2021 年第 5 期。

度才能证明企业履行了必要的注意义务,应当考虑企业自身认可的利益在显著的范围内与所遭受的危害后果处于一个适当的关系中,不应忽略企业自身营利目的,而极端要求降低企业潜在风险并将其作为终极目标。如果企业竭其所能仍无法达到平均谨慎程度,那需要考虑存在一个超越过失责任,甚至是间接故意的责任。(4)注意义务履行的真实性。企业合规计划不能只停留在纸面上,必须可执行并且被员工实际执行落地。

(二)保证人义务

企业合规官的保证人义务引发广泛的讨论,主要源于德国法院"柏林清洁公司案"的判决,法院在附则中表达的一个观点是合规官也负有《德国刑法典》第13条规定的刑法上的保证人义务,阻止与企业相关的、由企业雇员做出的犯罪行为;阻止违法和犯罪行为是他对企业管理承担的必要义务。[①] 目前而言,合规并不是一个法定的概念,但从对现有法律概念的扩展解释来看,合规义务是存在可能的。比如,德国学者通过《德国股份法》第93条以及《德国有限责任公司法》第43条中董事或者业务执行人的注意义务,推导出了管理者的合法性义务。我国《公司法》对管理者勤勉和忠实义务的规定也蕴含了合规义务的内容。对于合规保证人义务的地位和职责,可以在国资委印发的《央企合规管理办法》窥之大概,其第二章"组织和职责"对董事、经理以及合规负责人的职责内容进行了列举规定,通过这些规范来看,合规负责人所承担的是一种涵盖范围广泛的监督管理义务,其核心要素在于针对企业的违法犯罪进行监督、阻止、制裁与报告。[②]

企业合规官基于保证人地位承担合规义务,但学界对保证人义务来源的理

---

① 参见李本灿:《合规官的保证人义务来源及其履行》,载《法学》2020年第6期;蔡仙:《论企业合规的刑法激励制度》,载《法律科学(西北政法大学学报)》2021年第5期。

② 这里需要补充说明,在不同的语境和场域之下,合规负责人的保证人义务存在狭义和广义之分。在刑法教义学的语境下,其仅是指在狭义的刑法层面合规负责人的保证人义务。但如果从整个合规计划的视角来看,则涵盖了刑法规范的作为义务以及非刑法规范的作为义务,如民商事规范中的作为义务,为更广义的概念。

论基础存在不同的观点,[①]如下:(1)有学者认为,管理者的保证人地位是从公司领导者的控制和指挥权中推导出来的。管理者可以利用这种优势地位防止下级员工犯罪,如果没有及时阻止,那么就结果避免上而言就存在不作为。(2)有学者主张保证人地位产生于对企业监管义务的事实接管,或者说是从管理者的职位以及身份中推导出来的,这种学说的见解与前已述及的德国"柏林清洁公司案"相同。(3)关于保证人义务,有学者提出危险源理论,即企业作为危险源,企业管理者对此具有监管或监督义务,其必须保障企业的交往安全性,这种危险既可能是人为造成的,也可能是物造成的。(4)有学者采用先行行为说来论证保证人义务来源,即反对将企业视为危险源,因为"对企业的拥有"是具有社会正当性的,这种拥有状态原则上并未创设一个超越允许范围的危险,只有当企业管理者先前未履行组织体结构的合规塑造或运行的义务(合规义务)增加了风险时,才具有保证风险不发生的义务。笔者认为,上述理论学说具有一定合理性,但产生争议的主要原因在于合规官的义务范围是不明确的,可能因个案判决的说理而不断扩张保证人义务范围,这必然会跟随制度和组织体发展而发展。

据此,笔者更倾向于雅科布斯教授指出的保证人义务可以区分为"以组织化管辖为基础的义务"和"以制度化管辖为基础的义务"。以组织化管辖为基础的义务的基本思想在于,某一组织体内的每个人都应当关心任何人不受损害,每个人都应当对因自己的自由态度而引发的结果承担责任。换言之,以组织化自由为代价,必须自担对于被害人的责任。其中的"组织化",意指管理与权限仅归属自身这一意义上的排他支配。以自由形成的组织化领域,应当承担该领域不构成对他人侵害或威胁的消极义务。与之不同,以制度化管辖为基础的义务则是指针对普通或者特别的危险源,必须保护一定法益的义务。[②] 这种区分是有必要的:一方面,保证人义务的来源是法定的,或者是随着制度发展而

---

① 参见李本灿:《合规官的保证人义务来源及其履行》,载《法学》2020 年第 6 期;蔡仙:《论企业合规的刑法激励制度》,载《法律科学(西北政法大学学报)》2021 年第 5 期。

② 参见陈志辉:《身份犯之正犯的认定:兼论义务犯理论》,载梁根林主编:《当代刑法思潮论坛:刑法体系与犯罪构造》(第 1 卷),北京大学出版社 2016 年版,第 346 ~ 348 页。

不断扩充对义务范围的理解,尤其是在个案司法实践中,不排除法官会从规范的目的出发,结合外部合规监管或其他类似于公序良俗等的原则基于衡平法的自由裁量权进行适用。另一方面,要认识到任何企业管理者包括合规官都属于组织体的一员,在企业组织体内管理者的职责和任务的设定,完全由企业自主决定。基于组织体在现实中并不是完美状态,以及组织体可能存在机制缺陷的假设,组织体具有保证或监督组织体内人员的行为以及不对他人造成侵害的义务要求。那么,公司管理者包括合规官积极搭建合规管理体系或计划,并推行计划实施,可能有利于维护公共、合同相对方、外部第三人的利益,因此其任务和职责是通过内部合规控制降低风险,维护企业利益。综上,合规官的保证人义务就在于一旦组织体对其地位、职责以及任务给予了明确的合规控制和风险防范的要求,合规官就必须在组织机构内为组织体避免机制缺陷,搭建并积极执行合规计划而作出贡献,如果未能控制组织体缺陷,反而使这种缺陷增大产生更高的风险,则应为违反保证人义务而承担相应的责任。

（三）企业合规官义务范围与履行方式的限定以及责任豁免

前已述及,在企业合规官义务认定过失犯罪上需要考虑履行必要的注意义务的条件,其中很重要的一点是造成侵害与合规官职责或业务范围行为活动的关联性,这在认定是否违反合规官保证人义务时亦是如此。因此,企业合规官的义务范围限于与业务有关联性的犯罪行为或其他侵害行为,而不是所有行为。

基于企业组织体内的架构安排,合规官义务履行的方式应有所限定。合规官的义务产生于企业组织体的整体授权或组织体内部不同架构层级的权力授权,因此,合规官具有基于此授权履行监督员工不能违规的义务,同时,由于组织架构层级的要求,对于潜在违规行为或风险,也必须及时上报给企业最高管理者。在这个层面上,合规官对组织体内更高层级的公司管理者并无监督和控制义务。如果在实际执行中,合规官及时将发现的潜在风险积极上报,且其在授权范围内没有对相应问题的处置权,则合规官在完成上报义务后,就已经将保证人义务转给了更高层级的管理者。无论组织内部存在什么程度的层级分化，以及设置什么程度的合规系统层次，合规官在授权义务范围内履行完职责便符合组织体内的保证人义务要求。

当然，无论对于公司整体而言还是组织体内具象化的合规官而言，都必须设置抗辩事由来阻断责任。因此，在判断是否承担责任时应满足以下标准：

1. 合规官知道，包括基于业务或项目管理职责知道或应该知道正在发生违规行为，如违规行为开展过程中的信息同步和知会，主要业务流程节点信息同步给管理者审批决策等；

2. 合规官没有采取善意的措施来防止或纠正，主要是未尽到勤勉义务；

3. 直接或间接造成了损失和不良影响。

管理者（在有些公司合规官也属于企业管理者的一部分）的勤勉义务要求其善意地以符合公司最大利益的方式行事，在行使决策职能或者监督职能时，应以一名在类似情况下合理人所应有的谨慎来履行职责。履行勤勉尽职义务在日常业务管理过程中可分为事先性义务和事后性义务。事先性义务主要包括：其一，收集和知悉直属业务或直属项目的日常信息，借助固定的报告机制积极了解相应的开展情况；其二，在公司合规建设体系之下，加强日常的合规要求宣贯和合规培训，以确保业务或项目活动符合合规要求；其三，倡导或要求下属员工或项目成员积极进行合规风险和潜在违规行为识别和上报。另外，上述内容应做好沟通过程、发表意见、培训记录等的记录保存。事后性义务主要是在发现潜在合规风险或出现违规行为之后，应主动向公司合规稽查部门上报，并积极配合公司合规调查工作，在调查结束之后持续推动整改措施纠正工作。因此，对合规官责任认定时应对其进行全方位、分阶段的过程性评价，而非仅以部分结果追究其责任。基于此，如果合规官存在以下情形则可以作为责任豁免的参考，主要包括：

1. 企业合规官尽职履行日常性监督职责，积极关注直属业务或直属项目的开展事宜，竭力维护合规流程要求和采取多种举措预防违规行为。

2. 企业合规官及时上报直属业务或直属项目可能存在的违规行为，并积极配合违规调查，采取纠正措施。违规上报需要考虑管理者能否发现违规、违规的潜在危害性、时间的充裕性、违规的来源、违规的频次及可获得的信息等因素而综合判断。

3. 企业合规官履行职责有相应的记录和证据进行证明。比如,可以提供履行职责的邮件或文件记录、沟通或发表意见记录、内部自查自检报告等。

第二节　企业合规官履职不当的声誉风险

声誉是企业生存和发展的根本,诸如安然、世通等因企业声誉扫地而轰然崩塌的商业大厦不胜枚举。良好的企业声誉不仅是企业的无形资产,也是一个企业能够稳定持续发展的前提保障。

声誉风险本质上源于其他类型的风险,诸如操作风险、法律风险、合规风险等,经由传播形成。在科技网络快速发展的现代社会,声誉风险的管理面临了更大的挑战。随着合规经营逐渐变为企业行稳致远的坚实基石,忽视合规风险,也势必致使企业声誉遭受严重损害。

优秀的合规官可以帮助企业维持良好声誉,提升企业对外形象。作为企业管理者,合规官的个人声誉也与企业声誉息息相关。如果合规官在企业合规管理中履职不当,不仅会使企业陷入丑闻,招致外界对企业合规文化的质疑,还会对合规官本人的行业声誉造成负面影响。在执法机构加重合规官个人责任的今天,合规官面临保护企业及个人声誉的艰巨挑战。

一、企业声誉与企业合规官个人声誉的内涵与联系

声誉一般是指名誉、名声,也有信誉的含义。经济学认为,声誉是一种无形的预期值,是利益相关者基于目标主体以往的行为而对其特定行为的预测,会影响参与博弈的各方的策略选择,声誉机制可以促进及保障契约执行。声誉理论在西方经济学、管理学、社会学等多学科研究的介入、交叉与深化之下逐渐丰富。本部分将从企业声誉及个人声誉的内涵切入,探讨企业声誉与合规官个人

声誉的关联关系。

（一）企业声誉的内涵

1983 年,《财富》杂志第一次公布了美国百大“最受尊重的公司”,企业声誉开始在学术界和企业界引发关注。总结各家学说,可以发现企业声誉具有以下 3 个特性:(1)声誉的可感知性且包含主观成分;(2)声誉是利益相关者的感知集合;(3)企业声誉是与竞争对手相比较的相对量。总之,良好的企业声誉是一种具有高度战略意义的无形资产,可以为企业创造更多价值,在传播信息、吸引投资者、招揽优秀员工、增强竞争优势等方面发挥巨大作用。

（二）企业合规官个人声誉的内涵

声誉的研究起源于个人对象,亚当 · 斯密(Adam Smith)曾比较过不同国家商人的声誉。早在 20 世纪 70 年代末,尤金 · 法马(Eugene Fama)就在经济学领域引入了声誉概念,他认为市场竞争会给经理人造成压力,即使没有源于企业内部的激励,经理人出于对各自职业前途的考虑,也会考虑维持较好的行业声誉。

后来的学者对企业高管声誉有了不同的研究定义,可归纳为 3 类:(1)贡献说。弗雷德里克 · 贝利(Frederick Bailey)认为,高管声誉是对高管个人贡献的一种累积认知(collective perception)。(2)能力说。托德 · 米尔伯恩(Todd Milbourn)认为,高管声誉是对高管某一专业领域能力与品质的累积判断(collective judgment)。(3)综合说。该学说认为声誉是高管贡献和能力的体现。①

（三）企业声誉与合规官个人声誉的联系

查尔斯 · 福姆布龙(Charles Fombrun)认为,高管声誉是企业声誉的重要

① 参见徐宁、吴皞玉、王帅:《动力抑或负担?——高管声誉双重治理效用研究述评与展望》,载《外国经济与管理》2017 年第 10 期。

构成。马克·费切林(Marc Fetscherin)认为,高管声誉与企业声誉是一对相互联系的概念,并通过多学科研究,得出了一个由业绩(Performance)、个性(Personality)、威望(Prestige)和形象(Persona)构成的"4Ps"组合,并研究了这些组成部分如何单独或相互影响企业的声誉和业绩。结果表明,高管的工作经验、学历、体格特征都会对高管的声誉产生影响,进而影响公司的声誉和业绩。①

总的来说,良好的高管声誉对企业的声誉和业绩有一定的提升作用。同时,相关的调查和研究也反映出企业声誉与高管声誉之间的联系。博雅公司的一项研究表明,45.4%的企业声誉和高管(如CEO)的声誉息息相关。德国《商业周刊》曾进行过一次调查,结果显示,64%的企业高管认为,企业声誉很大程度上由CEO的声誉所决定。英国的一项相似调查显示,49%的人相信CEO的声誉会影响企业声誉。②

随着企业业务的国际化、规模化发展,合规管理成为企业"走出去"的必经之路。监管变化和复杂性继续推动对合规官的需求,越来越多的公司——从中型企业到大型企业——都依赖它们的合规官。企业合规官确保公司与监管标准保持同步并发挥内部专家的作用,密切关注所有发展并确保合规流程得到充分实施,扮演着非常重要的角色。合规官作为企业重要的管理者之一,其个人声誉问题也将密切影响企业声誉。

二、企业不合规的声誉风险

正如本杰明·富兰克林(Benjamin Franklin)所说,"建立良好声誉需要很多善行,而失去声誉则只要一件坏事"③。不同于传统风险,声誉风险通常难以

---

① 参见徐宁、吴皞玉、王帅:《动力抑或负担?——高管声誉双重治理效用研究述评与展望》,载《外国经济与管理》2017年第10期。

② 参见李延喜等:《声誉理论研究述评》,载《管理评论》2010年第10期。

③ Robert G. Eccles, Scott C. Newquist & Roland Schatz, *Reputation and Its Risks*, Harvard Business Review (February, 2007), https://hbr.org/2007/02/reputation-and-its-risks.

量化,声誉风险的最大问题是它可能在没有警告的情况下突然爆发,在互联网和媒体社交网络日益发达的今天,声誉风险的管理面临更复杂的挑战。对于企业而言,声誉风险不仅可能造成企业市值或潜在收入的损失,甚至还会对企业的生存构成威胁。

(一)企业声誉风险的来源

企业声誉风险可能通过以下方式发生:(1)直接作为公司行为的结果;(2)间接由于雇员的行为;(3)通过外围其他第三方,如合作伙伴或供应商等。

企业所面临声誉风险的大小取决于以下3个因素:(1)企业声誉是否高于企业的真实性格。企业声誉可能与公司实际采取的行为不同,当企业的良好声誉只是"虚名"时,这种声誉与现实的差距就会带来巨大的风险。要想缩小这些差距,企业就必须付出足够的努力以达到预期,或者降低外部的期望值。(2)外部信仰和期望会有多大的变化。不同利益相关者的信仰和预期是影响信誉风险的重要因素。如果外部预期改变了,公司的真实性格没有任何改变,那么声誉与现实的差距也会随之增大。正如供应链和监管制裁的危机演化,使外界对企业出口合规的预期提高。(3)企业内部团队协同的质量。如果企业内部一个团队创造了另一个团队不能满足的期望,那么企业声誉也可能会受到影响。

(二)企业发生违规行为后如何挽回声誉

企业从声誉损害中恢复过来可能需要花费很长时间,但如果企业能在违规行为发生后立即做出快速有效的响应,则可以尽量降低声誉受损程度。以数据合规为例,在面对数据泄露事件时,透明且及时的信息通报、事件响应及优化整改更能帮助企业挽回声誉。优步科技有限公司(Uber Technologies, Inc.,以下简称Uber)和塔吉特公司(Target Corporation,以下简称Target)都曾面临数据泄露事件,两家公司所采取的不同应对措施,也对声誉挽回产生了直接影响。

Uber在2016年10月被黑客盗取了5700万用户数据,该公司在1个月后才发现数据被盗的情况。Uber 没有披露违规行为,而是向黑客支付了100,000 美元以删除数据并对事件保持沉默。Uber 最终在 2017 年 11 月披露了这一违规行为,并招致了一系列负面后果,包括与联邦检察官达成不起诉协议,支付高昂和解金和客户信任度下降等,Uber 消费者认知度在当年下降了141.3%。

Target 数据泄露事件发生在 2013 年,泄露数据导致超过 1 亿用户的信用卡、卡号、户主、地址、邮件地址以及电话被曝光,被偷信用卡估计价值 4 亿美元,影响范围极广,损失惨重,成为信息安全领域中无法磨灭的一段历史。Target 的违规行为从 2013 年 11 月 27 日持续到 12 月 15 日。他们在 16 天内发现了违规行为,并在发现 20 天后向公众披露。数据泄露几个月后,Target 采用了更透明的方法,并表现出致力于快速实施改进的决心。Target 在其公司网站上发布了一份安全和技术增强列表,改进包括增强监控和日志记录、审查和限制供应商访问以及增强账户安全性。由于这些为提高安全性和赢回客户所做的许多努力,Target 在其违规后的几年中扭转了不利的声誉。在数据泄露后的第二年,Target 的消费者认知度下降了 54.6%。在接下来的几年里,总体稳步上升,从 2014 年到 2018 年增长了 84%。

(三)如何在企业经营中管理声誉风险

强化合规经营是当前全球企业发展的普遍共识与新常态,越来越多的企业经营者认识到合规经营是企业稳健发展的基石,有助于维护企业声誉,降低经营风险。事实上,一家公司的声誉最终也正是取决于其长期合规文化以及将合规计划融入企业运营的能力。企业应将声誉风险管理纳入合规管理体系,建立健全相关制度和机制,主动、有效地防范声誉风险和应对声誉事件。遵循有效合规管理体系的要素,管理声誉风险的策略至少应包含高层基调、风险评估与内部控制、事件应对及培训。

首先,董事会的支持和高级管理层的承诺是有效声誉风险管理的实质先决条件,高层应定期向企业员工传递声誉风险管理的重要性,支持相关制度和机制的建设,并为此投入必要的人力资源。高层也需要与外部利益相关者保持良好的沟通，及时回应外部关切和问题，积极传递企业的价值观和合规文化。其次，企业应定期进行风险评估，了解自身的声誉风险状况，及时识别潜在声誉风险因素，采取相应的内部控制措施，并在声誉事件发生时积极执行高效透明的应对计划。最后，企业还应通过培训和教育，提高员工对声誉风险的认识，了解自身行为对企业声誉的影响，增强员工的风险防范意识。

三、企业合规官的声誉风险到个人责任风险

企业不遵守合规规定不仅会影响企业声誉，还可能直接影响业务负责人。在一个超巨额罚款不再能冲击或阻止不良实践的背景下，监管机构已开始使用更广泛的措施来确保企业和个人行为的合规性。除了个人声誉问题外，还可以发现在欧美等司法管辖区，越来越多的司法判例正在慢慢地将组织的监管失误责任转移至其合规官承担。汤森路透 2014 年对全球 600 名合规负责人进行的一项调查发现，其中约 70% 的人预计他们的个人责任会增加或显著增加。

（一）企业合规官的个人声誉风险

CCO 承担在企业的内部和外部沟通中管理企业合规形象及声誉的重要职责，因为其是企业道德合规计划的代表。拥有良好声誉的 CCO 更能帮助企业树立正确的形象吸纳合适的人才，增强外部利益相关者对企业合规文化及建设的信赖。合规官如果因监管不力、未正确履职导致企业合规失败，可能导致企业面临违规处罚、声誉受损的风险，更会直接影响合规官的个人声誉和职业生涯。作为大型执法案件的一部分，CCO 被监管机构点名批评或要求解雇已成为家常便饭。即使这些合规官没有承担个人罚款、监禁等法律责任，因其对企业不合规行为直接或间接负有责任，他们的声誉也会受到负面影响，职业素养能力面临质疑，甚至未来发展也会遭遇困难和挑战。

2012 年 7 月，美国参议院常设调查小组委员会发布了《美国在洗钱、贩毒

和恐怖组织融资中的管控漏洞——汇丰案例》的报告。[①] 这份报告多达 340 页，其指出汇丰控股有限公司(HSBC Holdings plc，以下简称汇丰银行)不顾警告，放任合规系统的疏忽，允许墨西哥毒贩洗钱、中东恐怖组织融资。7 月 17 日，汇丰银行首席合规官戴维·巴格利(David Bagley)在参加美国参议院听证会时承认汇丰银行多年来一直允许墨西哥贩毒集团通过其美国业务洗钱，数额达数十亿美元，并引咎辞职。

戴维于 2002 年成为汇丰银行的首席合规官，他的工作主要是保证商业银行的业务符合法律法规和规范，包括打击洗钱、阻止恐怖分子的资金转移等。在听证期间，戴维曾数次承认，他无视了同事们的忠告。2008 年，汇丰墨西哥分支机构的反洗钱负责人告诉戴维："据说墨西哥 70% 的洗钱都是通过汇丰公司进行的"，"汇丰早晚会被起诉"；2010 年，汇丰银行在北美的反洗钱部门负责人表示，他没有足够的权力。但戴维同时也表示，他身为首席合规官，没有权力管理和控制汇丰银行在世界各地的合规业务，"在某些方面，他对汇丰北美的洗钱行为一无所知"。委员会成员、共和党籍的汤姆·科伯恩表示，他很难相信汇丰银行的主管们对公司的所作所为一无所知。委员会主席、民主党参议员卡尔·莱文还质疑汇丰银行管理层为什么允许"欺诈行为"一直延续，称"汇丰公司的合规文化已经被污染很久了"。

最后，美国司法部于 2012 年 12 月 11 日裁定，汇丰银行触犯了 3 项法律，分别是《银行安全法》《国际紧急经济权利法》《敌对贸易法》。双方签订延期起诉协议(Deferred Prosecution Agreement，DPA)，汇丰银行同意支付约 19 亿美元的罚款，并承诺在延期起诉协议的 5 年缓刑期内全面整改反洗钱合规体系，同时聘请监察官(Monitor)以监督其合规体系整改状况。该案中，作为首席合规官的戴维丢掉了高管的工作，声誉受到了重大影响。

---

① See Carl Levin et al., *U. S. Vulnerabilities to Money Laundering, Drugs, and Terrorist Financing: HSBC Case History*, Homeland Security & Governmental Affairs (July 17, 2012), https://www.hsgac.senate.gov/imo/media/doc/PSI%20REPORT-HSBC%20CASE%20HISTORY%20(9.6).pdf.

（二）企业合规官的个人责任风险

在我国法律法规中，尚未使用企业合规官的叫法，但是在单位犯罪和一些企业作为规制对象的合规法律规范中，早就明确了公司的“直接负责的主管人员和其他直接责任人员”（以下统称负责人）可能作为直接责任人员，与单位一同承担违法责任。因为该类负责人享有“实现组织经营、执业行为的合规性”“监督合规工作”的职责，因此将其视为本章所述的企业合规官。

1. 负责人的认定

“直接负责的主管人员和其他直接责任人员”的认定须以犯罪故意和行为为依据。对于负责人是否对单位犯罪承担刑事责任，实务中一般会综合参考如下几个要素：

第一，是否明知违法活动。“明知”并不是指知道该行为触犯刑法，而是指知道该行为发生的事实。同时，该“明知”的时间节点也不限于事前已知，“放任的故意”同样满足“明知”的条件。即负责人在事前或事中明知道行为违法，即使不知道具体违反哪一罪名或法条，但对于单位违法事实的社会危害后果是明知的，当其采取默认或容许的态度，任由危害社会的结果发生时，在实务中也是符合企业合规官“明知”的定义的。

第二，对违法活动有无纵容、默许或事后追认。单位犯罪中负责人的责任认定不同于一般自然人刑事责任的认定，纵容、默许或事后追认，都使单位成员的个人意志与行为转化为单位意志与行为成为可能。因此，如果负责人对于下属的违法犯罪行为，既没有参与其中，也没有纵容、默许，事后也无包庇犯罪或追认的行为，那么，在这种情况下就不应追究负责人个人的责任。

第三，负责人是否在单位的犯罪活动中获利。虽然有无实际获利并非评判刑事责任的核心要素，但可以反向证明负责人对犯罪活动的参与程度，如果没有获得犯罪活动的利益，也没有任何好处，那么可以间接说明负责人没有主观从事违法犯罪活动的故意。

需要说明的是，公司的负责人并不当然是直接负责的主管人员。公司法人代表、董事长等合规官虽然是公司责任承担的第一责任人，但在实践中许多法人代表、董事长并不直接参与企业的经营活动,或有一些领导虽然参与企业的日常经营,但由于公司经营规模、体量大,分工明确,仅以个人在单位中的任职情况作为其是否承担刑事责任的判断标准显然是不准确的。单位主要负责人的认定仍须以犯罪故意和行为为依据,刑法强调"直接负责"的用意也在于此。①

以单位走私犯罪为例,关于单位走私犯罪及其"直接负责的主管人员和其他直接责任人员"的认定问题,最高人民法院、最高人民检察院发布的解释中对其进行了阐明。具备下列特征的,可以认定为单位走私犯罪:以单位的名义实施走私犯罪,即由单位集体研究决定,或者由单位的负责人或者被授权的其他人员决定、同意;为单位谋取不正当利益或者违法所得大部分归单位所有。根据单位人员在单位走私犯罪活动中所发挥的不同作用,对其直接负责的主管人员和其他直接责任人员,可以确定为一人或者数人。对于受单位领导指派而积极参与实施走私犯罪行为的人员,如果其行为在走私犯罪的主要环节起重要作用,可以认定为单位犯罪的直接责任人员。②

除此之外,近年一些案例显示,在某些单位犯罪中,司法机关可能跳过企业,而直接认定负责人的个人责任,即单位直接负责的主管人员承担刑事责任,而单位并不承担刑事责任。

例如,2004 年,金某某投资成立 A 公司并实际经营该公司。2011 年后,金某某先后任命王某某、李某某为 A 公司的法定代表人兼总经理、副总经理职务,负责具体经营。2014 年 2 月 22 日,金某某、王某某、李某某与 B 公司费某某之间协商后,以 A 公司的名义与 B 公司签订承揽合同,并约定由 B 公司负责将废酸处理设备运输、出口。2014 年 3 月 28 日,费某某与 C 公司季某某签订分包协议,将废酸处理设备交由季某某的车间生产,并由 C 公司代为办理出口事项。2014 年 9 月 30 日,C 公司以 D 公司作为经营单位,进行出口申报。在

① 参见《企业及高管法律责任研究第一期:出口管制合规领域》,载微信公众号"合规小叨客"2021 年 10 月 19 日,https://mp.weixin.qq.com/s/VJpqJM5JilJwCx_UM3jmig。

② 参见最高人民法院、最高人民检察院、海关总署《关于印发〈办理走私刑事案件适用法律若干问题的意见〉的通知》(法〔2002〕139 号)第 18 条。

废酸处理设备生产以及费某某等按照合同约定完成出口设备申报的过程中，作为出口参与方，费某某与季某某、C公司业务员张某商定后，将废酸处理设备以污水处理装置的名义申报出口。季某某负责制作虚假的技术说明等资料，张某负责制作虚假的报关单证等申报材料。但在实际出口申报中，D公司将上述废酸处理设备和其他非标设备、外形类似钢琴的设备，一并以污水处理装置的品名向常州海关申报出口至叙利亚。作为出口方，A公司金某某、王某某、李某某并未提供办理出口废酸处理设备许可证所必需的设备最终用户和最终用途说明、保证书等资料。后续调查中，南京海关缉私局检验认为，这些废酸处理设备中有41项物件属于《有关化学品及相关设备和技术出口管制清单》中列明的物件。[①] 最终，A公司被判处罚金，A公司直接负责人金某某等人被追究刑事责任；B公司、C公司等未被作为单位犯罪处理，而是将季某某、费某某、张某等人以自然人犯罪定罪量刑。[②] 这反映了在相关案件中，对违反出口管制犯罪行为直接负责的主管人员，与其所在单位实行责任区分，即由直接负责的自然人承担法律责任，单位并不承担任何法律责任。

2. 负责人个人责任的减免

我国司法实践倾向于鼓励单位及个人对于犯罪行为进行如实陈述以争取更优的处理结果。我国最高人民检察院检察长张军在企业合规试点工作座谈会中指出，在办理涉民营企业案件时，依法能不捕的不捕、能不诉的不诉、能不判实刑的就提出适用缓刑的建议，要落实好认罪认罚从宽制度，对于不捕、不诉的企业，可以敦促其作出合规承诺，把合规承诺与"挂案"清理工作结合起来，给涉案企业一个明确的整改方向，刑事处罚和行政处罚要衔接好，督促涉案企业把合规承诺落实到位。[③] 可以看出，在对合规官责任的最终认定上，目前的司法环境给严格合规经营企业的合规官提供了一定的空间。但同时，上述处理原则系对严格合规经营企业及合规官的合规激励，检察机关适用上述原则的前

---

① 参见曹蓓蓓：《7天，攻克一起外国人走私案》，载《检察日报》2017年8月20日，第1版。

② 同上。

③ 参见邱春艳、李钰之：《张军：创新检察履职　助力构建中国特色的企业合规制度》，载最高人民检察院网2020年12月27日，https://www.spp.gov.cn/spp/tt/202012/t20201227_503711.shtml。

提是企业及合规官“依法守规”经营。最高人民检察院启动涉案违法犯罪依法不捕、不诉、不判处实刑的企业合规监管试点工作，这一企业合规监管制度有利于激励企业优化治理结构，营造合规守法的市场营商环境。[①]

此外，我国刑法中也规定了单位行贿的减免情节，即单位行贿的，在被追诉前，单位集体决定或者单位负责人决定主动交代单位行贿行为的，依照《中华人民共和国刑法》（以下简称《刑法》）第390条第2款的规定，对单位及相关责任人员可以减轻处罚或者免除处罚；受委托直接办理单位行贿事项的直接责任人员在被追诉前主动交代自己知道的单位行贿行为的，对该直接责任人员可以依照《刑法》第390条第2款的规定减轻处罚或者免除处罚。[②] 在司法实务中，存在高层管理人员虽被认定为单位行贿罪，但被判处缓刑及免予刑事处罚的情形。例如，在国内某单位行贿案例中，法院基于涉案被告人单位负责人到案后主动交代行贿行为，属于坦白，且犯罪情节较轻，悔罪态度诚恳，主动退赃，依法对其适用缓刑。[③] 另外一起案例中，被告人如实供述办案机关未掌握的行贿罪行，属于自首，且被告人当庭表示自愿认罪，并积极促使公司主动缴纳罚金，认罪态度较好，有悔罪表现，主观恶性较小，基于此，对被告个人免予刑事处罚。[④]

由此可见，在我国司法实践中，单位直接负责人承担与其合规职责相关个人责任的情形早已确立，但是我国对于负责人个人责任的减免也留有较大空间，以“合规承诺”和整改措施作为条件，促进企业更好地“依法守规”经营。

---

① 参见《企业及高管法律责任研究第二期：反贿赂合规领域》，载微信公众号“合规小叨客”2021年10月20日，https://mp.weixin.qq.com/s/aBxmthzNLxeYjXK5Na5Qsg。

② 参见最高人民法院、最高人民检察院《关于办理行贿刑事案件具体应用法律若干问题的解释》（法释〔2012〕22号）第7条第2款。

③ 参见新余市创晟商贸有限公司、吴某某单位行贿案，江西省分宜县人民法院（2020）赣0521刑初4号刑事判决书。类似案例还有湛江世贸置业有限公司、林某福单位行贿罪案，广东省湛江市赤坎区人民法院（2019）粤0802刑初356号刑事判决书；云南恒林建设工程有限公司、李某单位行贿案，云南省大理市人民法院（2019）云2901刑初300号刑事判决书；四平金某房地产开发有限公司、李某某单位行贿案，吉林省磐石市人民法院（2019）吉0284刑初70号刑事判决书。

④ 参见祁东县旭东水泥有限公司、唐某某单位行贿案，湖南省衡阳市石鼓区人民法院（2018）湘0407刑初第118号刑事判决书。类似案例还有西藏金泰工贸有限责任公司、柳某某单位行贿案，西藏自治区山南地区中级人民法院（2018）藏05刑终25号刑事判决书。

（三）企业合规官个人责任的类型

追究企业合规官个人责任的情形可包括以下三类：(1)企业合规官参与不当行为；(2)企业合规官试图阻挠或误导委员会；(3)企业合规官完全未能履行职责（未能有效实施合规计划）。如果合规官直接参与不法行为，他们当然应该承担个人责任；如果合规官严重疏忽大意，也可能需要承担责任。

然而，对于第三个“未能有效实施合规计划”中“有效”的实际含义，没有太多明确的说明，很难找到关于重大过失和未能有效实施合规计划之间区别的监管指导。由于监管机构广泛推动更多的个人问责制，事情变得更加复杂。例如，如果一名企业合规官已证明其公司遵守了相关法规，但还是发生了重大失败，谁应该受到责备？同样，随着监管机构不断强调“合理设计”以防止合规失败的书面政策和程序的重要性，当出现任何问题时，谁应该承担责任？公司，还是负责编写政策的人？

第三节　企业合规官参与违法活动的法律后果

企业合规官个人越来越多地受到法律监管和政府执法行动的影响。本节将从合规官个人责任风险的认定以及出口管制、反商业贿赂、数据保护3个合规领域的特殊法律后果以及实际案例来论述合规官参与违法活动的法律后果。

一、出口管制合规官违法后果

《出口管制法》、美国《出口管制改革法案》与EAR、日本《出口贸易管理令》、英国《2008年出口管制令》等都对特定物项的进出口进行管控,规定了进出口企业和直接负责人的违法责任。本部分将重点围绕中国及美国出口管制相关法律进行分析。

(一)美国关于出口管制合规官违法责任的立法规定

美国关于出口管制合规官违法责任的规定主要见于《出口管制改革法案》(Export Control Reform Act,ECRA)、EAR,这两部法律构成了美国军民两用物项出口管制法律体系。

2018年8月,美国时任总统特朗普签署了美国国会(立法机关)制定的ECRA,该法律的生效为美国军民两用出口管制提供了广泛的、稳定的指导。其前身是1979年国会颁布的《出口管制法》(Export Administration Act,EAA),

该法于2001年到期终止，此前一直是军民两用出口管制的法律依据。[①]

EAR相当于ECRA的实施细则，由BIS负责管理和实施，是出口管理和许可的具体实施指南。EAR建立了维护美国两用物项的管控制度，目的在于管控美国原产物项和一些特定的第三国制造的物项，从而限制受管控的物项转移至受美国限制的国家、地区、实体或个人，或用于被EAR禁止的最终用途。

这两部法律对违法主体、违法行为和违法责任均作了详细规定。

1. 违法主体与违法行为

在违法主体的范围上，合规官个人是当然的责任主体。ECRA和EAR将犯罪主体描述为“人”（person），并在“定义”中对“人”进行解释，其包括：（1）自然人，包括美国或任何外国的公民或国民；（2）任何公司，包括公司、商业协会、合伙企业、社会、信托、金融机构、保险公司、承保人、担保人和任何其他商业组织、任何其他非政府实体和组织或团体，以及任何作为商业企业运营的政府实体及以上组织的继承者；（3）任何政府、政府机构、政府部门或政府委员会；（4）任何工会；（5）任何兄弟会或社会组织；（6）以及任何其他协会或组织，无论是否为盈利组织。[②]

在违法行为方式和过错形式上，ECRA和EAR采取非常严格且覆盖范围较广的标准，即使出口商、中间商等并非故意违反EAR，但如其未履行足够的尽调义务，而物项的最终用户/最终用途违反EAR，则出口商、中间商等也应当承担法律责任。

根据EAR第110条的规定：（1）任何人不得违反、企图违反、共谋违反或导致违反EAR或据此发布的任何命令、许可或授权文件（以下统称违反EAR）。（2）任何人故意或协助、促使、教唆实施违反出口管制的行为均被EAR所禁止。同时列举了具体的违法行为[③]，总结起来包括但不限于以下几点：①实施或授权、许可实施EAR明确禁止的任何行为；②导致或协助、教唆、建议、指挥、

---

① EAA于2001年到期后，美国政府依赖《国际紧急经济授权法》（International Emergency Economic Powers Act，IEEPA）对其管控进行临时延期。

② See ECRA, Sec. 2; EAR, Part 772.

③ See ECRA, Sec. 110; EAR, Part 734.

诱导、促使、允许或批准实施 EAR 明确禁止的任何行为;③引导或企图违反 EAR;④密谋或以共同行动试图违反 EAR;⑤非法占有受国家安全或外交政策管控的“管制物品”;⑥向有权调查部门进行虚假陈述或隐瞒事实;⑦试图逃避 EAR 的监管和管控;⑧未按照 EAR 的规定履行汇报义务或记录保存要求;⑨未按照 EAR 的规定,私自改变许可证内容;⑩违反根据 EAR 签发的否定决定书的条款和条件。

根据 EAR 第 110(b)条的规定,违反该法规定的个人,将可能承担行政、民事、刑事 3 种类型的法律责任。[①]

2. 民事责任

民事责任主要包括罚款、吊销执照与资格禁止:①对于每次违规可处以最高 30 万美元或 2 倍于交易金额的罚款,以较高者为准。一般而言,行政罚款的最高限额每年都会根据通货膨胀进行调整。②吊销 EAR 下发的执照。③禁止个人出口、再出口或在国内转移任何受 EAR 控制的物品。

3. 刑事责任

刑事责任主要包括罚款、监禁与没收财产,刑事处罚可包括:①每次违法行为最高 100 万美元的罚款;②对于个人可处以最高 20 年的监禁,或与罚款并罚;③没收所有用于违法行为或与违法行为相关的财产、收益、物项、技术。

4. 行政责任

行政责任主要包括警告通知书、行政罚款、列入限制清单、取消许可证、禁止执业等措施。

BIS 执法办公室(Office of Export Enforcement, OEE),负责执法调查并向 BIS 的总顾问办公室汇报有关调查结果,可决定分别或同时采取如下行政处罚措施,可适用于公司或者个人。

(1)警告通知书

若 OEE 调查后认为存在明显违反出口管制的行为,但尚不足以采取处罚措施且不经警告可能导致后续违法后果,或被调查人未采取积极的尽职措施以

---

① See ECRA, Sec. 110.

配合后续整改,可出具警告信函。该信函不构成 OEE 对该项行为是否违法的最终认定,如 OEE 后续获取补充证据证实存在违法行为,其仍然可采取进一步的行政处罚手段。

(2)行政罚款

若 OEE 认为明显存在违反出口管制的行为并已足以构成采取处罚的基础,可对被调查人采取行政处罚措施。行政处罚的重要形式之一是罚款,OEE 一般结合相关裁量因素,判断案件性质严重与否、情节是否恶劣,确定"基准罚款金额"(base penalty amount)。

(3)列入限制清单

将违反 EAR 的实体(包括公司和个人)列入各类限制清单是 BIS 一项常用的处罚手段。限制清单包括:未经核实清单、实体清单、被拒绝主体清单、军事最终用户(Military End User,MEU)清单等。

①未经核实清单:未经核实最终用户作为交易方,不能适用许可例外;对于不需要出口许可证以及许可例外的受 EAR 管辖物项出口、再出口、转移(国内)至未经核实最终用户的,需要未经核实最终用户提交未经核实清单(Unverified List,UVL)声明。

②实体清单:当交易的采购方、中间收货人、最终收货人或者最终用户是实体清单列入主体,未经 BIS 许可,不得出口、再出口、转移(国内)受 EAR 管辖的物项。

③被拒绝主体清单:美国禁止与被拒绝人士进行任何违反拒绝令的交易。被禁止交易的范围见拒绝令。

④MEU 清单:未经 BIS 许可,禁止当 MEU 清单列入主体作为交易的买方、中间收货人、最终收货人、最终用户时,向其出口、再出口、转移(国内)EAR 第 744(2)条补充规定的物项。

(4)其他行政处罚措施

OEE 还可以采取包括变更、暂停或撤回许可证,禁止执业(如相关律师、会计、顾问、货运代理或其他人员以代理的身份行事的情况)或作为和解条件之一,要求被调查对象必须为员工提供合规培训和/或内部审计或接受第三方审计等。

（二）中国关于出口管制合规官违法责任的立法规定

我国关于出口管制违法责任的规定可见于《出口管制法》和《刑法》的“走私罪”罪名中。作为直接负责的主管人员和其他直接责任人员的个人，是两部法律规定的责任主体。在违法责任上，其责任形式包括罚款、不同程度的出口资格限制等行政责任、刑事责任。

1. 违法主体和行为

2020 年 10 月 17 日，由中国商务部起草的《出口管制法》正式颁布。该法第四章“法律责任”第 39 条明确规定了违反《出口管制法》的责任主体不仅包括企业，还包括直接负责的主管人员和其他直接责任人员。

2. 行政责任：出口资格限制、罚款

第一，对于受到行政处罚的企业的直接负责的主管人员和其他直接责任人员，国家出口管制管理部门可以禁止其在 5 年内从事有关出口经营活动。

第二，对于受到刑事处罚的企业的直接负责的主管人员和其他直接责任人员，终身不得从事有关出口经营活动。①

3. 刑事责任：罚金、拘役至 10 年以上有期徒刑

《刑法》第 151 ~ 157 条规定了“走私罪”的单位责任和直接负责人的法律责任。② 单位犯走私罪的，通常对单位判处罚金，对其直接负责的主管人员和其他直接责任人员判处罚金、拘役至 10 年以上有期徒刑。

《出口管制法》第 43 条第 2 款规定，出口国家禁止出口的管制物项或者未经许可出口管制物项的，依法追究刑事责任。但是目前《刑法》中并无关于出口管制的专门罪名，在涉及违反出口管制法律法规时，可能需要适用其他刑法罪名（如走私罪）予以定罪量刑。

---

① 参见《出口管制法》第 39 条第 1 款。

② 参见《刑法》第 151 ~ 157 条。

4. 其他相关责任

在当前国际形势下，某些国家频繁针对我国实施限制措施，经贸活动出口管制是主要的措施之一。为阻断和应对某些国家通过法律与措施的域外适用，不当禁止或限制中国企业与第三国企业的正常经贸活动，保护我国企业合法权益，2021 年 1 月商务部发布《阻断外国法律与措施不当域外适用办法》（以下简称《阻断办法》），2021 年 6 月全国人大通过《中华人民共和国反外国制裁法》（以下简称《反外国制裁法》）。这两部法律，也针对合规官个人规定了违法行为和违法后果。

（1）违法行为

根据《阻断办法》的规定，针对外国法律与措施存在不当域外适用情形发布禁令后，相关组织、个人不得违反禁令，包括不按照规定如实报告有关情况，或者不遵守禁令两种具体情形。违反禁令的当事人可能承担行政责任或民事责任。

根据《反外国制裁法》的规定，违法行为包括了“对我国公民、组织采取歧视性限制措施”，其中包含了对我国采取出口管制限制措施的行为。[①] 而具体对于合规官个人来讲，涉及的违法行为主要有 3 种，一是实施外国限制措施的行为；二是协助外国限制措施的行为；三是不配合执行反制裁措施的行为。[②] 外国企业的合规官三种均可能涉及，我国企业的合规官主要涉及后两种。

（2）行政责任

行政责任主要包括警告、罚款、列入反制清单、限制相关交易和活动等。

根据《阻断办法》的规定，中国公民、法人或者其他组织未按照规定如实报告有关情况或者不遵守商务部发布的禁令的，国务院商务主管部门可以给予警告，责令限期改正，并可以根据情节轻重处以罚款。[③]

根据《反外国制裁法》的规定，对于违反该法规定的个人可以采取以下行

---

① 参见《反外国制裁法》第 3 条。

② 参见《反外国制裁法》第 12 条、第 14 条。

③ 参见《阻断办法》第 13 条。

政措施:列入反制清单;不准入境、驱逐出境;查封、扣押、冻结在我国境内的资产;禁止或者限制我国境内的组织、个人与其进行有关交易、合作等活动;其他必要措施。①

(3)民事责任

民事责任主要是民事赔偿。根据《阻断办法》的规定,当事人遵守禁令范围内的外国法律与措施,侵害中国公民、法人或者其他组织合法权益的,中国公民、法人或者其他组织可以依法向人民法院提起诉讼,要求该当事人赔偿损失;根据禁令范围内的外国法律作出的判决、裁定致使中国公民、法人或者其他组织遭受损失的,中国公民、法人或者其他组织可以依法向人民法院提起诉讼,要求在该判决、裁定中获益的当事人赔偿损失。② 该法也规定了豁免措施,即当事人获得豁免的除外,获得豁免需根据该法第 8 条向国务院商务主管部门申请。③

二、反商业贿赂合规官违法后果

我国当前法律框架下关于商业贿赂的规制主要体现在《反不正当竞争法》《刑法》领域。《反不正当竞争法》将商业贿赂行为纳入不正当竞争行为,规定“经营者为谋取交易机会或者竞争优势行贿”将受到没收违法所得、罚款、吊销营业执照等惩罚措施。④ 但是该法并未规定相关责任人个人的法律责任。

1. 违法主体

我国《刑法》以受贿罪相关罪名来追究商业贿赂行为中相关责任人个人的法律责任。《刑法》规定由“直接负责的主管人员和其他直接责任人员”承担相关罪责刑。根据《全国法院审理金融犯罪案件工作座谈会纪要》的规定,直接负责的主管人员是指在单位实施的犯罪中起决定、批准、授意、纵容、指挥等作

① 参见《反外国制裁法》第 4 ~6 条、第 11 条。
② 参见《阻断办法》第 9 条第 1 款、第 2 款。
③ 参见《阻断办法》第 8 条。
④ 参见《反不正当竞争法》第 7 条、第 19 条。

用的人员，一般是单位的主管负责人，包括法定代表人。其他直接责任人员，是在单位犯罪中具体实施犯罪并起较大作用的人员，既可以是单位的经营管理人员，也可以是单位的职工，包括聘任、雇佣的人员。[①]

构成单位行贿罪的，对企业及其直接负责的主管人员和其他直接责任人员一并处罚，具体会结合该责任人员的职权大小、与本次犯罪的因果联系以及在本次犯罪中的作用大小、犯罪情节等予以认定。对于受单位领导指派或奉命参与实施了一定犯罪行为的人员，一般不宜作为直接责任人员追究刑事责任。对单位犯罪中直接负责的主管人员和其他直接责任人员，应根据其在单位犯罪中的地位、作用和犯罪情节，分别处以相应的刑罚。在个案中，主管人员与直接责任人员不是当然的主、从犯关系，有的案件，主管人员与直接责任人员在实施犯罪行为中的主从关系是不明显的，可不分主、从犯。[②]

因反商业贿赂合规官的职责是监督、管理公司反商业贿赂合规活动，实践中可能被认定为“直接责任人员”，因此本部分将直接责任人员的违法责任视为合规官的违法责任。

2. 违法责任

我国《刑法》中商业贿赂的违法行为和违法责任如表 15 所示。

表 15　我国《刑法》中商业贿赂的违法行为和违法责任

条文	违法行为	合规官个人违法责任
第 164 条	对非国家工作人员行贿；对外国公职人员、国际公共组织官员行贿	直接负责的主管人员：对其直接负责的主管人员和其他直接责任人员，依照第 164 条第 1 款的规定处罚（处 3 年以下有期徒刑或者拘役，并处罚金；数额巨大的，处 3 年以上 10 年以下有期徒刑，并处罚金）
第 390 条之一	对有影响力的人行贿	直接负责的主管人员：对其直接负责的主管人员和其他直接责任人员，处 3 年以下有期徒刑或者拘役，并处罚金

① 参见《全国法院审理金融犯罪案件工作座谈会纪要》（法〔2001〕8 号）。

② 参见《全国法院审理金融犯罪案件工作座谈会纪要》（法〔2001〕8 号）。

续表

条文	违法行为	合规官个人违法责任
第 391 条	对单位行贿	直接负责的主管人员:对其直接负责的主管人员和其他直接责任人员,依照前款的规定处罚(处 3 年以下有期徒刑或者拘役,并处罚金)

3.个人责任与单位责任的切割

在我国司法实践中,也存在行贿行为仅归属合规官个人,而非单位的情况。判断是归于个人还是单位,需要按照主客观相一致的原则,基于单位犯罪的标准进行细致区分,即是否出于为单位非法牟利的目的;是否由单位决策机构按单位决策程序作出;是否以单位的名义实施;行为是否在员工或高管的职务范围内,或者与单位业务有关;违法所得利益是否归属单位。例如,合规官个人利用职务权限,通过正常工作流程,代表公司做出的行为,利益归于公司的,应当由公司承担责任。否则,应当由个人承担责任。[①]

三、数据保护合规官违法后果

我国《个人信息保护法》对违反数据保护行为的法律责任进行了明确规定,企业及直接负责的主管人员及相关责任人员需要严格遵守网络安全与个人信息保护规定,否则可能被相关监管部门责令整改,或面临警告、罚款、停业、吊销营业执照或相关业务许可证等类型的行政处罚,承担民事责任,甚至面临刑事处罚。

我国《网络安全法》、《数据安全法》、《信息安全技术　个人信息安全规范》(GB/T 35273—2020)、《网络安全等级保护条例(征求意见稿)》、《关键信息基础设施安全保护条例》均对网络安全与数据保护的负责人或责任人的设置作出了明确规定,《个人信息保护法》也要求处理个人信息达到国家网信部

① 参见《企业及高管法律责任研究第二期:反贿赂合规领域》,载微信公众号“合规小叨客” 2021 年 10 月 20 日,https://mp. weixin. qq. com/s/aBxmthzNLxeYjXK5Na5Qsg。

门规定数量的个人信息处理者应当指定个人信息保护负责人,但对于该类人员的具体职责尚待相关法律法规的配套法律文件制定后进一步明确。[①] 网络安全与数据保护责任人清单见表 16。

表 16　网络安全与数据保护责任人清单

序号	岗位名称	岗位设置依据	岗位职责
1	个人信息保护负责人	《信息安全技术　个人信息安全规范》(GB/T 35273—2020)	1. 全面统筹实施组织内部的个人信息安全工作,对个人信息安全负直接责任; 2. 组织制定个人信息保护工作计划并督促落实; 3. 制定、签发、实施、定期更新个人信息保护政策和相关规程; 4. 建立、维护和更新组织所持有的个人信息清单(包括个人信息的类型、数量、来源、接收方等)和授权访问策略; 5. 开展个人信息安全影响评估,提出个人信息保护的对策建议,督促整改安全隐患; 6. 组织开展个人信息安全培训; 7. 在产品或服务上线发布前进行检测,避免未知的个人信息收集、使用、共享等处理行为; 8. 公布投诉、举报方式等信息并及时受理投诉举报; 9. 进行安全审计; 10. 与监督、管理部门保持沟通,通报或报告个人信息保护和事件处置等情况
		《个人信息保护法》	1. 处理个人信息达到国家网信部门规定数量的个人信息处理者应当指定个人信息保护负责人,负责对个人信息处理活动以及采取的保护措施等进行监督; 2. 个人信息处理者应当公开个人信息保护负责人的联系方式,并将个人信息保护负责人的姓名、联系方式等报送履行个人信息保护职责的部门

① 参见《企业及高管法律责任研究第三期:数据保护合规领域》,载微信公众号“合规小叨客”2021 年 10 月 21 日,https://mp.weixin.qq.com/s/qLPiplBbcYGAQCrghqBbtg。

续表

序号	岗位名称	岗位设置依据	岗位职责
2	网络安全管理负责人	《关键信息基础设施安全保护条例》	1. 建立健全网络安全规章制度、操作规程并监督执行; 2. 组织对关键岗位人员的技能考核; 3. 组织制订并实施本单位网络安全教育和培训计划; 4. 组织开展网络安全检查和应急演练,应对处置网络安全事件; 5. 按规定向国家有关部门报告网络安全重要事项、事件
3	数据安全负责人和机构	《数据安全法》	重要数据的处理者应当明确数据安全负责人和管理机构,落实数据安全保护责任

当企业业务规模较大时,存在多种网络系统并存的情况,如合同管理系统、人事管理系统和财务系统等均需进行网络安全维护与数据保护,因此出于网络系统、数据安全及企业成本之间的平衡考虑,在实践中,企业任命的某一相关人员可能同时兼任多个系统的数据安全保护岗位,同时,法律法规规定的以上具有不同岗位名称的相关人员也可互相兼职担任。但是,无论是某一具体系统的专职人员还是各系统的兼职人员,该数据安全保护岗位人员均需按照相关法律法规的规定,履行网络安全与数据保护职责。若不履行相关义务,可能导致企业及该数据安全保护岗位人员受到相应处罚,包括行政、民事、刑事 3 种类型的法律责任。

(一)行政责任

任何主体未履行相应的网络安全与数据保护义务均可能面临约谈或是行政处罚。行政处罚具体包括:对单位责令改正、警告、记入诚信档案、罚款、责令暂停相关业务、责令停业整顿、责令关闭网站、吊销相关业务许可证或者吊销营业执照;对直接负责的主管人员和其他直接责任人员罚款、行政拘留、没收违法所得等。《网络安全法》有关违法行为及其处罚规定见表 17。

表 17 《网络安全法》有关违法行为及处罚

违法行为	处罚
不履行网络安全保护义务	单位:由有关主管部门责令改正,给予警告;拒不改正或者导致危害网络安全等后果的,处 1 万元以上 10 万元以下罚款
	直接负责的主管人员:处 5000 元以上 5 万元以下罚款
对其产品、服务存在的安全缺陷、漏洞等风险未立即采取补救措施,或者未按照规定及时告知用户并向有关主管部门报告	单位:由有关主管部门责令改正,给予警告;拒不改正或者导致危害网络安全等后果的,处 5 万元以上 50 万元以下罚款
	直接负责的主管人员:处 1 万元以上 10 万元以下罚款
擅自终止为其产品、服务提供安全维护	单位:由有关主管部门责令改正,给予警告;拒不改正或者导致危害网络安全等后果的,处 5 万元以上 50 万元以下罚款
	直接负责的主管人员:处 1 万元以上 10 万元以下罚款
未要求用户提供真实身份信息,或者对不提供真实身份信息的用户提供相关服务[1]	单位:由有关主管部门责令改正;拒不改正或者情节严重的,处 5 万元以上 50 万元以下罚款,并可以由有关主管部门责令暂停相关业务、停业整顿、关闭网站、吊销相关业务许可证或者吊销营业执照
	直接负责的主管人员和其他直接责任人员:处 1 万元以上 10 万元以下罚款
违反《网络安全法》个人信息保护规定,侵害个人信息依法得到保护的权利	单位:由有关主管部门责令改正,可以根据情节单处或者并处警告、没收违法所得、处违法所得 1 倍以上 10 倍以下罚款,没有违法所得的,处 100 万元以下罚款
	直接负责的主管人员和其他直接责任人员:处 1 万元以上 10 万元以下罚款;情节严重的,并可以责令暂停相关业务、停业整顿、关闭网站、吊销相关业务许可证或者吊销营业执照

续表

违法行为	处罚
窃取或者以其他非法方式获取、非法出售或者非法向他人提供个人信息(尚不构成犯罪)	单位:由公安机关没收违法所得,并处违法所得1倍以上10倍以下罚款,没有违法所得的,处100万元以下罚款
使用未经安全审查或者安全审查未通过的网络产品或者服务[2]	单位:由有关主管部门责令停止使用,处采购金额1倍以上10倍以下罚款
	直接负责的主管人员和其他直接责任人员:处1万元以上10万元以下罚款
违法在境外存储网络数据,或者向境外提供网络数据[3]	单位:由有关主管部门责令改正,给予警告,没收违法所得,处5万元以上50万元以下罚款,并可以责令暂停相关业务、停业整顿、关闭网站、吊销相关业务许可证或者吊销营业执照
	直接负责的主管人员和其他直接责任人员:处1万元以上10万元以下罚款
对法律、行政法规禁止发布或者传输的信息未停止传输、采取消除等处置措施、保存有关记录	单位:由有关主管部门责令改正,给予警告,没收违法所得;拒不改正或者情节严重的,处10万元以上50万元以下罚款,并可以责令暂停相关业务、停业整顿、关闭网站、吊销相关业务许可证或者吊销营业执照
	直接负责的主管人员和其他直接责任人员:处1万元以上10万元以下罚款
不按照有关部门的要求对法律、行政法规禁止发布或者传输的信息,采取停止传输、消除等处置措施	单位:由有关主管部门责令改正;拒不改正或者情节严重的,处5万元以上50万元以下罚款
	直接负责的主管人员和其他直接责任人员:处1万元以上10万元以下罚款

续表

违法行为	处罚
拒绝、阻碍有关部门依法实施的监督检查或拒不向公安机关、国家安全机关提供技术支持和协助	单位:由有关主管部门责令改正;拒不改正或者情节严重的,处5万元以上50万元以下罚款
	直接负责的主管人员和其他直接责任人员:处1万元以上10万元以下罚款

〔1〕仅针对为用户办理网络接入、域名注册服务,办理固定电话、移动电话等入网手续,或者为用户提供信息发布、即时通信等服务的网络运营者。

〔2〕仅适用关键信息基础设施的运营者。

〔3〕仅适用关键信息基础设施的运营者。

(二)民事责任

相关民事主体,如用户等个人信息主体或合作第三方受到损害而提起民事诉讼的,企业还可能面临停止侵害、恢复名誉、消除影响、赔礼道歉、赔偿损失或合同违约赔偿等民事责任。此外,在《中华人民共和国民法典》(以下简称《民法典》)生效之前,《网络安全法》、《中华人民共和国电子商务法》与《中华人民共和国消费者权益保护法》仅能涵盖部分场景的个人信息与数据保护。《民法典》完善了个人信息保护的范围,为全场景下个人信息提供了更完整的保护。《民法典》提升了个人信息保护的层级,从基本法的角度保护个人信息与数据。企业的民事责任承担主要集中在未能履行网络安全义务或与个人信息主体的约定上。一旦发生网络安全事件,企业可能需要承担因未能提供安全环境而造成损失的侵权责任,或是因违反约定而承担违约责任。但是,《民法典》并未规定在企业作为"单位"侵权的情况下,合规官个人应当承担的责任。当然,若合规官本人对其掌握或处理的个人信息存在侵权行为,那么根据《民法典》第111条,合规官本人应当承担侵权责任。

(三)刑事责任

在网络安全与数据保护合规领域,主要有破坏计算机信息系统罪、拒不履行信息网络安全管理义务罪和侵犯公民个人信息罪(见表18)。认定标准包括主观故意以及客观行为违反法律规定。以上罪名主观方面的动机可能包括获取违法利益、窃取商业秘密等。

表 18　网络安全与数据保护刑事罪名及处罚

罪名	处罚
破坏计算机信息系统罪	单位:罚金
	直接负责的主管人员和其他直接责任人员:有期徒刑、拘役、罚金
拒不履行信息网络安全管理义务罪	单位:罚金
	直接负责的主管人员和其他直接责任人员:3 年以下有期徒刑、拘役或者管制,并处或者单处罚金
侵犯公民个人信息罪	单位:罚金
	直接负责的主管人员和其他直接责任人员:7 年以下有期徒刑、拘役、罚金

除破坏计算机信息系统罪和侵犯公民个人信息罪外,拒不履行网络安全管理义务罪同样是具有威慑力的罪名。

综上,现行法律法规并未明确"直接负责的主管人员和其他直接责任人员"的范围。实践中,司法机关和执法机关会根据个案进行判断。例如,如是具体产品涉及相关违法行为,公司的产品负责人可能被认定为直接负责的主管人员;如没有具体产品,司法机关和执法机关可能考虑将业务团队和技术部门的负责人列为其他直接责任人员,部分案件中也认定了法定代表人的数据保护责任。例如,在数据堂信息泄露案件中,涉案公司的法定代表人、业务经理、数据负责人等均被抓获,数据堂公司 6 名员工违反国家有关规定,向他人出售公民个人信息,情节特别严重,被判处 1 年 6 个月至 3 年有期徒刑不等,并处罚金,且数据堂出售数据的下游公司员工也被相应判处侵犯公民个人信息罪。①

企业合规官作为公司合规事务的管理人员、直接负责人员,其职责是确保

---

① 参见常某、颜某侵犯公民个人信息案,山东省临沂市中级人民法院(2018)鲁 13 刑终 549 号刑事判决书。

其公司遵守适用于其运营的合规规则,在促进企业诚信经营方面发挥着重要而关键的作用,直接影响企业及其个人责任的承担及法律评价。因此,企业合规官的合规文化导向可以视为公司合规的风向标,其应自上而下营造和培育合规经营的企业文化和道德氛围,给予员工正确引导,向内外部进行合规政策的培训交流。同时,以身作则、严格遵从,切实履职并发挥好领导力作用,监督员工在拓展新业务或追逐更大收益时实施的行为,关注业务活动中的合规风险,坚守合法合规经营,鼓励员工对于合规风险或违规行为的监督及举报,并确保其不会因此受到报复或处分。另外,赋予负责合规体系日常监督的审计人员以充分的职权及地位,保障有足够的人力资源及独立于业务的自主权,以更好地管控风险,惩戒违规行为,对于查实的违规行为敦促对应的业务单位进行闭环整改,避免违规行为的发生。

后　记

2018年年中，我从负责中亚区域的涉外法务经理调至公司新成立的首席法务官办公室。彼时，合规被推到了前所未有的重要地位。为了实现建设“一流合规企业”的承诺，不少法务同事如我一样也加入轰轰烈烈的合规体系建设的大潮中。那时的我们无法想见，这将是一段多么振奋人心的旅程。

也是在那时，法务团队肩负起了护航公司顺利度过“恢复期”的重任。为了更好地适应公司业务在新时期的发展需要，公司在2018年对原有的法律合规部门架构进行了大刀阔斧的调整，在法律合规作为独立事业部的基础上，进一步确定了以法律、合规和知识产权为主要治理领域的新法务团队架构。特别是在合规领域，将出口管制合规、反商业贿赂合规和数据合规作为企业合规治理的重点。业务的蓬勃发展催生了对专业人才的需求，公司原有的法务人员、外聘的合规专家、内部转岗的业务骨干以及新加入的校招毕业生，共同组成了规模庞大的中兴通讯法律合规团队。

中兴通讯作为国内最早“走出去”的企业之一，在竞争激烈的全球通信市场中站稳了脚跟，其市场的广泛性、业务的复杂性为法务从业人员提供了一个高门槛的施展舞台。标的数亿元的合同谈判、案情复杂的国际仲裁、分散全球的本地治理，都是法务人员不可多得的历练机会。同样地，在合规领域，我们也力争做到最好，服务好公司需要。

这几年，合规团队提出的“商业可持续优先”“以风险为导向”“合规创造价值”等理念已深入人心，并在业界形成了相当的影响力。而在合规体系建设上，我们也取得了令人满意的成就。从文化上看，2018年后“合规”已成为公司内部的价值共识,被确立为公司三大战略基石之一,全体员工实现了从"要我合规"到"我要合规"的主动意识转变。在资源上,公司不仅维持近千分之六的法律合规人员编制,还持续将一定比例的营业收入投入合规人力资金、数字化工具的采购开发、外部律所与咨询机构的费用中。在流程制度上,公司合规关键控制点(Key Control Point,KCP)全部嵌入公司主流业务流程,并持续推动实现线上自动化管控。而在专业能力上,内部法律合规人员坚持能力内化,尽可能多地内部消化公司主流的法律服务需求。

能够参与这样一场伟大的变革,我感到非常荣幸。我们这批从法务转岗合规的从业人员在这个过程中也收获颇丰,它为我们的职业成长带来了宝贵的价值和经验。近年来,国内越来越多的企业开始重视合规。在与其他企业交流的过程中,我们收获了行业伙伴的认可与赞叹,也收到了许多取经与合作的邀约,我们渐觉有义务将过去几年的思考和想法讲出来,让大家"摸着中兴过河",共同提升国内合规管理实践的水平。

2022 年年初,公司收到邀约,希望由法务团队牵头编写一本介绍中兴合规实践经验的书籍,为国内广大的法务专业人员提供一些有益的经验。鉴于国内合规职业尚处于发展初期,有相当一批传统的法务人员将逐步承担起合规管理的职能。因此,我们从企业合规官与传统企业法务的差异出发,探讨企业合规官的组织管理角色、日常管理职能、危机应对职能乃至职业伦理问题,为合规官履职提供实操经验。

正是在这样的机缘下,在法律出版社法治与经济分社的策划协调下,中兴通讯正式成立了《企业合规法务手册》编写小组。本书由公司分管法律合规业务的高级副总裁颜伟亲自担任主编,各合规部门部长组成编委团队,我作为公司合规体系优化项目群负责人牵头,从 7 个合规部门抽调了 10 多名核心骨干人员组成作者团队,力求将本书打造成企业法务人员的"合规一本通"。

在本书编写的项目管理过程中,我们采用了章节两级 Owner 负责制,并引入专业话题顾问提供撰写意见和审校服务,力求全面反映中兴通讯当前的合规管理水平。编写期间,前后输出的数十版文稿,也体现了作者团队严谨治学、追求卓越的精神。成稿后,法律出版社法治与经济分社社长沈小英编审及刘晓萌、鲁安编辑与编写组共同开展的多次审校工作也为本书质量提供了保证。凡此种种努力，都是希望不辜负读者的期待。现在，我们满怀信心地将这份成果呈现在读者面前，并期待同行专家的审视与指正。它既是我们过去几年发展和实践的“集大成”总结，也是对我们体系性思考的一次“大考”。

《企业合规法务手册》反映了中兴通讯合规团队过去 5 年多实践过程中迈过的坎、踩过的坑和取到的经。这些经验不一定能直接适用所有企业，但一定能让读者体会作者在实践合规职业过程中经历过的迷茫、彷徨、煎熬与喜悦，同行从业人员也定会发现合规管控之精妙与巧思，在读过后心有戚戚焉。我们期待通过与读者的深入交流，不断优化我们的管理思路，逐步迭代我们的实践水平，输出更多的有用材料，为合规行业的发展贡献“中兴力量”。

陈　超

于深圳粤海

2025 年 3 月 25 日